国家社科基金
后期资助项目

# 金元之际儒学的传承及思想特点

## ——以东平府学和东平学派为中心

The Inheritance and Ideological Characteristics of
Confucianism between Jin and Yuan Dynasties
—Focusing on Dongping Prefectural Academy and Dongping School

常大群　著

社会科学文献出版社
SOCIAL SCIENCES ACADEMIC PRESS (CHINA)

# 国家社科基金后期资助项目
## 出版说明

后期资助项目是国家社科基金设立的一类重要项目，旨在鼓励广大社科研究者潜心治学，支持基础研究多出优秀成果。它是经过严格评审，从接近完成的科研成果中遴选立项的。为扩大后期资助项目的影响，更好地推动学术发展，促进成果转化，全国哲学社会科学工作办公室按照"统一设计、统一标识、统一版式、形成系列"的总体要求，组织出版国家社科基金后期资助项目成果。

全国哲学社会科学工作办公室

# 前　言

　　金代的东平府学，北宋称郓学，为宋相王曾所立。学校内的讲堂为"成德堂"，是唐代建筑。泰和以后，府学曾出现一个兴盛时期，平章政事张万公、侯挚和参知政事高霖都是东平府东阿人，高霖丁父忧还乡里，教授生徒，达数百人，东平府学"视他郡国为最盛"。本书主要讨论金末元初金朝统治陷于崩溃、蒙古人建立统治的1220—1300年这段历史时期东平府学的情况，对府学兴复与发展的背景、过程和原因，府学的规模，府学师生及其学术渊源，访问学者以及东平学派的学术特点逐一进行了探讨，从而厘清金末元初理学发展的相关脉络，揭示儒学学术思想在这个时期的发展特点。

　　成吉思汗于1211、1213年两次大规模攻金，所过之地无不残灭，城郭变为丘墟。在这场民族大浩劫中，文化的重要设施——学校，也遭到了大破坏，山东东、西路的学校大部分被毁坏，如莒州、高唐、曲阜、乐安、成武、济州、平原等儒学机构。金贞祐二年（1214），金宣宗被迫渡过黄河从中都（今北京）迁都汴京（今河南开封），金在黄河以北的统治基本上陷于崩溃，各地方有势力的人物纷纷组织武装自保。当时较大的势力集团有易州张柔、真定史天泽、益都李全、长清严实。他们向蒙古统治者履行贡赋、从征等一定的义务，蒙古统治者则认可他们自治辖境，统领兵民钱谷，世袭其职的权利，史称世侯。

　　在这些汉地世侯里面，接纳儒士、兴修学校是一种普遍的现象，而严实、严忠济父子最为著名。严实1221年进驻东平，揭开了东平府学兴盛的序幕。他以纳士、兴学为要务，多方搜罗人才，宋子贞、王磐、康晔、李昶、刘肃、张特立、徐世隆、张昉、商挺、杜仁杰、元好问以及金代衍圣公孔元措相继来到东平。他们基本上是金代的进士，都为当时的名士。东平府人才济济，府学也开始兴盛起来，严实的兴学纳士为府学的发展打下了良好的基础。

　　1240年，严实去世，其子严忠济接替父职统治东平，继续其父的兴学养士政策，他在文教上的最大贡献就是建成一座新府学，使东平府学进入了鼎盛时期。东平新府学兴建于元宪宗二年（1252），到宪宗五年（1255）建成。新府学的建筑齐整，规模很大。建筑有礼殿、贤廊、栖书之阁、豆笾之库、讲堂、读书斋、厨房、浴室、宿舍等等。礼殿里有孔子的塑像，还有"邹、兖二公"（即孟子和颜回）及十哲的塑像。贤廊有孔门七十弟子及二十四大儒的绘像。这些塑像、绘像以及在此举行的各种祭礼活动，体现了儒学思想作为意识形态化知识体系的权威，也是金亡后新的统治阶层使重建的地方组织合法化的一种重要手段，新的统治者急于要把民众纳入正统的文化体系中来。

东平新府学是当时规模最大的学校，有学生 75 人。金代人数最多的大兴、开封、平阳、真定、东平等学校都是 60 人。新府学的 75 人中，孔氏子孙家学占 15 人，由王磐负责，其余 60 人归教官梁栋。

除孔子家学在东平新府学占有非常特殊的地位外，金代朝廷太常礼乐也为新府学带来了荣耀。元初的宫廷礼乐是由东平严氏负责掌管，由衍圣公孔元措负责训练的。礼乐人员在新府学建成后，都安排在府学里面。府学的开学典礼与日常祭礼活动演奏的都是正规的宫廷礼乐，当时有衣冠礼乐尽在东平之称。

在东平府学任教的学官、教师和学生可考的共 27 位。教师有宋子贞、梁栋、王磐、康晔、元好问、张特立、商挺、徐世隆、李世弼、李昶、李桢，而以府学学生出身任教的有李谦、申屠致远等。府学学生著名的还有阎复、徐琰、孟祺、李之绍、王构、张孔孙、杨桓、曹伯启、夹谷之奇、刘赓、马绍、吴衍、周砥、刘荃等。此外，著名元曲作家高文秀和张时起也是府学的学生，但是他们在府学的确切年月不详，只知是金末元初人。他们在中统之后，大都出仕为官，成为元朝中央与各级政府的重要官员。这也说明东平府学取得了很高的教育成就。府学的教育成就在当时就得到了士人的称许："今内外要职之人才，半出于东原府学之生徒。"东原府，即东平府。除梁栋、康晔、元好问、李世弼、张特立、李桢未知或未出仕外，二十几位出仕者均为政府要员。如，宋子贞，拜中书平章政事；王磐，为翰林学士；商挺，入拜参知政事；徐世隆，官至山东道提刑按察使、翰林学士、集贤学士；李昶，为吏部尚书、山东东西道提刑按察使；李谦，为翰林承旨；孟祺，拜翰林学士承旨。东平府学为元初的统治做出了重要贡献。府学的师生，在中统、至元、元贞、大德、至大的 50 多年时间里，身任要职，声震政坛，形成了十分特殊的历史现象。

作为元初华北的学术中心，东平府学还迎来了许多访问学者，著名的有李简、刘郁、王若虚、魏璠、张德辉、郝经、胡祇遹等。直到 1293年，东平府学依然是华北的一个学术中心。

在蒙古、金、南宋争夺的战乱的山东东平地区之所以会出现一个华北学术中心——东平府学，有以下三个原因。首先，东平府处于特殊的地理位置，是华北中部偏东的一个中心，易于聚集人才。其次，严实在东平的出色管理，把东平造就成一片乐土，一方面跟蒙古对金、南宋作战，一方面致力于管辖区域的经济文化建设。他的兴学、养士政策也极为成功，为东平府学兴盛打下了良好的人才基础。再次，蒙元统治者，尤其是窝阔台和忽必烈，逐渐认识到儒学和儒士的作用，陆续采取了一些兴学政策，并用儒术选士，这是东平府学兴盛的又一原因。

为严实所接纳的遗金士大夫，是以承继金代的学术为特点的，他们形成了一个学术派别——东平学派。可以说，迟至严实去世的 1240 年，这个学派已经形成。1255 年之后的新府学师生都应是东平学派的成员，府学成为其学术基地。东平学派在中统之前的几年里达到了鼎盛，为北方影响极大的学术流派。

关于东平学派的学术特点，日本学者安部健夫以"文章派的华士"为之定位，认为他们重浮华，喜宴游，好诗文，并把赵复、窦默、姚枢、许衡为主的北方新理学派与东平派对立起来，认为新理学派是"德行派的正士"，其学术是致力于人格的陶冶，是"为己之学"、实践之学。本书通过对金代学术和东平派学术的考察，认为安部健夫的观点是不全面的。

东平派是继承金代学术的士人集团。金代的学术可以归纳为词赋之学、诗学、经学与理学三个方面。由于科举的需要，很多士人以词赋为重，而有些学者为反对这种学风，重视诗学，尤其是南渡之后，诗学为盛。这两方面在东平学派里都有所反映，但由于战乱和蒙元统治者的取士政策的原因，它们并没有得到加强，反而有所削弱。关于经学与理学的情况，金代许多著名人物都有着很高的经学成就。如一代大儒赵秉文，应奉翰林文字麻九畴，翰林直学士王若虚、李纯甫等。陵川郝氏，晋城李氏，东平刘氏，李氏，莒州张氏都是金代以经学传家的经学大姓。元名臣郝经，治经业儒者六世，百有余年。李俊民，以经学传家，尤长于《礼》。郝氏和李氏家族的理学出自程颢亲授。李世弼，从外家受孙复《春秋》学，为北宋初泰山学派孙复的传人。除此之外，经学名家还有李献甫，精于《左氏》。大定进士、监察御史梁襄长于《春秋》。金太常卿范拱，泽州晋城王翼，国子祭酒、赵秉文门人冯延登，以及高仲振、吕豫深于《易》。王去非、王去执兄弟，郭弼宪等诸公，也是六经百家的饱学之士。此外，金代伊洛之学的传承人物还有隐士杜时升、翰林直学士王遵古、翰林应奉刘从益及其子刘祁、元国子祭酒王恂父王良、刘肃、张特立、李简等人。通邵氏易学的有高仲振、张潜、张著、王磐、王经、杜瑛、萧汉中等。理学在金代的传承一直未曾断过，而且在金代中后期的士大夫中还广为流传，可以说，除了那些专为科举之学而不读其他书的举子外，士大夫们对理学多少有所了解。

东平学派最大的学术特点就是继承并发展了金代的经义学和理学。东平学派不仅仅继承了金代学术中理学的内容，而且在元初南方理学在北方传播开来后，还接受了新理学的思想，这种接受又是十分自然的，表现了旧金理学与元代新理学之间天然的联系。王磐从麻九畴得邵雍《易》学，并传之刘赓；康晔以《书经》见长；李世弼、李昶父子从刘氏受孙复《春秋》学，李谦从之学，又传王构、李之绍、曹伯启等；刘肃、张特立为程颐《易》学的续传弟子；夹谷之奇出东平后又从张翌学，尽得南宋理学之精华。除此之外，李桢在东平府学教《大学》；元好问从郝天挺学，虽以诗文见长，但他是程颢的再传弟子，学问贯穿经史百家；商挺以经学见长，曾教严实诸子经学，并与姚枢、窦默等合编《五经要语》呈送忽必烈；徐世隆中进士后不仕，长年在家读书，经史诸子无不研究；申屠致远耻事权贵，聚书万卷，学问广博，通经史百家。东平府学的几位主要教师都是经学专家，所以，学生阎复、徐琰、孟祺、杨桓、张孔孙、马绍、吴衍等也应深通经学。以此可以得出结论，经学，包括金代传承的北宋理学应是东平学派的学术基础，它在东平学派的学术中占有最重要的地位。

综上所述，东平学派是以经学、北宋—金的理学为中心，兼及词赋之学、诗文之学和杂剧、散曲的文学艺术等内容，基本具有金代学术特点的学术派别。其积极的为政精神和成员大都出仕为官，实现了儒学践履的学术观念。

# 目　录

# 第一章 导论

东平府学，北宋称郓学。在郓州天圣仓州学内的讲堂为"成德堂"，是唐代建筑。郓学为宋相王曾所立。金代称东平府学。泰和以后，府学曾出现一个兴盛时期，平章政事张万公、侯挚和参知政事高霖都是东平府东阿人，高霖"以父忧还乡里，教授生徒，恒数百人"[①]，东平府学"视他郡国为最盛"[②]，贞祐南渡，金朝在黄河以北的统治陷于崩溃状态，出现了许多地方势力集团，归降蒙古的被称为汉地世侯。东平严实就是其中较为强大的世侯。1221 年，严实进驻东平后，建立统治、兴学养士，由于战乱和 1234 年金朝的灭亡，士大夫流落各地，寻找出路。他们有不远千里来到东平投靠严氏父子的。宋子贞、王磐、张特立、徐世隆、李昶等名儒成为府学的主管或教授，从此，东平府学从金末的瘫痪状态复兴和发展起来，成为这个时期华北的学术中心，府学师生与在东平的其他士人还形成了一个承继金代学术思想的东平学派。

## 一 前人的研究成果

关于东平府学、东平学派已有的成果为数不多，日本安部健夫的《元代的知识分子和科举》（载《日本学者研究中国史论著选译》第五卷，索介然译，中华书局，1993）涉及东平府学，而以东平学派的学风为讨论重点之一，并把东平学派与以赵复、许衡、姚枢为主的理学派的学风进行了对比。安部认为元初存在的两大知识分子集团："一是由耶律楚材、宋子贞兴起，元好问、康晔、王鹗、王磐、李昶、李桢、阎复、李谦、孟祺、张孔孙、李之绍、曹伯启等继之，下之李治、徒单公履的一派；另一是由杨惟中、刘秉忠、赵复兴起，窦默、姚枢、许衡、杨恭

---

① 《金史》卷 104《高霖传》。
② 元好问：《东平府新学记》，《遗山先生文集》卷 32，四部丛刊本。

懿、王恂等继之，下及耶律有尚、姚燧，甚至还可把刘因包括在内的一派。"前一派叫作"文章派"，后一派叫作"德行派"。对于这两派的学风，他认为：

> 重浮华，喜宴游是文章派人们的共同特征，他们极力推行他们的生活方式，更具体一点说，他们是华美的杂剧的爱好者，是优伶歌妓的捧场者，再进一步说，他们自己执笔写一折杂剧也不为难。

对后者"德行派"，安部总结道：

> 他们最大的特征就是致力于人格的陶冶，这几乎是无需说的。……概括地说，就是实践之学。

> 德行派人士的第二个特征是，他们几乎无例外地都具有渊博的学识，尤其是精于数理、天文、律历诸学。

陈高华的《大蒙古国时期的东平严氏》（载《元史论丛》第六辑，中国社会科学出版社，1996）详细叙述了汉地世侯严实、严忠济父子在东平的活动，谈到严氏父子的养士和东平人才之盛。王磐、宋子贞、刘肃、徐世隆等在金朝担任过官职，商挺、李昶、杜仁杰等都在元好问开列的请求耶律楚材加以保护的"汉地"杰出士大夫名单之中。他们在东平府军政部门担任职务和在府学中教授生徒。孔子的五十一世孙孔元措也受到严实的保护。其他如文学艺术中的杂剧、散曲、国家礼乐等也有一定的发展。兴学是严氏父子的一项重要的统治措施。东平府学、博州州学、冠氏县学相继被修复。

探讨金末元初的东平学派以及它与理学派的关系，就不能不注意理学在北方的传播问题。姚大力的《金末元初理学在北方的传播》（《元史论丛》第二辑，中华书局，1983）提供了这方面的研究。以 1235 年为界，他把理学从金末到元灭南宋之前在北方地区的传播分为两个阶段，认为 1235 年前理学在北方长期处于自生自灭状态，少数人士略知一二，而且还抱着怀疑态度。1235 年赵复北上，理学开始受到北方学者的普遍重视。1276 年，元军攻占南宋首都临安，统一了全国，程朱著述大批流入北方，理学逐渐在北方确立了学术的主导地位。此外，文章认为，"东平的学风完全是旧金遗留的诗赋、经术之学"，而理学派只是在学风上与东平派有所不同，在政治主张上则是相同的。

姚大力的《蒙古人最初怎样看待儒学》①，为研究大蒙古国时期蒙古人的儒学政策提供了一个思考的视角。儒学这种既神圣又世俗的准宗教性，使窝阔台通过戊戌选试把它纳入了宗教宽容的政策范畴之中；而到了忽必烈时期，儒学便成了奠定有元立国的有力工具。姚大力的另一篇文章《元朝科举制度的行废及其社会背景》② 从政治史的角度观察元代科举，把它置于广阔的社会背景之下考察其兴废、成败以及它对当时乃至后世的影响，总结了元前期科举停废的四点原因。这有助于理解东平府学所处的政治、文化背景。

日本高桥文治的《泰山学派传承考——关于十二、三世纪山东的学术》③，从王曾与孙复、石介的关系等考察北宋郓州州学与泰山学派的关系，从东平刘长言、黄久约、李世弼、李昶考察东平学术与泰山学派的关系，其中不乏真知灼见。

## 二　要解决的问题

学术界的研究成果为蒙元时期东平府学的研究提供了帮助和思路，但是已有的成果并没有解决所有的问题，而且目前尚未有专文就东平府学做更为深入的讨论，一些看法还有待商榷。概括起来，以下问题值得注意，这也是本书力求解决的问题。

首先，东平府学是在金末元初的战乱环境里兴复并发展起来的。如果把它置于更广泛的社会历史背景中去考察，那么我们应怎样看待呢？它兴复的社会背景、政治背景和学术背景又如何？兴复和发展的具体原因有哪些？蒙古人南下攻金，南宋也趁机从南面发动进攻，到处是废墟，百姓四处逃难，士人流落他乡，而东平却在短暂的时间之内从战乱下的

① 《元史及北方民族史研究集刊》第 7 辑，南京大学历史系元史研究室。
② 《元史及北方民族史研究集刊》第 6 辑，南京大学历史系元史研究室。
③ 《东洋史研究》第 45 号第 1 卷，昭和 61 年 6 月。

废墟建立起华北的学术中心，其社会文化价值、政治价值怎样？

其次，府学的教师和学生，如宋子贞、王磐、康晔、李昶、徐世隆、阎复、孟祺等的师承传授关系、学术渊源是什么，即他们构成了一个怎样的学术网络。这关系到东平府学的学术定位问题，也必定涉及金元学术思想，甚至宋代学术思想的传承发展，特别是山东地区学术流派的演变。

最后，安部健夫在《元代的知识分子和科举》中对东平学派"文章派的华士"的定论是否妥当？对东平学派的学术思想和学风如何定位？它与理学派的关系是怎样的？如果东平学派完全是继承金代的学术，那么金代学术，它的词赋、诗文、经义以及伊洛之学的具体发展和水平如何？安部评论东平派"重浮华，喜宴游……是华美的杂剧的爱好者，是优伶歌妓的捧场者"，而理学派"致力于人格的陶冶"，是"为己之学""实践之学"，"经史诸书"无所不读。但是有些材料与上述总结并不一致。阎复在《乡贤祠祀》中有这样一段话：

> 至若澹轩先生之笃信好学，六经子史无所不窥，发为词章，仁义之言蔼如也。……其诲人，则曰予不足法，当以希圣希贤自期。又尝云："圣人之道，自徐行后长者始。盖以操行为先，文艺为末。"①

澹轩是东平府学祭酒康晔的号，康晔"六经子史"无所不读，教人"以希圣希贤自期"，"以操行为先，文艺为末"，这恰是安部总结的以赵复、许衡、姚枢等理学家为主体的"德行派的正士"的学术特点，怎么解释这种矛盾呢？无独有偶，作为东平府学学生和教师的李谦在《平原县修庙学记》中也表述了同样的观点，他说：

> 人之所以学，师之所以教，圣贤之所以传，以之正心、修身、齐家、治国、平天下者，此外无他说。……为士子者，所以当体承明府美意，朝夕警省，讲明实用，以究夫为己之学。②

---

① 《高唐州志》卷10，清康熙五十一年刊本，《全元文》卷295。
② 《平原县志》卷10《艺文上》，清乾隆十四年刊本。

这个观点也正合德行派的正士的思想。这段写于元贞元年（1295）的议论，如果说不能代表东平派初期的观点，那么至少它应展现东平派思想的发展。也就是说，东平派经历了思想上的转变。那么事实是怎样呢？

以上是本书所要讨论的主要问题。要全面地再现东平府学、东平派的思想特点，还会有许多具体问题需要解决，这里就不一一列举了。

## 三　有关研究方法的说明

利用史料进行实证性的研究，考证史料的可信度，理清历史发展的脉络，这是历史研究的一般方法，在这里不再赘述。本节要说明的是如何利用社会学、人类学的成果来研究东平府学。

美国学者杜赞奇的《文化、权力与国家——1900—1942 年的华北农村》一书为我们提供了这方面研究的成功范例。本书从历史和社会学的角度对 20 世纪前半期村庄领导层地位的变化进行分析，认为，进入 20世纪之后，国家政权逐渐放弃并破坏文化网络中的一些组成部分，但并没有建立新的渠道，这导致了严重的后果。它从文化与权力关系出发，对华北农村中宗族、宗教和"关帝"等象征符号与权力间的复杂关系做了条分缕析的评论。"国家政权建设"和"权力的文化网络"是贯穿全书的两个中心概念，国家政权建设关注国家权力深入乡村社会带来的对原有乡村权力阶层的破坏，宗族、宗教和神话、大众文化中的象征性资源的影响力消失，乡村中新的势力集团与政权结盟的目的是为军事和民政提供财源。而"权力的文化网络"（culture nexus of power）是我们更为关注的一个概念。"文化"一词是指各种关系与组织中的象征与规范，这些象征与规范包含宗教信仰、相互感情、亲戚纽带以及参加组织的众人所承认并受其约束的是非标准。这种象征性价值赋予文化网络一种受人尊敬的权威，它反过来又激发人们的社会责任感、荣誉感，从而促使人们在文化网络中追求领导地位。这里的"权力"一词是个中性概念，指个人、群体和组织通过各种手段以获取他人服从的能力，这些手段包括暴力、强制、说服以及继承原有的权威和法统，它是各种无形的社会关系的合成，存在于宗教、政治、经济、宗族甚至亲朋等社会生活的各个领域、关系之中。

　　虽然我们研究的课题是蒙元时期的东平府学，而不是 1900—1942 年的华北农村，但所涉及的问题却是一个文化网络问题，也涉及金亡后，蒙古统治者在各地重建地方政权的问题，它们有着诸多相似的地方。从历史学和社会学、权力和文化的角度来考察东平府学的重建、兴盛，我们不但会看到地方官员、士大夫、乡绅和一般百姓的结合体，还会看到每一所学校内孔庙的象征性意义。宗教与世俗、阶层关系、思想意识、价值观念、权力关系共同作用，以学校为纽带的文化网络帮助新的统治者维持稳定和重建权威。

　　关于象征的符号系统，美国人类学家 C. 吉尔茨（Geertz）对宗教的定义深化了我们的理解。他说："宗教是（1）一种符号系统，（2）这种符号系统担负着在人们中建立一种强大的、普遍的和持久延续的情绪和动机的任务，（3）形成对现存一般秩序的公式化概念，和（4）赋予这些观念以这样一种真实的气息，以致（5）使这些情绪和动机看起来确实是真实的。"①

　　法国思想史家、社会学家米歇尔·福柯的权力观念有助于理解本课题的研究目标和内容。他在《权力与知识》一书中写道："不要认为权力体现了一个个体对他人，或者一个群体或阶级对其他群体或阶级所施加的支配……权力通过一种网状组织被使用和实施。个体不仅仅只在权力网络的经纬间循环流动，他们总是处于同时经受这一权力和运用这一权力的位置……换句话说，个人是权力的载体，而非作用点。"② 他认为知识和权力像一对孪生兄弟，权力制造知识，不相应地建构一种知识领域就不可能有权力关系，不同时预设和建构权力关系就不会有任何知识。他说："总之，不是认识主体的活动产生某种有助于权力或反抗权力的知识体系，相反，权力—知识，贯穿权力—知识和构成权力—知识的发展

---

① Geertz, "Religion as a Cultural System", p. 643. 转引自〔美〕杰弗里·亚历山大《社会学二十讲》，华夏出版社，2000，第 228～229 页。更详细的解释见《作为文化系统的宗教》，载史宗主编《20 世纪西方宗教人类学文选》1995 年 4 月第 1 版和《文化的解释》一书。

② Michel Foucault, "Power / Knowledge", 转引自〔澳〕马尔科姆·沃特斯《现代社会学理论》，华夏出版社，2000。关于福柯的观点详见《福柯集》，上海远东出版社，1998；《规训与惩罚》，三联书店，1999；《性经验史》，上海人民出版社，2000。

变化和矛盾斗争，决定了知识的形式及其可能的领域。"①

当北方的士大夫遭遇金亡和战乱，流离失所，随时有可能丢掉性命的时候，他们一定会想念和平年代养尊处优的生活，也会为儒学的理念和价值观在今后的命运而思虑。当赵复被迫北上，可以想象他的心情是何等复杂。传播儒学是一个老儒的使命，而蒙古统治者需要的却是知识的权力。蒙古统治者—世侯严实—宋子贞、王磐、康晔等遗金士大夫、教师—府学学生—学生的家庭乃至所在的村镇，实际上是以东平府学为纽带联结的知识的权力网络。东平府学既是圣学传播的场所，又是蒙古统治者的势力范围，是士大夫安身立命的所在，是子弟学生的希望和家族的荣耀，而府学中的孔庙，圣人塑像、七十二贤肖像又无一不是权威的象征。当严实父子的东平政权向乡村收取军事和民政的财粮时，拿什么向地方势力集团如家族作为回报呢？金末元初的东平府学当然不是福柯式的典型例证，它只是提供了一个能够运用权力概念来分析、看待历史现象的视角。

---

① 《规训与惩罚》，三联书店，1999，第30页。

# 第二章　金末元初北方的学术中心

## ——东平府学

## 一　背景

　　蒙古部落的名称在唐代就已出现，众多"室韦"部落的一支叫"蒙兀室韦"，蒙兀就是蒙古的唐代音译。那时，他们生活在额尔古纳河下游东南的大兴安岭北端地区。《元朝秘史》和《史集》都有关于蒙古人祖先的传说。大约在唐代后期，蒙古部落向西面草原迁移，有一部分迁到鄂嫩河、克鲁伦河、土拉河"三河之源"的不儿罕山（今肯特山）地区。成吉思汗的先世就属于这部分蒙古部落。

　　11、12世纪，在蒙古高原上，分布着一些强大的部落：塔塔儿部、克烈部、乃蛮部、蔑儿乞部、斡亦剌部、汪古部。虽然蒙古部兴起较晚，势力较小，但蒙古部经过几代人的努力，终于于13世纪初由铁木真统一了蒙古高原各部落。1206年在斡难河源的大会上，他被尊为成吉思汗。成吉思汗以本部落的名称为国号，称"大蒙古国"。从此，成吉思汗及他的后继者和他的民族走上了征服世界的道路，向西一直打到今日的东欧、西亚等国，向南先后灭了金国和南宋。

　　成吉思汗大规模攻金（1115—1234）是在1211年，即金卫绍王完颜永济在位的大安三年。经过野狐岭之战，金精锐尽失。1213年，成吉思汗再次攻金，夺居庸关，包围中都，之后，三路大军南下中原。《元史》记述颇详：

　　　　是秋，分兵三道：命皇子术赤、察合台、窝阔台为右军，循太行而南，取保、遂、安肃、安、定、邢、洺、磁、相、卫、辉、怀、孟，掠泽、潞、辽、沁、平阳、太原、吉、隰，拔汾、石、岚、忻、代、武等州而还；皇弟哈撒儿及斡陈那颜、拙赤觯、薄刹为左军，遵海而东，取蓟州、平、滦、辽西诸郡而还；帝与皇子拖雷为中军，取雄、霸、莫、安、河间、沧、景、献、深、祁、蠡、冀、恩、濮、开、滑、博、济、泰安、济南、滨、棣、益都、淄、潍、登、莱、沂等郡。复命木华黎攻密州，屠之。①

三路大军横扫中原，正如《中国通史·元史》所说："这三路军像梳子一样将黄河以北八路之地来回梳了一遍。"② 所过之地"无不残灭，两河山东数千里，人民杀戮几尽，金帛、子女、牛羊马皆席卷而去，屋庐尽毁，城郭丘墟矣"。③ 而且对于拒绝投降的城市，攻下后，蒙古军往往采取屠城的方式，将城中人杀光，如前述木华黎屠山东路密州。攻下彰德后，蒙古将领带孙"怒其反复，驱老幼数万欲屠之"，"继破濮州，复欲屠之"，"其后曹、楚丘、定陶、上党皆然"，如果不是当时的东平行军万户严实的阻止，这几十万人就死于非命了。④

金贞祐二年（1214），金宣宗被迫渡过黄河从中都（今北京）迁都汴京（今河南开封），史称"贞祐南渡"。第二年蒙古军占领中都后退兵漠北。1217 年，成吉思汗封木华黎为太师、国王，专征金朝。木华黎在燕、云地区建立军事机构，遵照成吉思汗"招集豪杰，戡定未下城邑"的旨意，纳降各地官僚、土豪。凡归降者，按其实力和地盘授予不同官职，准其世袭。这个时期，金在黄河以北的统治基本上陷于崩溃，各地方有势力的人物纷纷组织武装自保。他们聚宗族，收壮丁，安营扎寨。为了自我的生存，见风使舵，时而归降蒙古，时而依附金朝。山东东西路地区的武装有的还接受南宋的册封。各武装力量之间因为投靠不同的主人而展开争夺，黄河以北地区又是一片混乱。在河北，先有易州张柔于 1218 年降蒙，攻取了金的真定以东和深、冀以北的三十几座城市，被授予河北东西路都元帅。1220 年，金朝恒山公武仙降蒙，被授予河北西路副兵马都元帅，他于 1225 年又叛蒙归金，据有真定。蒙军史天泽很快

---

① 《元史》卷1《太祖本纪》。

② 陈得芝主编《中国通史》第 8 卷《中古时代·元时期》（上），上海人民出版社，1997，第 368 页。

③ 《建炎以来朝野杂记》乙集卷 20《鞑靼款塞》。

④ 《元史》卷 148《严实传》。

把武仙赶出真定。山东地区，1218 年，金红袄军首领李全投靠南宋，益都张林、长清严实也投靠了南宋，山东东、西路与河北部分地区为宋所有。1220 年，严实转而归降蒙古，1221 年张林也归降蒙古。1226 年，济南张荣降蒙，1227 年，益都李全归降，至此，河北、山东尽归蒙古。

1227 年成吉思汗在进攻西夏中病死六盘山。1229 年窝阔台继汗位，之后于 1231 年兵分三路展开了灭金的最后战争。一路由山西南下直捣汴京；一路入汉中，从西边攻汴京；一路由山东入河南。1233 年汴京降，金哀宗出走归德（今河南商丘）、蔡州（今河南汝南）。1234 年金哀宗自杀，金朝灭亡。

这场战乱自 1211 年成吉思汗攻金开始，一直持续到 1234 年金朝灭亡，共二十几年的时间。其间百姓逃离家乡，士人流离失所，到处是辗转逃难的人们。元好问哀叹：

> 呜呼！兵兴三十年，河朔之祸惨矣！盛业大德、名卿巨公之后遭罹元元，遂绝其世者，多矣！仅得存者，亦颠沛之不暇也。①

窦默，金广平肥乡（今属河北）人，年轻未仕，就遇蒙古军伐金，被俘，同时被俘的 30 人均被杀害，只有他自己活了下来回到家乡。"家破，母独存"，母子虽然相见，但都受惊吓而得病，不久，他的母亲就去世了。窦默病还未好，而蒙古军又杀到了，他被迫向南渡河，投奔母亲的老家。金主迁蔡，窦默恐兵再至，又南走德安（今湖北孝感）。② 郝经的先叔祖郝天祐，精通《六经》《论语》《孟子》，性理经术之学，诗文书法无所不通，金朝累招而不仕。贞祐南渡后，曾隐居鲁山，"壬辰之变，年四十九，没于兵"。他的儿子郝思直"亦博学能文，亦皆殁于兵"。郝经哀叹："呜呼！郝氏之学，大于东轩老而终于君，其嗣胤遂不复见，而诸父昆季亦皆泯泯焉，独遗家君及经，天乎？！何于吾郝氏若是之刻也！"③ 刘因的父亲刘述，"六岁值贞祐之变，从亲南渡"，26 岁又

---

① 元好问：《冠氏赵侯先茔碑》，《金文最》卷 106。

② 《元史》卷 158《窦默传》。

③ 郝经：《先叔祖墓铭》，《陵川集》卷 36，四库全书本。

"遭壬辰之革，饥险备尝，北渡至安平，二亲连丧"，妻子重病。① 后任元中书左丞的张文谦在战乱中也险些殒命襁褓。他的父亲张英遇战乱从世居的邢州沙河县（今属河北），携家南迁，渡过黄河，暂住邓之南阳（今属河南），张文谦就降生于此。三年后，听说河北已经安定，张英又携家迁回邢州，正赶上兵乱，遂向西山逃去。"暮夜闻有追兵，同行者数百家，仓皇尽弃婴孺"，只有张英夫妇不肯丢弃三岁的文谦，"同行者恐其累己，往往诟詈"。张文谦就这样活了下来。② 王构的父亲王公渊，金末兵乱，家兄三人携家南迁，而王公渊藏于树林未走，东平老家得以延续，乱后"三兄弟不知所终"。③ 1234 年蔡州城陷，王鹗险遭杀害。④ 1231 年，战事正酣，金应奉翰林文字麻知几与真定的府学教授常仲明、中山赵玉三人商议南下避兵。"知几卜之，不吉，乃止不行"，结果遭遇兵乱被俘。麻知几得病，对当初的卜算后悔不已。⑤ 第二年，麻知几就病死了。

失去生活来源的士人，什么都干。南宋使臣徐霆在窝阔台七年（1235）到燕京，他说：

> 外有亡金之大夫，混于杂役，堕于屠沽，去为黄冠，皆尚称旧官。王宣抚家有推车数人，呼"运使"，呼"侍郎"。长春宫多有亡金朝士，即免跋焦，免赋役，又得衣食，最令人惨伤也！⑥

在这场战乱当中，许多士人为能生存下去而出家入道。因为丘处机在元太祖十四年（1219）曾西行雪山，与成吉思汗论道，后东归住燕京（今北京）太极宫，受命掌管天下道教，道士是受到保护的。

在这场民族大浩劫中，文化的重要设施——学校，也遭到了大破坏，大部分山东东、西路的学校被毁坏，如莒州、高唐、曲阜、乐安、成武、济州、平原等地的儒学。

---

① 刘因：《叔祖奉直府君行录》，《全元文》卷 466。
② 王磐：《张氏先德之碑》，《全元文》卷 62。
③ 《元史》卷 164《王构传》。
④ 《元史》卷 160《王鹗传》。
⑤ 元好问：《真定府学教授常君墓铭》，《遗山先生文集》卷 24，四部丛刊本。
⑥ 王国维编注《蒙古史料四种》第 495 页，《黑鞑事略》。

## 二　东平府学的兴复与发展

### 严氏父子

严实（1182—1240），字武叔，金末泰安长清（今山东长清）人。其家"在长清西五十里，今称鹊里者是也"。① 严实"公幼警悟，略知读书。及长，志节豪宕，若以生产为不足治者。为人美仪观，喜交结，好施予。落魄里社间，不自顾藉。屡以事被系，侠少辈爱慕之，多为之出死力，以故得脱去"②。金贞祐元年（1213），蒙古军分三路南下攻金，掠夺中原之后北归。金东平行台调民为兵，以严实为众所伏，任命其为百夫长。金兴定二年（1218），权长清令。红袄军被金军打败后，其中的李全部归附南宋，在南宋支持下攻略山东许多州县。八月，益都张林投降李全，李全得以乘胜而西。严实外出收粮时，长清失陷。严实夺回长清后，有人向东平行台告严实与南宋有谋。行台派兵围长清，严实被迫出走青崖山，并投靠益都张林。

1220 年，严实"知宋不足恃"，投向蒙古木华黎，"首谒先太师于军门，挈所部以献"。据《元史》载，严实当时是"籍彰德、大名、磁、洺、恩、博、滑、濬等州户三十万来归"，木华黎"授实金紫光禄大夫、行尚书省事"。③ 这八州之地：彰德府，今河南安阳；大名，今河北大名；磁，今河北磁县；洺，今河北永年；恩，今山东武城；博，今山东聊城；滑，今河南滑县；濬，今河南浚县。范围包括今天河北南部西部、河南东北部、山东西北、西南部地区。在当时归附蒙古的汉地世侯中，严实是极为成功的一个，他与真定史天泽，益都李全、顺天张柔是最强大的势力。"壬辰北渡后，诸侯各有分邑。开府忠武史公之于真定，鲁国武惠严公之于东平，蔡国武康张公之于保定，地方二三千里，胜兵合数万，如异时齐、晋、燕、赵、吴、楚之国，竞收纳贤俊，以系民望，以

---

① 王恽：《武惠公故里》诗，《秋涧先生大全集》卷29，四部丛刊本。
② 元好问：《东平行台严公神道碑》，《遗山先生文集》卷26，四部丛刊本。
③ 《元史》卷1《太祖本纪》。

为雄夸。"①

严实归降蒙古后的几年里，先后攻占曹、濮、单、东平等地。于1221年进驻东平，又随蒙灭金。1235年，窝阔台"朝于和林城"，授严实东平路行军万户。元好问曾对严实在这一时期的影响、地位和经历概述如下：

> 初，贞祐南渡，豪杰乘乱而起，四方之人无所归命。公据上流之便，握劲锋之选，威望之著，隐若敌国。人心所以为楚为汉者，皆倚之以为重。至是，晓然知天命所在，莫敢有异志，国家亦藉之以成包举之势。故自开创以来，功定天下之半，而声驰四海之表者，惟公一人而已。②

严实最后的统治区域是在1235年后不久的蒙古"画境之制"，即划定汉地世侯势力范围所定的地区。"初，公之所统，有全魏，有十分齐之三、鲁之九。及是画境之制行，公之地于魏，则别大名，又别为彰德；齐与鲁，则复以德、兖、济、单归于我。"③ 也就是说，严实的统治区域分出去了大名、彰德，增加了德州（今山东陵县）、兖州（今山东兖州）、济州（今山东济宁）、单州（今山东单县），共"领州县五十四"。④

元太宗窝阔台二十年（1240），严实去世。其子严忠济"佩虎符，袭东平路行军万户、管民长官，开府布政，一法其父"⑤。中统二年（1261），严忠范取代其兄袭万户。至元元年（1264），忽必烈罢去所有汉地世侯，"立转迁法"。自严实进入东平的1221年至此，严氏父子在东平的统治共43年。

## 北方世侯的兴学养士

严实1221年进驻东平，揭开了东平府学兴盛的序幕。他以纳士、兴

---

① 魏初：《故总管王公神道碑铭》，《全元文》卷267。
② 元好问：《东平行台严公神道碑》，《遗山先生文集》卷26，四部丛刊本。
③ 元好问：《东平行台严公神道碑》，《遗山先生文集》卷26，四部丛刊本。
④ 《元史》卷58《地理志一》。
⑤ 《元史》卷148《严实传》。

学为要务，多方搜罗人才。其子严忠济继续这一政策，并建成新的府学。在当时的汉地世侯里面，接纳儒士、兴修学校是一种普遍的现象，他们"竞收纳贤俊，以系民望，以为雄夸"。在荣禄大夫、河北东西都元帅顺天张柔从满城（今河北满城西）迁治保州（今河北保定）时，"保累经兵灾，焚荡殆尽"，他"鸠工庀材，铲除荆棘，营立官府、仓库、庙学"①。这一年是金正大四年（1227）。王磐说他"性喜宾客，闲暇辄延引士大夫与之言笑谈论，终日不倦。岁时赡给，或随其器能任使之"。攻取金都汴京后，张柔置宝货财物于不顾，"而首取金朝《实录》，并秘府图书。又访求乡曲耆德，得户部尚书高公麟、都转运使李公特立等十余家，载之以归"。② 魏初在《故总管王公神道碑铭》中回忆道："癸巳，河南平。如前状元王鹗、监察御史乐夔、进士敬铉皆在其门下，馆客则陵川郝经。"③ 癸巳，即金天兴二年（1233）。据《元史·王鹗传》记载，张柔是在金天兴三年（1234）蔡州失陷后，从城中救出王鹗的。④ 所以，王鹗、郝经共聚其门下，当在1234年蔡州失陷之后。据刘敏中所记，当时元好问也在保州。保州郭希泰"爱其子贯，教之学，购书择师，恒若不及。……保直四达之冲，人物所集。属河南平，衣冠北渡，多寓焉。公无不款曲延接，或资以仆马。若监察御史岳夔舜咨、状元王鹗百一、遗山先生元好问裕之诸名公，尤其密者也"。⑤ 真定史天泽也以纳士出名。王恽说："北渡后，名士多流寓失所，知公好贤乐善，偕来游依。若王滹南、元遗山、李敬斋、白枢判、曹南湖、刘房山、段继昌、徒单颙轩，为料其生理，宾礼甚厚，暇则与之讲究经史，推明治道，其张颐斋、陈之纲、杨西庵、张条山、孙议事，擢府荐达，至光显云。"⑥ 王滹南（1174—1243），即王若虚，承安经义进士，累迁应奉翰林文字，后为翰林直学士。元遗山（1190—1257），即元好问，兴定进士，金行尚书省左

---

①　王磐：《蔡国公神道碑》，《畿辅通志》卷107，四库全书本。

②　王磐：《蔡国公神道碑》，《畿辅通志》卷107，四库全书本。

③　《全元文》卷267。

④　《元史》卷160《王鹗传》。

⑤　刘敏中：《敕赐保定郭氏先茔碑铭》，《中庵集》卷25，清钞本。此文写于元初，元之保定路治所称保定，即金之保州。

⑥　王恽：《开府仪同三司中书左丞相忠武史公家传》，《秋涧先生大全集》卷48，四部丛刊本。

司员外部，以诗文著名。李敬斋（1192—1279），即李治，金末进士，钧州知事。白枢判，即白华，贞祐进士，正大七年（1230）任枢密院判官。这些都是金末名士。史天泽在攻宋途中过卫（今河北汲县），遇王恽，"一见接以宾礼"。① 史天泽的曾祖史伦就曾以养士著称。史伦年轻时建房掘地意外地得到了许多黄金而富甲一方。"金末，中原涂炭，乃建家塾，招徕学者，所藏活豪士甚众。"② 益都李璮也多方纳士。金末进士徐之纲戊戌选试（1238）"以明经选益都"。当时徐之纲任益都府学教授。"璮喜儒，间问攻战成败"，而且让徐之纲为他讲儒家经典。③ 郝经在保定时，李璮曾邀他去青州。"中统前，青寇璮驰书币招陵川，陵川谋于公。公曰：'世所重名与利耳。若利，先生学术道德倾一世，奚利为？若名，名在朝廷，山东奚取也？'陵川遂辞之。"④ 公，即保定郭希泰。王磐则在青州住下，成为李璮门下的儒士之一。中统元年（1260），任益都等路宣抚副使的王磐得病，辞官休养。《元史》称："李璮素重磐，以礼延致之，磐亦乐青州风土，乃买田洴河之上，题其居曰'鹿庵'，有终焉之意。"⑤ 后来，王磐在李璮谋反时，脱身而出，逃至济南，又入京师。

冠氏赵天锡，金末随父赵林拥兵自保。于金兴定五年（1221）即严实进驻东平的这一年归顺严实，从严实征上党，"以功授冠氏令，俄迁元帅左都监，兼令如故"⑥；其后基本未离冠氏县；1238年随蒙古征宋，途中染病，归于冠氏县；1240年，年五十而卒。元好问对于赵天锡的兴学养士评论道：

　　自金朝南驾，文事扫地，后生所习见，唯驰逐射猎之事，莅官政者或不能执笔记名姓。风俗既成，恬不知怪。惟侯在军旅中，日以文史自随，延致名儒，考论今古，穷日夕不少厌。时或投壶雅咏，挥麈清坐，倡优杂戏不得至其前。又子弟之可教者，薄其徭役，使

---

① 《元史》卷167《王恽传》。
② 《元史》卷147《史天倪传》。
③ 《滕县尉徐君墓志铭》，袁桷《清容居士集》卷29，四部丛刊本。
④ 刘敏中：《敕赐保定郭氏先茔碑铭》，《中庵集》卷25，清钞本。
⑤ 《元史》卷160《王磐传》。
⑥ 《元史》卷151《赵天锡传》。

得肄业，而邑文人亦随化之。行台所统百城，比年以来，将佐、令长皆兴学养士，骎骎乎齐、鲁礼义之旧。推究源委，盖自侯发之。①

从文中可以知道，赵天锡是一个文武双全的将军，他"以文史自随"，与名儒"考论古今"，还经常"投壶雅咏"，但他的生活并不奢靡，"倡优杂戏不得至其前"，是个正派的县令。元好问对他的评价很高，认为在严实的部下里，他是兴学养士第一人。金亡后，"一时名士夫，如遗山元公、紫阳杨公、左山商公诸人，皆流寓于此"。② 当时元好问、杨奂、商挺均在冠氏县，另外还有杜仁杰、江孝卿、张仲经、杨震亭、李仲敬、赵仲祥、赵秀夫等人。③ 赵天锡还与元好问建立了亲密的关系。元好问在金朝灭亡后，曾到冠氏县和东平居住多年。他曾说："乱后，予客冠氏。"又说："予居东州久，将还太原。……丁酉冬，复来东州。"④ 丁酉，即1237年。谈到他与赵天锡的友情，他说："予往客平阳者六年，岁戊戌七月，以叔父之命，将就养于太原。侯留连郑重，数月不能别。军行河平，予与之偕，分道新乡，置酒行营中，夜参半，把烛相视，不觉流涕之覆面也。"⑤ 情谊至深，洒泪而别。元好问在为他写的碑铭中称其文治：

> 宾礼师儒讲颜曾，奕邑子弟前伏膺。
> 弦歌洋洋通薛滕，东州百城文治兴。⑥

元太宗七年（1235），赵天锡扩大了金贞元初所建的庙学规模，并修饰一新。⑦ 冠氏县有唐代崔子玉的祠，叫崔府君庙。"庙之在阳平者有

---

① 元好问：《千户赵侯神道碑铭》，《遗山先生文集》卷29，四部丛刊本。
② 李谦：《冠州庙学记》，《冠县县志》卷9，光绪十年修，民国二十三年铅印本。
③ 张鹏：《长清庙学碑阴记》，《济南府志》卷68，清道光二十年刻本。
④ 元好问：《蓬然子墓碣铭》，《遗山先生文集》卷24，四部丛刊本。
⑤ 元好问：《千户赵侯神道碑铭》，《遗山先生文集》卷29，四部丛刊本。
⑥ 元好问：《千户赵侯神道碑铭》，《遗山先生文集》卷29，四部丛刊本。
⑦ 李谦：《冠州庙学记》，清梁永康等修《冠县县志》卷9，光绪十年修，民国23年铅印本。

年矣。贞祐之兵烧毁几尽，东平副元帅赵侯，以其父之志为完复之。"①
赵天锡修复这一古庙有何文化意义呢？崔子玉为冠氏定平人，唐太宗时
为长子县令。"时县有名虎"，虎把一孝子吃了，崔子玉"乃以牒摄虎
至，使服罪"。② 这一事件使人们把崔县令当作神灵，为之立祠立庙。据
美国学者杜赞奇的《文化、权力与国家》一书的分析，古代乡村权力的
文化网络中，神灵崇拜、祭祀是其中的重要环节。如根据清末 1860—
1895 年对直隶乡村的调查发现，对龙王、关帝等的祭祀活动，"村庄领
袖和清朝官府皆认为这类宗教活动是为全村祈福禳灾，任何人不得退
出"。③ 这种活动与乡村权力融合在一起，是乡村政治的有机组成部分。
在金末元初的易代革命时期，作为地方领袖的赵天锡当然会担负起重建
权力的文化网络的任务，以获得民众对新领袖的认可。从张柔、史天泽、
李璮到严实的部下赵天锡的兴学养士，实际都在重建被战乱破坏了的权
力的文化网络。在这一场华北文化的复兴运动中，严实也不例外，而且
是最成功、最令人瞩目的，其东平府学就是这一场运动的完美结晶。

　　严实父子都以养士著名。严实"既握兵柄，颛生杀，时年已长，经
涉世故久，乃更折节自厉，间亦延致儒士，道古今成败，至前人良法美
意所以仁爱民物者，辄欣然慕之"。④ 元好问在《故河南路课税所长官兼
廉访使杨君神道之碑》中更直接地说："东平严公喜接寒素，士子有不
远千里来见者。"⑤ 当时在东平的名士有宋子贞、王磐、康晔、李昶、刘
肃、张特立、徐世隆、张昉、商挺、杜仁杰、元好问等。金代衍圣公孔
元措也被严实接到东平。

　　宋子贞（1182—1266），字周臣。金潞州长子县（今属山西）人，
以词赋擅长，与族兄宋知柔同补太学生，人以大宋、小宋称呼，在金朝
很有名声。金末战乱，宋子贞离乡出走，辗转赵魏间。宋将彭义斌驻守
大名，召他做安抚司计议官。彭义斌死后，他投靠严实。"实素闻其名，
招置幕府，用为详议官，兼提举学校。"宋子贞帮助严实招纳流亡士人：

①　元好问：《崔府君庙记》，《遗山先生文集》卷 23，四部丛刊本。
②　元好问：《崔府君庙记》，《遗山先生文集》卷 23，四部丛刊本。
③　〔美〕杜赞奇：《文化、权力与国家》，江苏人民出版社，1996，第 112 页。
④　元好问：《东平行台严公神道碑》，《遗山先生文集》卷 26，四部丛刊本。
⑤　《元好问全集》卷 23，山西人民出版社，1990。

"金士之流寓者，悉引见周给，且荐用之。拔名儒张特立、刘肃、李昶辈于羁族，与之同列。四方之士闻风而至，故东平一时人材多于他镇。"①

王磐（1202—1293），字文炳，号鹿庵。金广平永年（今河北永年东南）人。"世业农，岁得麦万石，乡人号万石王家。"26岁擢正大四年（1227）经义进士第，授归德府录事判官，不赴。"自是大肆力于经史百氏，文辞宏放，浩无涯涘"。后为避河南兵乱，入淮襄间。南宋荆湖制置司闻其名，辟其为议事官。元太宗八年（1236），襄阳兵乱，北归，遇杨惟中被旨召集儒士，"得磐，深礼遇之，遂寓河内。东平总管严实兴学养士，迎磐为师"。当时跟从他学习的"受业者常数百人"②，以后许多人成为名士。

康晔，生卒年月不详，字显之，号澹轩，金高唐（今属山东）人。其师为金承安词赋状元、应奉翰林文字阎咏。康晔登金正大词赋甲科，"与翰林学士承旨王文康公鹗为同年友，释谒郑州司候。试政畿郡，豪右敛迹，直声闻于朝"。金亡北归，为镇国上将军刘海"馆于家塾，教授诸子"。严忠济嗣位东平府，康晔门人徐世隆为其幕客。严忠济打算重建府学，"兴学养士，职教导者非耆德宿望不可。遂起先生于高唐，当儒林祭酒以主师席"。③

李昶（1203—1289），字士都，曾用名李彦，金东平须城（今山东东平）人。他的父亲李世弼，从外家受孙复《春秋》学。金兴定二年（1218），父子同中经义进士，李昶"以《春秋》中第二甲第二人"，李世弼中第三甲第三人。时人把他们父子比为刘向、刘歆父子。李昶读书刻苦，足不出户，"邻里罕识其面"，所以能在16岁时得中进士。之后，授征事郎、孟州温县丞。正大任儒林郎、郑州河阳簿。正大三年（1226）为漕运提举。河南战乱，李昶归东平，严实辟授都事，后授行军万户府知事。严忠济嗣位，李昶为经历。④

刘肃（1188—1263），字才卿。金威州洺水（今河北威县）人。兴定二年（1218）词赋进士，历任尚书省令史、新蔡令、户部主事。金亡

①　《元史》卷159《宋子贞传》。
②　《元史》卷160《王磐传》。
③　阎复：《乡贤祠记》，《全元文》卷295。
④　《元史》卷160《李昶传》。

后，归依严实，辟行尚书省左司员外郎，又改行军万户府经历。①

张特立（1179—1253），字文举，初名永，避卫绍王讳改名。金曹州东明（今属山东）人，泰和进士。首任偃师主簿，改宣德州司候，州多国戚贵族，特立做事公正，不留情面。正大初，迁洛阳令，四年（1227），拜监察御史，连续弹劾尚书右丞颜盏石鲁、参知政事徒单兀典、平章政事白撒等人，以弹劾不实为名迁邳州军事判官，后归乡里。金亡后，精研程氏《易经》，"晚教授诸生，东平严实每加礼焉"。②

徐世隆（1206—1285），字威卿，金陈州西华（今属河南）人。正大四年（1227），21岁登进士第，辟为县令。他的父亲劝告他说："汝年少，学未至，毋急仕进，更当读书，多识往事，以益智识，俟三十入官，未晚也。"于是，徐世隆辞去官职，在家钻研学问。金天兴元年（1232），他父亲去世。第二年，他与母亲北渡黄河来到东平。严实招其至东平幕府，俾掌书记。③

张昉（？—约1274），字显卿，金东平汶上（今属山东）人。父张汝明，金大安元年（1209）经义进士。张昉任吏部令史，金亡还汶上，被严实辟为掾，后进幕职。元宪宗五年（1255），权知东平府事。④

商挺（1209—1289），字孟卿，号左山老人，金曹州济阴（今山东菏泽）人。蒙古破汴京时，他年二十四，北走依冠氏赵天锡，当时元好问、杨奂都在冠氏。严实聘他为诸子师。⑤

杜仁杰，生卒年月不详。字仲梁，号善夫，金末元初济南长清（今属山东）人，著名曲家。有谢严氏"十年恩爱沦肌髓"⑥之句。他曾作散曲《［般涉调·耍孩儿］庄稼不识勾栏》。此曲开头反映了东平百姓安居乐业的情况："风调雨顺民安乐，都不似俺庄家快乐。桑麻五谷十分收，官司无甚差科。"⑦

元好问（1190—1257），字裕之，号遗山，金秀容（今山西忻县）

---

① 《元史》卷160《刘肃传》。
② 《元史》卷199《张特立传》，《金史》卷128《张特立传》。
③ 《元史》卷160《徐世隆传》。
④ 《元史》卷170《张昉传》。
⑤ 《元朝名臣事略》卷11《参政商文定公》。
⑥ 《谢严相》，《重辑杜善夫集》，济南人民出版社，1994，第35页。
⑦ 隋树森编《全元散曲》上"杜仁杰条"，中华书局，1964。

人。他"年十有四,从陵川郝晋卿学,不事举业,淹贯经传百家,六年而业成"。郝晋卿,即郝天挺。之后,元好问下太行,渡黄河,写出《箕山》《琴台》等诗,得到赵秉文的赞许,从而名震京师。兴定五年(1221)中进士,后历任内乡令、南阳令、尚书省掾,又除左司都事,转行尚书省左司员外郎,为一代文宗,诗文俱为上乘。金亡后,他感到有责任把金代事迹、人物记录下来,"不可令一代之迹泯而不传"。于是在家建"野史亭",在此著述。"凡金源君臣遗言往行,采摭所闻,有所得辄以寸纸细字为纪录,至百余万言",《金史》中多有采用。① 金亡后,元好问寓于多处。在保定,他与王鹗、郝经在一起聚于张柔门下②,在真定,他与王若虚、李治、白华等投史天泽门下;③ 在冠氏,他与杨奂、商挺寓于赵天锡处。④ 之后,严实请他到东平校试诸生文,元好问在《东平行台严公祠堂碑铭》中说他自己"好问客公幕下久"。⑤

孔元措(1182—约1252),字梦得,金曲阜(今属山东)人,孔子五十一代孙。明昌二年(1191)袭爵衍圣公,天兴二年(1233)迁光禄大夫、太常卿。汴京被围,窝阔台听从耶律楚材的建议,找到孔元措,命他仍袭衍圣公。孔元措回到东平,受到严实的照顾和保护。孔元措还将女儿嫁给严实之子严忠济。孔氏家族乃中国传统文化的象征,保护孔元措并与之联姻,严实成功地利用了孔氏这一极为重要的文化资源。

除此之外,杨奂也是严实厚礼聘请的对象。杨奂金末举进士不中,教授乡里。汴京陷落后,他微服北渡,冠氏赵天锡延之,待以师友之礼。他在冠氏读书,"门人有自京师载书来者,因得聚而读之"。严实听说他的名声后,"数问其行藏",但杨奂不忍离开赵天锡而未去东平。⑥

总结起来,汉地世侯张柔、史天泽、严实及其部下赵天锡所接纳的金末士人有38位,他们是:高巐、李特立、王鹗、乐巐、敬铉、郝经、

---

① 《金史》卷126《元好问传》。
② 刘敏中:《敕修保定郭氏先茔碑铭》,《中庵集》卷18,四库全书本。
③ 王恽:《开府仪同三司中书左丞相忠武史公家传》,《秋涧先生大全集》卷48,四部丛刊本。
④ 李谦:《冠州庙学记》,清梁永康等修《冠县县志》卷9,光绪十年修,民国23年铅印本。
⑤ 《遗山先生文集》卷26,四部丛刊本。
⑥ 《元史》卷153《杨奂传》。

元好问、王若虚、李冶、白华、曹南湖、刘房山、段继昌、徒单颙轩、张颐斋、陈之纲、杨西庵、张条山、孙议事、王恽、徐之纲、杨奂、宋子贞、王磐、康晔、李昶、刘肃、张特立、徐世隆、张昉、商挺、杜仁杰、张仲经、江孝卿、杨震亨、李仲敬、赵仲祥、赵季夫。元好问曾于元太宗五年，即金天兴二年（1233），金朝灭亡的前一年，在给耶律楚材的信中列出了53人的名单，都是金朝的名卿士大夫，以上的38位在这个名单中占了14位。元好问写道：

> 圣者之后如衍圣孔公，耆旧如冯内翰叔献、梁都运斗南、高户部唐卿、王延州从之，时辈如平阳王状元纲，东明王状元鹗，滨人王贲，临淄人李浩，秦人张徽、杨焕然、李庭训，河中李献卿，武安乐夔，固安李天翼，沛县刘汝翼，齐人谢良弼，郑人吕大鹏，山西魏璠，泽人李恒简、李禹翼，燕人张圣俞，太原张纬、李谦、冀致君、张耀卿、高鸣，孟津李蔚，真定李冶，相人胡德珪，易州敬铉，云中李微，中山杨果，东平李彦，西华徐世隆，济阳张辅之，燕人曹居一、王铸，浑源刘祁及其弟郁、李全，平定贾庭扬、杨恕，济南杜仁杰，洺水张仲经，虞乡麻革，东明商挺，渔阳赵著，平阳赵维道，汝南杨鸿，河中张肃，河朔勾龙瀛，东胜程思温及其从弟思忠。凡此诸人，虽其学术操行参差不齐，要之皆天民之秀，有用于世者也。百年以来，教育讲习非不至，而其所成就者无几，丧乱以来，三四十人而止矣。[1]

## 东平府学的兴复与发展

东平府学，北宋称郓学。有关它在元之前，特别是宋代的发展情况，元好问总结道：

> 郓学，旧矣。宋日在州之天圣仓，有讲授之所曰"成德堂"者，唐故物也。王沂公曾罢相判州，买田二百顷，以赡生徒。富郑

---

① 元好问：《癸巳岁寄中书耶律公书》，《遗山先生文集》卷39，四部丛刊本。

公弼《新学记》及陈公尧佐《府学题榜》在焉。刘公挚领郡，请于朝，得国子监书，起稽古阁贮之。学门之左有沂公祠祭之位，春秋二仲，祭以望日，鲁两生泰山孔明复、徂徕石守道配焉。齐都大名，徙学于府署之西南，赐书、碑石随之而迁，独大观八行碑蔡京题为圣作者不预焉。齐已废，而乡国大家如梁公子美、贾公昌期、刘公长言之子孙故在。生长见闻，不替问学，尊师重道，习以成俗。①

　　据此文记述，宋郓学里尚存有唐代的讲堂，名"成德堂"，说明唐代这里就有一所学校了，这也是东平府学的前身吧。关于宋王曾罢相修学的事，北宋名儒石介在《题郓州学壁》一文中说："沂公之贤，人不可及。初罢相知青州，为青立学；移魏，为魏立学；再罢知郓州，为郓立学。两罢相为三郡建三学学，沂公之贤，人不可及。"② 王曾兴学教化之心由此可知。青州学，王曾颁学田三十顷；③ 郓学，则颁学二百顷。刘挚"十岁而孤，鞠于外氏，就学东平，因家焉"，后又于宋元祐末"以观文殿学士罢知郓州"。④ 富弼、陈尧佐和刘挚都为郓学的发展做出了贡献。

　　郓学中还有王曾和孙复、石介的祠位，而孙复、石介在宋初建有泰山书院，并创建泰山学派。郓学和泰山书院之间存在着学术交流活动。孙复、石介与胡瑗一起被称为"宋初三先生"。全祖望评价他们的学术地位说："宋世学术之盛，安定、泰山为之先河，程朱二先生皆以为然。"⑤ 安定，即是胡瑗；泰山，即是孙复。他们是理学的先驱。泰山书院坐落于泰山脚下，宋景祐四年（1037）由孙复、石介创建。当时孙复四举开封府籍进士不第，退居泰山读书。石介"丁父母忧"，耕徂徕山下，以教授《易》闻名，见孙复拜之为师。胡瑗在泰山与孙复、石介一同读书，他的曾孙胡涤说："侍讲布衣时，与孙明复、石守道同读书泰山，攻苦食淡，终夜不寝，一坐十年不归。得家问见上有'平安'二

① 元好问：《东平府新学记》，《遗山先生文集》卷32，四部丛刊本。
② 石介：《徂徕集》卷9，清康熙五十六年刻本。
③ 石介：《青州州学公田记》，《徂徕集》卷19。
④ 《宋史》卷340《刘挚传》。
⑤ 《宋元学案》卷首。

字，即投之涧中，不复展读。"① 泰山书院现在遗址尚在，东一百米是普
照寺，西二三百米是冯玉祥将军墓。遗址尚有投书涧、题刻多处。石介
在 26 岁进士及第后，任过郓州观察推官，那么，为郓学写的《题郓州学
壁》一文写于何时呢？在泰山书院的可能性最大。因为王曾为郓学增田
二百顷是在二次罢相，即景祐二年（1035），石介也是在这时上泰山见
孙复的。庆历二年（1042）石介离开泰山入国子监直讲。两年以后他就
去世了。孙复、石介在泰山书院时，郓州学者士建中曾到书院讲学。书
院的学生姜潜曾任郓州州学教授。② 学生马默进士第后，知须城县，须
城为郓州治所。③

　　郓学的《大观八行碑》是宋大观年间（1107—1110）立的以风俗教
化、选拔学生为内容的石碑。崇宁五年（1106）全国立八行科，碑文录
圣旨内容："学以善风俗，明人伦，而人才所自出也。……近因稽周法，
立八行、八刑，颁之学校，兼行惩劝，庶几于古。士有善父母为孝，善
兄弟为悌，善内亲为睦，善外亲为姻，信以朋友为任，仁于州里为恤，
知君臣之义为忠，达义利之分为和。凡有八行实状，乡上之县，县延入
学，审考无伪，上其名于州。州第其等，孝、悌、忠和为上，睦、姻为
中，任、恤为下。苟备八行，不俟中岁，即奏贡入太学，免试补为上舍。
司成以下审考不诬，申省释褐，优命之官；不能全备者，为州学上等上
舍，余有差。"④

　　郓学还有一块《州学》二字碑，为蔡京所书。据《山左金石志》
言，此碑是宋元符二年（1099），蔡京以翰林学士承旨知郓州时所写。⑤
而《宋史·蔡京传》说蔡京知郓州是在元祐年间（1086—1093），以龙
图阁待制知郓州。⑥ 元至元十四年（1277），蔡京的后裔蔡德润为东平路
都转运使时，见旧碑已破裂，又重新摹刻立了新碑。

　　梁子美，宋徽宗大观元年（1107）、大观二年为尚书右丞、尚书左

---

①　朱熹：《五朝名臣言行录》，第 10 卷之二《安定胡先生》，四部丛刊本。
②　《宋史》卷 458《姜潜传》。
③　《宋史》卷 344《马默传》。
④　《宋史》卷 157《选举志三》。
⑤　《山左金石志》卷 21。
⑥　《宋史》卷 472《蔡京传》。

丞、中书侍郎，大观二年以资政殿学士出知郓州。① 贾昌期，真宗天禧元年（1017），赐同进士出身，累迁权御史中丞兼判国子监。庆历三年（1043）除参知政事，次年改枢密使，五年拜同平章事兼枢密使。② 刘长言，东平人，刘挚的孙子，金正隆宰相。③ 他们的子孙在金朝初年都生活在东平。

金泰和以后，东平又出了三位举足轻重的要员：张万公、侯挚和高霖。元好问回忆道：

> 泰和以来，平章政事寿国张公万公、萧国侯公挚、参知政事高公霖同出于东阿，故郓学视他郡国为最盛，如是将百年，贞祐之兵始废焉。④

张万公，东平东阿人，正隆二年（1157）进士。金章宗明昌、承安、泰和年间任参知政事、平章政事。明昌四年（1193），因母老，出知东平府事，后又移镇济南，几年后方还朝。⑤ 侯挚，字莘卿，东平东阿人。明昌二年进士，贞祐年间拜参加政事，行尚书省事；天兴元年（1232）为平章政事，封萧国公，史称"南渡后宰执中，人望最重"。⑥ 元好问在《跋张仲可东阿乡贤记》中说："萧公行台东平，威惠并举，山东父老焚香迎拜，有太平宰相之目。"⑦ 侯挚行台东平，在贞祐之乱后，元好问《濮州刺史毕侯神道碑铭》中有"贞祐之乱，……时宰相萧国侯公挚行尚书省事于东平"句。⑧ 高霖，字子约，东平东阿人。大定二十五年（1185）进士，先任符离主簿、泗水令、安国军节度判官。"以父忧还乡里，教授生徒，恒数百人。"历任监察御史、耀州刺史、兵部尚书，权参知政事，又改中都留守。贞祐二年（1214），死于蒙古军

---

① 《宋宰辅编年录校补》卷12，中华书局，1986。
② 《宋史》卷285《贾昌期传》。
③ 元好问：《刘右相长言》，《中州集》卷9，四库全书本。
④ 元好问：《东平府新学记》，《遗山先生文集》卷32，四部丛刊本。
⑤ 《金史》卷95《张万公传》。
⑥ 《金史》卷108《侯挚传》。
⑦ 《遗山先生文集》卷40，四部丛刊本。
⑧ 《遗山先生文集》卷30，四部丛刊本。

队之手。赠翰林学士承旨，"令立碑乡里，岁时致祭"。① 元宪宗七年（1257），东平东阿金进士张仲可将前乡贤二十三人列名刻石立碑纪念，首列张万公、高霖、侯挚三人，以追述先贤，垂世永久。②

这个"视他郡国为最盛"的东平府学，从贞祐蒙古军南下攻金开始，处于瘫痪状态。从贞祐二年（1214）金迁都汴京（今河南开封），到金兴定五年（1221）严实进驻东平，只有短短七年时间。严实的兴学养士可以说从一进驻东平就开始了，这时严实接手的府学基础是相当好的，虽然遭到了七年战乱。严实承接府学以兴学养士为要务，从而揭开了东平府学兴盛的序幕。宋子贞、王磐、康晔、梁栋、元好问、李昶、徐世隆、商挺等名儒成为府学的主管和教授，各方学子纷纷慕名前来学习。到1240年，严实去世，其子严忠济接替父职统治东平，东平府学的基础已完全打牢，并稳定地发展起来。③

府学的兴复在严实进驻东平的1221年可以算作开始之日。严忠济1255年建成一座新府学，东平府学进入鼎盛时期。

在金末府学规模的基础上再建一座新学校，是严实一进驻东平就有的心愿，"先相崇进开府之日，首以设学为事，行视故基，有兴复之渐"。只是由于战事尚紧，条件还不具备而未动工。这个任务就落在了严忠济的肩上。"今嗣侯莅政，以为国家守成尚文，有司当振饬文事，以赞久安长治之盛。"经过实地考察，严忠济认为原来的府学故地不合适，"非弦诵所宜"，理由有两条："或言阜昌所迁，乃在左狱故地，且逼近闤闠，湫隘殊甚。"后来才确定在"府东北隅爽垲之地"建设新学。宪宗二年（1252），东平新府学开始兴建，到宪宗五年（1255）建成。

首创礼殿，坚整高朗，视夫邦君之居。夫子正南面，垂旒被衮。邹、兖二公及十哲列坐而侍，章施足征，像设如在。次为贤廊，七十子及二十四大儒绘象具焉。至于栖书之阁、豆笾之库、堂宇斋馆、

---

① 《金史》卷104《高霖传》。
② 元好问：《跋张仲可东阿乡贤记》，《遗山先生文集》卷40，四部丛刊本。
③ 元初严氏父子行台东平时，东平为路，而其治所机构为东平总管府。至元五年（1268），又以东平为散府，九年改下路总管府（见《元史》卷58《地理志一》）。所以，本文仍沿用金东平府学的名称。

庖湢庭庑，故事毕举，而崇饰倍之。①

府学的礼殿就是大成殿，它与贤廊构成了庙学之"庙"。在这个新府学里面，礼殿和贤廊都具备。礼殿里有孔子的塑像，还有"邹、兖二公"即孟子和颜回的塑像，还有十哲的塑像。孔子像"垂旒被衮"。旒，指帝王冠冕前后悬垂的玉串，应是十二旒；衮，则是帝王或公侯穿的礼服。孔子的这一身装束是帝王的规格。孟子和颜回的配享始于宋元丰七年（1084），汉高祖用太牢祀孔子，首以颜回配享，后又有孟子、曾参、王安石从配。到南宋成淳三年（1267），宋度宗在孟子、颜回的后面，增加了曾参和孔伋，成为"四配"。"十哲"是唐开元八年（720）订立的，以圣门四科弟子十人从祭，即，德行：颜渊、闵子骞、冉伯牛、仲弓。言语：宰我、子贡。政事：冉有、子路。文学：子游、子夏。以后又有变化，东平新府学的十哲就是以上十人。贤廊有七十子及二十四大儒，是次于十哲的孔门弟子和古代名儒。孔门弟子的从祭始于汉永平十五年（72），汉明帝刘庄"幸孔子宅，祠仲尼及七十二弟子，亲御讲堂，命皇太子、诸王说经"。② 唐开元二十七年（739），孔子被封为"文宣王"后，十哲以外的弟子全部从享，这些弟子的数量记载不一。《文献通考》说："若以为七十二贤在十哲之外，则《史记》家语所载少五人，《通典》所载多一人。"③ 即《史记》是 67 人，《通典》是 73 人。《文献通考》采纳《通典》的说法为 73 人。古代名儒也被配享在孔庙里面。凡对儒学这门官方正统学术思想有所发展的人均收入其中，享受很高的地位。唐贞观二十一年（647），太宗以左丘明等二十二人配享孔子："二十一年诏以左丘明、卜子夏、公羊高、穀梁赤、伏胜、高堂生、戴圣、毛苌、孔安国、刘向、郑众、杜子春、马融、庐植、郑康成、服子慎、何休、王肃、王辅嗣、杜元凯、范甯、贾逵等二十二人，代用其书，垂于国胄，自今有事于太学并令配享尼父庙堂。"④ 宋初先儒是二十一人，金代初年沿用，《金史·礼志》记释奠仪数"七十二贤、二十一先

①　元好问：《东平府新学记》，《遗山先生文集》卷 32，四部丛刊本。
②　《文献通考》卷 43《学校四》。
③　《文献通考》卷 43《学校四》。
④　《文献通考》卷 43《学校四》。

儒，每位各笾一、豆一、爵一……"① 而元初的东平府学是二十四先儒。
实际金正大年间（1224—1226）已有二十四儒之说。赵秉文在正大二年
（1225）写的《裕州学记》中说："自唐以来，以十哲配，列七十二贤于
两庑，又图二十四大儒于壁，其后以孟子、孙卿子、杨子、文中子、韩
子五贤配于别室。既升孟子于堂，而曾子、子思子传《中庸》《大学》
之道，独不得以配四贤乎？若张平子之博识、诸葛孔明之忠烈、陈仲弓
之德化，皆吾近郡先贤之章著者也，其可忽诸？"② 先贤、先儒是不断变
化的，每一个时期有所不同，总之是不断增加的。曲阜孔庙的先贤在
1919 年是 77 位，到 1998 年已增至 79 人。

　　这些庙宇绘像反映的是一种知识，也是一种权威。儒学首先是作为
一种修身齐家、治理社会和教化风俗的知识体系而出现的。汉代之后，
这种知识体系与国家政权结合起来，从知识的权威，即人们对知识心悦
诚服地接受，到权力的知识，即将国家政权与知识结合起来，改造知识，
增加这一知识体系的内容，使其成为有利于政权合法化和巩固政权的一
种手段，这是福柯所说的权力产生知识，知识权力不可分割的真理。他
说知识和权力像一对孪生兄弟，"权力制造知识"，"权力—知识，贯穿
权力—知识和构成权力—知识的发展变化和矛盾斗争，决定了知识的形
式及其可能的领域"。③ 东平府学中的孔庙不仅仅反映了人们对知识的崇
敬，还反映了人们掌握权力的愿望。美国学者杜赞奇在谈到帝国官僚机
构与下层行政组织在乡村社会中的交织现象时指出："我们首先必须明
确，'国家政权'是由儒家思想交织在一起的行为规范与权威象征的集
合体。从这一角度来说，国家最重要的职能便体现在一系列的'合法
化'程序上：掌握官衔与名誉的封赠，代表全民举行最高层次的祭礼仪
式，将自己的文化霸权加之于通俗象征之上。对乡村大众来说，文化网
络中的国家政权正是通过这些途径体现出来的。"④ 金源革命，易代时期
的东平政权取得政权的合法化的行动有几个方面：救济战乱中逃难的人
们，给他们提供住处和土地，让他们安居乐业；接纳落难的士人，重新

① 《金史》卷 35《礼志八》。
② 《全文最》卷 26。
③ 福柯：《规训与惩罚》，三联书店，1999，第 30 页。
④ 《文化、权力与国家》，江苏人民出版社，1996，第 32 页。

颁布官衔；保护从汴京出走的衍圣公孔元措，重新由蒙古统治者给予封号，在东平再现中央规格的儒家礼乐；重建各级政权；建设新的府学，孔庙及祭一应俱全；等等。府学作为政权合法化的重要一环，它的成功是至关重要的，它成为文化权力网络的纽带。

府学的"豆笾之库"是少不了的。祭礼是庙学极为重要的一项活动。据《文献通考》载："《礼书》曰：《周礼·大胥》：春入学，舍菜合舞。《学记》：皮弁祭菜，示敬道也。《月令》：仲春上丁命乐正习舞释菜。"① 舍菜，就是释菜，是祭祀先师的一种仪式。"菜，苹藻之属，春始以其学，士人学宫而学之。合舞等，其进退使应节奏。"一年之计在于春，春天主升发，万物生长，草木复苏，取初始、生长之意。皮弁指天子的朝服。"皮弁祭菜"的意思是"天子使有司服皮弁祭先圣先师以苹藻之菜"。而习舞释菜是"顺万物始出地，鼓舞也。将舞必释菜于先师以礼之"。② 古代春季入学的开学仪式就是以礼乐舞祭典先圣先师。豆、笾是祭器中的二种，这里指代所有祭器。北宋大中祥符二年（1009），朝廷定立的州县释菜礼器为1151件，即："先圣先师每座酒尊二、笾八、豆八、簋二、簠二、俎三、罍一、洗一、篚一、巾共二、烛一、爵共四、坫共二，或有从祀之处诸座各笾二、豆一、簋一、簠一、俎一、烛一、爵一。"③ 元代州县学的实际祭器都达不到这个数。在山东地区的儒学里，礼器最多的是高密县学和平原县学，也只有三百多件。④ 豆，为青铜或木制的盛物器皿，有盖，盛韭菹、芹菹、鹿脯、豚膊等；笾，用竹做，以绢饰里顶及缘，漆成红色，盛盐、藁鱼、枣、栗、白饼、黑饼等；俎，大型礼器，木制，以盛牺牲；坫，用来放爵的板子；等等。这些祭器让我们想到的是宗教的祭祀活动，从神灵祭祀、祖先祭祀，到先圣先师的祭祀，儒学这种人间学术使用了神秘的宗教仪式，利用的是宗教的资源。按人类学家对宗教的分析⑤，我们可以说儒学的礼庙化形成了正

① 《文献通考》卷43《学校四》。
② 《文献通考》卷43《学校四》。
③ 《文献通考》卷43《学校四》。
④ 《王思诚修学记》，《高密县志》卷15《艺文志》；民国24年刊本。《平原县志》卷四《学校志》，清乾隆十四年刊本。
⑤ 美国人类学家C.吉尔茨的宗教定义，见美国亚历山大编《社会学二十讲》，华夏出版社，2000，第228页。

统秩序的公式化概念，使这一符号系统成为调动人的情感和动机的资源；而儒学又是与世俗权力，如入仕紧密结合的，所以，官员、民众和学生在孔庙举行的祭祀活动中体验到的情感和出现的心理动机又是十分复杂的。它既是崇高的，又是世俗的；既对人伦日用的学术思想和它的创造者先圣先师心悦诚服，又对世俗的权力油然的渴望。在这种情感和心理状态里，权力便牢牢地掌握了民众，民众也成为权力的载体和作用点。这也是东平府学在金末战乱之后对当权者政权的合法化、正统化起作用的深层原因。

栖书阁，又叫尊经阁，是藏书之所。堂，即讲堂；斋，是学生学习的地方。"教者讲论于堂，受业者修读于斋。"① 古代这两个地方是分开的，一般在大成殿和东西两庑之后。庖、湢是师生用餐和沐浴的地方。府学的建筑基本齐全。

府学的学生共 75 人，其中 15 人是孔氏族姓的子弟，他们与其他 60 人是分开授课的。实际上，在这所新学校里存在着两个小学校，孔氏子弟应是金代孔颜孟三氏学的继续，也是元初三氏学的开端。元好问说：

> 子弟秀民备举选而食廪饩者余六十人在东序，隶教官梁栋；孔氏族姓之授章句者十有五人在西序，隶教官王磐。署乡先生康晔儒林祭酒以主之。②

75 人的规模在元初的学校中是比较大的了。按金章宗大定二十九年（1189）的定制，东平府学是 60 人："府学二十有四，学生九百五人。大兴、开封、平阳、真定、东平府各六十人，太原、益都府各五十人……"已经恢复了金代的规模。③ 教官王磐、儒林祭酒康晔是我们比较熟悉的人物，而梁栋的材料则没有见到。

严氏父子统辖的东平万户的范围包括曲阜，而且距离并不远。儒学是极为重要的学术和政治资源，严氏父子在利用这一资源上颇有成果。

---

① 《登州刑部主事张栩修文庙记》，《文登县志》卷 11《官府学校》，民国 22 年刊本。
② 元好问《东平府新学记》，《遗山先生文集》卷 32，四部丛刊本。
③ 《金史》卷 51《选举志一》。

先把衍圣公孔元措保护起来，又着力修建毁坏的孔庙，新府学建成后又将孔氏子弟召集来东平学习。孔氏家学源远流长。据《阙里文献考》载，孔子去世后，他的子孙"即宅为庙，藏乐服礼器，世以家学相承，自为师友，而鲁之诸生亦时习礼其家"。魏文帝黄初二年（221）诏令"鲁郡修孔庙，宗圣侯孔羡于庙外为屋，以居孔氏学者"。① 宋真宗大中祥符三年（1010），孔子第四十四代孙孔勖上书朝廷，请求在家学旧址重建学堂，延师教授，得到批准，并改家学为庙学。仁宗"延祐间增入颜、孟二氏子孙"②，孔氏家学演变为三氏学。宋哲宗元祐元年（1086），诏令官府拨款改建庙学，并设置教授 1 人，拨尼山附近田 24 顷作为学田，收入供师生膳食生活之用。元祐四年（1089），增设三氏学学正（教官）、学录各 1 人。金代章宗明昌元年（1190）三月，"诏修曲阜孔子庙学"。③ 而元初三氏学的恢复则在东平新府学开学的 1255 年。

除孔子家学在东平新府学占有非常特殊的地位外，金代朝廷太常礼乐也为新府学带来了荣耀。在一所府学里演奏朝廷的太常礼乐是一个特殊事情。在金代为太常卿的孔元措被严实接纳后，元统治者让他继续演练礼乐，而由东平府宋子贞负责此事。关于这件事，元好问说：

> 十一代孙衍圣公元措尝仕为太常卿，癸巳之变，失爵北归。寻被诏搜索礼器之散逸者，仍访太常所隶礼直官、歌工之属，备钟磬之县，岁时阅习，以宿儒府参议宋子贞领之，故郓学视他郡国为独异。④

元初的宫廷礼乐是由东平严氏负责掌管，由衍圣公孔元措负责训练的。金亡后，宫廷礼乐人员、乐器、礼册失散民间。太宗十年（1238）十一月，孔元措上言窝阔台："今礼乐散失，燕京、南京等处，亡金太常故臣及礼册，乐器多存者，乞降旨收录。"窝阔台即令各处管民官，"如有亡金知礼乐旧人，可并其家属徙赴东平，令元措领之"。第二年，窝阔

① 《嘉庆重修一统志》卷 165《兖州府一》。
② 《嘉庆重修一统志》卷 165《兖州府一》。
③ 《金史》卷 9《章宗本纪》。
④ 元好问：《东平府新学记》，《遗山先生文集》卷 32，四部丛刊本。

台便得到金代掌乐许政、掌礼王节及乐工翟刚等 92 人，孔元措将这班人马从燕京领回东平。宪宗二年（1252）三月，统治者正式命东平万户严忠济立局，制冠冕、法服、钟磬、仪物等练习礼乐。八月，太常礼乐人到日月山，徐世隆等带 50 多人为蒙哥汗演奏，十一日"始用登歌乐祀昊天上帝"。宪宗三年，忽必烈命东平府宋子贞兼领大乐礼官，命他带人"常令肄习"，并令严忠济"依已降旨存恤"。这些礼乐人在新府学建成后，都被安排在府学里面。①

由于有了这些宫廷礼乐，东平新府学的开学典礼更为隆重。宪宗五年（1255）八月，新府学举行了开学典礼：

> 侯率僚属、诸生舍菜于新宫。玄弁朱衣，佩玉舒徐。畔落之礼成，而飨献之仪具。八音洋洋，复盈于东人之耳。四方来观者皆失喜称叹，以为衣冠礼乐尽在是矣。②

严实重建府学的愿望，终于在严忠济时代实现了。

东平府学自金泰和至金末兴盛了几十年后，"贞祐之兵始废"，学校校舍遭破坏，教育教学活动也不复存在。严实 1221 年进驻东平，"首以设学为事，行视故基，有兴复之渐"。③ 但那时金朝还未灭亡，严实要出征打仗，加之刚驻东平，没有经过一个稳定的经济发展期，财力也不行，所以修建新校舍还只是计划中的事。虽然没有新校舍，严实还是把府学恢复起来。他让宋子贞提举学校，以王磐、李世弼、张特立、商挺、元好问等任教师，开课授徒，"受业者常数十百人"。④ 严忠济更是把他父亲的兴学养士政策扩而大之，兴建了新的学校并扩大了其规模。

严实时代兴复的不只是东平一地的学校，在他所统辖的区域内，长清县学、冠氏县学、博州学等都重新发展起来。长清县学在金末战乱中并未遭到破坏，1237 年由县政府重修。长清是严实的故乡，他称藩东平后，"以长清为汤沐邑，往来其中"。许多士人聚集长清，如杜仁杰、商

---

① 《元史》卷 68《礼乐志二》。
② 元好问：《东平府新学记》，《遗山先生文集》卷 32，四部丛刊本。
③ 元好问：《东平府新学记》，《遗山先生文集》卷 32，四部丛刊本。
④ 苏天爵：《元朝名臣事略》卷 12《内翰王文忠公》。

挺之叔商衢、江孝卿、张仲经、杨震亭、李仲敬、赵仲祥、赵季夫等人。所以，"衣冠俎豆之仪，春秋朔望如礼"①，长清县学得以恢复。县城的民居在战乱中多被焚毁，而"庙学独存"。1235 年，严实部下赵天锡"悯其颓圮，复为完补之"②，以元好问、杨奂、商挺为县学教师。③ 冠氏县本地人有三万户，因避难逃到这里的人是本地人的三倍。赵天锡把兴学当作大事来抓。博州学为金泰和王尊古所建。1224 年，民房被焚无数，州学虽有军队保护也未能幸免于难。严实管辖这里后，"凡四境之内，仙佛之所庐及祠庙之无文者，率完复之，故学舍亦与焉"。防御使石青、彰德总管兼州事赵德用奉严实之命，"葺旧基之余而新之"。延师儒，教学生，博州学兴盛起来。④

　　严实辖区的东平、长清、冠氏、博州学恢复教学活动是在 11 世纪二三十年代，这在当时的北方地区是比较早的。真定学迟至 1249 年才恢复⑤，真定路赵州学则在 1243 年。⑥ 这也与真定的武仙叛乱有关。从 1225 年恒山公武仙在真定叛蒙降金，到 1234 年金亡这一段时间，蒙军与武仙在真定、中山（今河北定县）、赵州（今河北赵县）、相州（今河南安阳）、潞州（今山西长治）等河朔及金的京畿地区展开了厮杀，延缓了这个地区学校的复兴。而真定学、赵州学在 11 世纪 40 年代复兴起来还是比较早的，这一地区的许多学校恢复得很晚。河津（今属山西）县学"丧乱而后，弦诵音绝者五六十年"，1274 年才恢复。⑦ 河中府（今属山西）府学的恢复在 1276 年⑧，而涿州（今河北涿县）州学因战乱荒废多年，直到至元二十一年（1284）才得以重建。⑨ 总之，严实为北方文教事业和社会的稳定做出了很大贡献。

---

① 张鹏：《长清庙学碑阴记》，《全元文》卷 546。

② 元好问：《代冠氏学生修庙学壁记》，《遗山先生文集》卷 32，四部丛刊本。

③ 李谦：《冠州庙学记》，清梁永康等修《冠县县志》卷 9，光绪十年修，民国 23 年铅印本。

④ 元好问：《博州重修学记》，《遗山先生文集》卷 32，四部丛刊本。

⑤ 元好问：《令旨重修真定庙学记》，《遗山先生文集》卷 32，四部丛刊本。

⑥ 元好问：《赵州学记》，《遗山先生文集》卷 32，四部丛刊本。

⑦ 段成己：《河津县儒学记》，《全元文》卷 59。

⑧ 段成己：《河中府新修庙学碑》，《全元文》卷 59。

⑨ 李谦：《涿州新建庙学记》，《全元文》卷 286。

# 三　府学师生考

在东平府学任教的学官和教师，除前述的宋子贞、梁栋、王磐、康晔外，还有元好问、张特立、商挺、徐世隆、李世弼、李昶、李桢；而以府学学生出身任教的有李谦、申屠致远等。府学学生著名的还有阎复、徐琰、孟祺、李之绍、王构、张孔孙、杨桓、曹伯启、夹谷之奇、刘赓、马绍、吴衍、周砥、刘悫等。这些教师和学生及在东平府任职的名儒在元初形成了著名的东平学派。"齐鲁儒风，为之一变。"① 他们在中统之后，大都出仕为官，成为元朝中央与各级政府的重要官员。元代人袁桷说："朝廷清望官，曰翰林，曰国子监，职诰令，授经籍，以遴选焉始命，独东平之士十居六、七。"② 苏天爵讲道阎复记下的府学学生王伯祥的一个梦，我们姑且不论此梦的真与伪，它至少反映了东平府学当时人才济济的情况：

> 国初，严侯忠济首建郡学，延康先生晔为之师，四方来学者甚众。先生高唐人，岁归拜扫先茔，学生王伯祥者，一夕梦与诸生郊迎先生于北郭外陈家桥，同辈方聚立桥南，遥望先过桥北者，皆衣金紫，梦中殊骇异，觉即语同舍。其后十余年，罢侯置守，始定朝仪，赐百官章服，凡梦中所见衣金紫者，果至通显，如翰林徐公琰、李公谦，总管孟侯祺，尚书张公孔孙、夹谷公之奇，右丞马公绍，中丞吴公衍，凡十余人，其立桥南者，皆泯没无闻焉。③

他们在元朝政府里占有举足轻重的地位，这也说明了东平府学取得了很高的教育成就。

宋子贞，东平府参议、领学校事兼提举太常礼乐。"春秋释典，随季程试，必亲临之"④，严忠济嗣位，为参议东平路事。《元史》记述他领

---

① 苏天爵：《元朝名臣事略》卷 10《平章宋公》。
② 袁桷：《送程士安官南康序》，《清容居士集》卷 24，四部丛刊本。
③ 苏天爵：《元朝名臣事略》卷 10《平章宋公》。
④ 苏天爵：《元朝名臣事略》卷 10《平章宋公》。

导新府学的建设："子贞作新庙学，延前进士康晔、王磐为教官，招致生徒几百人，出粟赡之，俾习经艺。"世祖中统年间，宋子贞拜右三部尚书，"时新立省部，典章制度，多子贞裁定"①；至元初授翰林学士，参议中书省事，不久拜中书平章政事。

王磐，"年方冠，从麻九畴学于郾城"，为金代大儒麻九畴的学生，26 岁中正大经义进士。元太宗八年（1236）从杨惟中寓于河内。宪宗二年（1252），他曾与徒单公履教于卫州。王恽和长子王公孺回忆说："初壬子岁，故至元内相鹿庵王公、颐轩徒单公相继教授于内，二公道崇学博，负经济器业，乐诲人，善持论，凡经启迪，化若时雨，当时文风大兴，人才辈出。"当时从学于两先生者有王博文、雷膺、王复、傅爽、王持胜、周贞、李仪、周错、季武、陶师渊、程文远、王恽。王公孺认为这可以与东平府学相媲美："声望烜赫，视郓学为无愧，信乎鲁多儒而卫多君子也。"②王磐这一时期的教学经历，为他几年后在东平府学的教育教学打下了良好的基础。元至大、皇庆年间的翰林学士承旨刘赓"幼有文名，师事翰林学士王磐"③，也是王磐的学生。

关于王磐在东平的时间问题，一般认为是严实招纳他去的东平。安部在《元代的知识分子和科举》中说："太宗八年（1236），以襄阳兵变为契机而来到北方、受到蒙古中央政府招儒使者杨惟中的礼遇而寓居河内，但又为地方不靖所困扰的王磐，也被实迎接到东平，任府学的老师。"④ 他没有指出王磐由严实纳为师的资料来源。查《元史》严实的传记无此说。这则资料出自《元史·王磐传》："东平总管严实兴学养士，迎磐为师，受业者常数百人，后多为名士。"⑤ 王磐太宗八年（1236）从杨惟中寓于河内。太宗十二年（1240）严实去世。而王磐在"壬子岁"，即宪宗二年（1252）在卫州教学，此时，东平新府学刚刚开始兴建，到宪宗五年（1255）新府学建成，严忠济聘王磐为西序"孔氏族姓"子弟的教师，这期间，如果说被严实接纳的话，只能在 1236—1240 年间。以

①　《元史》卷 159《宋子贞传》。
②　王公孺：《卫辉路庙学兴建记》，《全元文》卷 458。
③　《元史》卷 174《刘赓传》。
④　《日本学者研究中国史论著选译》第五卷，中华书局，1993，又陈高华在《大蒙古国时期的东平严氏》（载《元史论丛》第六辑）一文中也有王磐"为严家所收容"一句。
⑤　《元史》卷 160。

后他又去卫州教学，而后再次来到东平。这在当时人员流动性大的情况下，也是成立的。在东平府学教了几年书后，中统元年（1260），世祖设十路宣抚司，王磐拜益都路宣抚副使。李璮之乱被平定后，王磐又回到东平。之后拜翰林直学士，同修国史而离开东平。后出为真定、顺德等路宣慰使，之后又入翰林为学士，荐宋衜、雷膺、魏初、徐琰、胡祗遹、孟祺、李谦等，皆为名臣。直到其八十多岁致仕，进资德大夫还东平。王磐没有儿子，"使其婿著作郎李雅宾为东平判官，以便养"。至元三十年（1293），王磐年九十二，卒于东平。

康晔，高唐名儒。阎复撰高唐《乡贤祠祀》说："宋金百年，列名科第者非一，其风声气习耳目之所接见，曰复轩先生阎公、澹轩先生康公。二先生之名德懿范，足以仪表士类，俎豆千秋。"① 复轩，即阎咏；澹轩，就是康晔。阎咏是康晔的老师，字子秀，先世六世登科，为金承安词赋状元，应奉翰林文字，在金翰林院十几年，有《复轩集》，今佚。康晔"平居论学，尚以操行为先，文艺为末"，"六经子史无所不阅"。② 以上可知康晔的学术倾向。严忠济修复泮宫，兴学养士，"职教导者非耆德宿望不可"。③ 在徐世隆的推荐下，严忠济聘康晔做东平府学祭酒"以主师席"④，主讲《书经》。据元好问说，他"癸丑之冬"，"以行台之召"来东平后，故宣武将军、东平府录事孙庆的长子孙天益"谓予颇知其先人，持府学教授康侯显之志文见示"，请求为他的父亲撰写墓碑。⑤ "癸丑之冬"即宪宗三年（1253）冬天；"康侯显之"即康晔。以此可知，康晔在宪宗三年，东平新府学开工一年多之后，就在东平任府学教授了。而此时他虽然"悯丧乱之后，庠序久废，慨然以陶成士类为任"，但已是"年逾从心"⑥，估计已近耄耋之年了。阎复在《乡贤祠祀》中列出康晔的9个著名学生："自复斋徐公接武始，国子祭酒、集贤学士周砥，翰林学士承旨李谦，江西行省参政翰林学士承旨徐琰，翰林供奉淮东提刑按察使孟祺，礼部尚书、集贤大学士张孔孙，集贤学士刘赓，国

---

① 《全元文》卷295。
② 《宋元学案补遗》卷9。
③ 阎复：《乡贤祠祀》，《全元文》卷295。
④ 苏天爵：《元朝名臣事略》卷11《参政商文定公》。
⑤ 元好问：《宣武将军孙君墓碑》，《遗山先生文集》卷30，四部丛刊本。
⑥ 阎复：《乡贤祠祀》，《全元文》卷295。

子司业杨桓，吏部尚书、翰林直学士夹谷之奇，扬历馆陶者十余人，司风宪、握郡符及不求闻达者尚众。"① 这几个人大多是东平府学的学生。除此之外，府学其他学生也都应是他的学生。前述东平府学学生王伯祥富有传奇色彩的梦中所提还有马绍、吴衍等。

元好问，七岁能诗，人视为神童。从其叔父官于冀州，学士路宣叔"教之为文"。十四岁，其叔父为陵川令，"遂从郝天挺学，令肆意经传，贯穿百家，六年而业成"。② 金亡后，元好问辗转华北。严实招纳学生"肆进士业"，"迎元好问校试其文"，当时"预选者四人，复为首，徐琰、李谦、孟祺次之"。③ 苏天爵亦讲到元好问在东平为师之事："我国家肇造河朔，有若金进士元公好问独以文鸣，歌诗最其所长。及严侯兴学东方，元公为之师，齐、鲁缀文之士云起风生，以词章相雄长，而阎、徐、李、孟之徒，世所谓杰然者也。"④ 元好问是经史百家无所不通，而尤以诗文见长的一代文坛盟主。

张特立，泰和进士。由宣德州司候调莱州节度判官，不赴，"躬耕杞之围城，以经学自乐"。⑤ 王鹗是他的学生⑥，估计跟他学习就是在这个时候。⑦ 据《宋元学案》，张特立为金末北方程颐的续传弟子。⑧ 金亡后，"优游田里，日与门弟子讲学"。⑨ 严实招贤纳士，用宋子贞为详议官兼提举学校，子贞"拔名儒张特立、刘肃、李昶辈于羁旅，与之同列"。⑩ 此事是在太宗七年（1235）之前，张特立这时已在东平。他的晚年是在东平府学的教育教学活动中度过的。《元史》本传记载："特立通程氏

---

① 《全元文》卷 295。
② 《宋元学案补遗》卷 14。
③ 《元史》卷 160 《阎复传》。
④ 苏天爵：《西林李先生诗集序》，《滋溪文稿》卷 5。
⑤ 《金史》卷 128 《循吏传》。
⑥ 刘祁：《归潜志》卷 9。
⑦ 刘祁在《归潜志》卷 9 中指出王鹗为张特立的"门生"。他在叙述正大四年张特立为监察御史劾省掾高桢受请托、饮娼家时说道："盖初劾时，尝以草示应奉王鹗伯翼，共议之，王乃其门生也。"张特立躬耕围城，当在泰和（1201—1208）年间。他泰和中进士后曾为宣德州司候，即后归田里。而王鹗是正大元年进士，他从师张特立应在正大之前。而王鹗生于明昌元年（1190），泰和、正大年间他是 11 岁到 34 岁之间。
⑧ 《宋元学案》卷 16 《伊川学案》下。
⑨ 《宋元学案》卷 16 《伊川学案》下。
⑩ 《宋史》卷 159 《宋子贞传》。

易，晚教授诸生，东平严实每加礼焉。"① 定宗元年（1246），忽必烈以他"年几七十，研究圣经，宜锡嘉名，以光潜德"为由，下旨赐号"中庸先生"，并为他的读书堂起名"丽泽"。宪宗三年（1253），年七十五，卒。著有《易集说》《历年系事记》等。

商挺，金末他的父亲商衡以陕西行省员外郎，战死沙场，继而汴京陷，他北走冠氏，与元好问、杨奂寓于赵天锡处。《元史》记，他被严实"聘为诸子师"②，又据苏天爵《元朝名臣事略》载，他到东平"俾教诸子经学"。③"诸子"，当为严忠贞、严忠济、严忠范、严忠杰等。更确切的记载是他教过严实的第三子严忠嗣。《元史》中说："忠嗣，实之第三子也，少从张澄、商挺、李桢学，略知经史大义。"④ 他是严忠嗣的三位教师之一。另外，从苏天爵所记下条史料中可以看出严忠济对这位教师的依赖："公教忠济为丧主哀而中礼，吊者敬悦，辅之见大臣，奏其克嗣，制可。忠济辟公为经历官，凡五年。"⑤ 在严实去世后，商挺教忠济按传统的正规礼制行丧礼，郑重而谨慎地行事，得到了好评。做了五年的东平经历官后，他"出倅曹州"，但没多久又回到东平，"日与鲁诸贤为琴咏"。严忠济兴建新府学的行动实施后，重又任命他为经历官，协助新府学的工作。"聘康晔说《书》，李昶说《春秋》，李桢说《大学》。"他为东平府学所做的贡献，史称"东州多士，公实作之"⑥，评价很高。

元宪宗三年（1253），他应忽必烈之征至陕。后两年，任职关中，升为宣抚副使，兼理怀孟。宪宗八年（1258），罢宣抚司，商挺还东平。中统元年（1260），宣抚陕蜀，官至参知政事。四年，行四川枢密院事。至元元年（1264）入拜参知政事。忽必烈欲知经学，商挺"与姚左丞枢、窦学士默、王承旨鹗、杨参政果纂《五经要语》，凡二十八类以进"。⑦ 至元九年之后，因安西王相赵昞囚死狱中之事，被诬受牵连而二次入狱。第二次入狱时已七十五岁高龄，出狱后在都城南筑小屋居住，

---

① 《元史》卷 199《张特立传》。
② 《元史》卷 159《商挺传》。
③ 苏天爵：《元朝名臣事略》卷 11《参政商文定公》。
④ 《元史》卷 148《严实传》。
⑤ 苏天爵：《元朝名臣事略》卷 11《参政商文定公》。
⑥ 苏天爵：《元朝名臣事略》卷 11《参政商文定公》。
⑦ 苏天爵：《元朝名臣事略》卷 11《参政商文定公》。

"澹然与造物者游，朝士及僧道日造门问遗不绝"①，可见商挺的个性与修养。有诗千余篇，尤善隶书。其学术以经学见长。至元二十五年（1288），年八十卒。

徐世隆，七岁入小学，正大四年（1227）二十二岁中进士后，听从父亲"毋急仕进，更当多读书，涉猎往事，以益智识"的教诲，辞官读书，"经史诸子百家，靡不研究"②，为以后在东平府学的教育活动和仕途打下了良好的基础。金亡后，受严实接纳为东平幕府掌书记，主张收养寒素，为东平人物之盛贡献良多。严忠济修建新府学，徐世隆以东平行台经历"益赞忠济兴学养士"③，又兼任府学教师，亲自上课。苏天爵记道："时自入学，亲为诸生讲说，其课试之文，有不中程者，辄自拟作，与为楷式。一时后进，业精而行成。"④ 当时受他教诲的学生有阎复、李谦、孟祺、张孔孙、夹谷之奇等。⑤

中统元年（1260），徐世隆拜燕京宣抚使而离开东平。三年宣抚司罢，他又回到东平，为太常卿，兼提举本路学校事。至元元年（1264），迁翰林侍讲学士，兼太常卿，又兼户部侍郎。"朝廷大政谘访而后行，诏命典册多出公手"，当时他"选前贤内外制可备馆阁用者，凡百卷"，起名《瀛洲集》。其在翰林所荐僚属多是国内名士，"时号得人"。七年，拜吏部尚书，撰《选曹八议》，改变了铨选无可守之法的情况。九年出东昌路总管，以德率下，民化政成，修庙学，起驿舍，"郡人颂之"。十四年擢山东道提刑按察使，十七年被招为翰林学士、集贤学士。至元二十二年（1285），年八十，卒。病中作《八十可老歌》，对待生死"若久客而将归焉"，"易箦之际，吟讽弗辍"，颇具人格魅力。⑥

李世弼，生年不详，约卒于1245年，金东平须城（今属山东）人，兴定二年（1218）进士。曾任彭城簿，中进士后不仕。根据《元史》载，他"晚乃授东平教授以卒"。金亡后，他的儿子李昶被严实礼纳为

①　苏天爵：《元朝名臣事略》卷 11《参政商文定公》。
②　苏天爵：《元朝名臣事略》卷 12《太常徐公》。
③　《元史》卷 160《徐世隆传》。
④　苏天爵：《元朝名臣事略》卷 12《太常徐公》。
⑤　苏天爵：《元朝名臣事略》卷 12《太常徐公》。
⑥　苏天爵：《元朝名臣事略》卷 12《太常徐公》。

行军万户府知事。实卒，严忠济嗣位几年后，他以东平教授卒于家乡。[①]
李世弼为孙复、石介之泰山学派的传人，他"从外家受孙明复《春秋》，
得其宗旨"，又以《春秋》中进士。[②]《宋元学案补遗》认为"其'外
家'，当是东平刘氏也"。[③]"东平刘氏"是泰山书院的学生姜潜的门人宋
宰相刘挚的家族。

李昶，李世弼子，从其父受孙复《春秋》学，并以《春秋》中进
士，金末战乱，"奉亲还乡里"，为严实"辟授都事，改行军万户府知
事"。严忠济升之为经历官。但此时忠济"怠于政事，贪佞抵隙以进"。[④]
他在为政上与宋子贞意见相合，府政得失、民生利病屡劝忠济，但"同
列者趣向不同"，几年后，他便"移疾求去"，这时他的父亲李世弼去
世，遂"杜门不出"。之后，"嗣公不欲以幕僚相屈，位公师席，躬率僚
属，讲问经传"。[⑤] 一时名士，"李谦、马绍、吴衍辈，皆出其门"。[⑥] 可
知他任东平府学教授约在1245年前后，其后虽出仕东平，但离开东平的
时间很短。中统年间，严忠范代忠济，授李昶翰林侍讲学士，行东平路
总管军民同议官，时忠范"以师事之"。至元元年（1264），谢事家居。
五年，起为吏部尚书，六年即"请老以归"。八年，授山东东西道提刑
按察使，"未几致仕"。差不多从此时的1271年起，直到1289年去世止，
未再出过东平。著有《春秋左氏遗意》二十卷，《孟子权衡遗说》五卷。

李桢，生卒、籍贯不详，《元史·严实传》说他为严忠嗣的老师[⑦]，
新府学建成后，受聘教《大学》。[⑧]

李谦（1234—1312），字受益，号野斋先生，元东阿（今属山东）
人。年幼就学，"与徐世隆、孟祺、阎复齐名，而谦为首"[⑨]，1250年左
右入东平府学从李昶学，后"为东平府学教授，生徒四集"，调东平万

---

① 《元史》卷160《李昶传》。

② 《元史》卷160《李昶传》。

③ 《宋元学案补遗》卷2。

④ 《元史》卷160《李昶传》。

⑤ 苏天爵：《元朝名臣事略》卷12《尚书李公》。

⑥ 《宋元学案》卷2《泰山学案》。

⑦ 《元史》卷148。

⑧ 苏天爵：《元朝名臣事略》卷11《参政商文定公》。

⑨ 《元史》卷160《李谦传》。

户府经历，时间不长，又还府学任教，直到翰林学士王磐推荐他为应奉翰林文字为止。关于入翰林的时间，他自述道："至元十二年，予应奉翰林文字……"① 这一年是 1275 年。李谦品德很高，当时，教授无俸，官府敛儒户银百两"备束修"，李谦推辞不收，说："家幸非甚贫者，岂可聚货以自殖乎！"② 至元十八年（1281），在翰林升直学士，为太子左谕德。至元二十六年（1289），以足疾辞官归东平。至元三十一年，升翰林学士。元贞初年因疾还东阿。大德六年（1302），召为翰林承旨，后致仕还家，年七十九卒。至元、大德间，李谦与孟祺、阎复、徐琰"并以文学政事为世典刑"，被尊称为东平"四大老"。③ 李谦在山东地区的威望相当高，现存的元代山东地方儒学的学记里，由他执笔的最多，如《重修高唐庙学记》《重修成武庙学记》《冠州庙学记》《重修济州庙学记》《重修泰安州庙学碑记》等近二十篇。李谦为文"醇厚有古风，不尚浮巧"④，可见其文风的特点。他的学生有曹伯启、李之绍、王构。⑤ 真定安滔之长子安芝"从迂轩李君谦学，时文典赡，诗笔敏捷"⑥，也是他的学生。

申屠致远（？—1298），字大用，号忍斋，元东平寿张（今山东旧寿张）人。金末从其父申屠义由汴迁到东平寿张，他入府学学习，"与李谦、孟祺等齐名"⑦，是东平府学的学生之一。后出为荆湖经略司知事。至元七年（1270），崔斌守东平，聘他为府学学官。⑧ 在府学教学三年后，授太常太祝兼奉礼郎。至元二十年（1283），拜江南行台监察御史，二十八年为江南行台都事。元贞元年（1295），纂修《世祖实录》，召为翰林待制。《元史》本传说他"清修苦节，耻事权贵，聚书万卷，名曰'墨庄'。"⑨ 看来，他不但是一个名儒，还是墨家和道家的崇尚者。

---

① 《寿七十诗卷序》，《全元文》卷 286。
② 《元史》卷 160《李谦传》。
③ 《宋元学案补遗》卷 2。
④ 《元史》卷 160《李谦传》。
⑤ 《宋元学案补遗》卷 2。
⑥ 王思廉：《安石峰先生墓表》，《全元文》卷 329。
⑦ 《元史》卷 170《申屠致远传》。
⑧ 《元史》卷 170《申屠致远传》。
⑨ 《元史》卷 170《申屠致远传》。

著《忍斋行稿》四十卷、《释典通礼》三卷、《杜诗纂例》十卷、《集验方》十二卷、《集古印章》三卷。

阎复（1235—1312），字子靖，号静轩，元东平高唐（今属山东）人。"幼入东平府学，蜚声炳著，操笔缀词赋，音节和畅，融液事理，率占为举首"，在东平府学师事康晔，"康大器之"。他与徐琰、李谦、孟祺，被当时人称为"四杰"。① 《元史·阎复传》说："时严实领东平行台，招诸生肄进士业，迎元好问校试其文，预选者四人，复为首，徐琰、李谦、孟祺次之。"② 元好问受严实之聘来东平，直到严实去世后的1241年还未离开。他在《故侯严侯墓表》中说："辛丑元日，余方客东平。"③ 辛丑，为太宗十三年，即1241年。这时的阎复应是六周岁。而《元史·阎复传》说他"七岁读书，颖悟绝人"，七岁应是虚岁。果如此，阎复乃是当时东平的"神童"。

宪宗九年（1259），"始掌书记于行台，擢御史掾"④，为官东平行台书记。至元八年（1271），因王磐荐举为翰林应奉文字。十二年，进翰林修撰，出任金河北河南道提刑按察司事。十六年，入为翰林直学士。十九年，擢侍讲学士。二十年，兼集贤院侍讲学士。二十三年升翰林学士，改集贤学士。大德四年（1300），拜翰林学士承旨知制诰修国史。十一年，武宗继位，晋阶荣禄大夫，遥授平章政事，致仕。袁桷说："自至元至于大德，更进迭用，诰令典册，则皆阎公所独擅。……在翰林最久，赞书积儿，高下轻重，拟议精切，诵以为楷。"⑤ 京师建宣圣庙、恢复曲阜守冢户、设置孔林洒扫户、设置祀田，以及大德元年加封孔子至圣封号等，都是他上疏所请，他为元代的文化事业做出了贡献。阎复于皇庆元年三月去世，享年七十七岁。

徐琰（？—1301），字子方，号容斋，又号养斋、汶叟，元东平（今山东东平）人。关于他的生平事迹，记载较少。前述《元史·阎复

---

① 袁桷：《翰林学士承旨荣禄大夫遥授平章政事赠光禄大夫大司徒上柱国永国公谥文康阎公神道碑铭》，《清容居士集》卷27，四部丛刊本。
② 《元史》卷160。
③ 《遗山先生文集》卷29，四部丛刊本。
④ 《元史》卷160《阎复传》。
⑤ 袁桷：《翰林学士承旨荣禄大夫遥授平章政事赠光禄大夫大司徒上柱国永国公谥文康阎公神道碑铭》，《清容居士集》卷27，四部丛刊本。

传》说元好问在东平"校试诸生文"时，为预选的四人之一，时称府学四杰。①《宋元学案补遗》说："至元、大德之间，东平李公谦、孟公祺、阎文康公复、徐文贞公琰，并以文学政事为世典刑，海内尊之，号四大老。而徐公尤长于诗。"② 徐琰在四人里面以诗见长。至元初，任陕西行省郎中，后为中书左司郎中。二十三年（1286），任岭北湖南道提刑按察使。二十五年，改任南台御史中丞。二十八年，除江浙参政。三十一年，迁江南浙西肃政廉访使。大德二年（1298），召拜翰林学士承旨，五年卒。著有《爱兰轩诗集》。③《宋元学案补遗》说他任浙西肃政廉访使时，在宋太学旧址建西湖书院，"有文学重望，江南人士重之"。④

孟祺（1231—1281），字德卿，元宿州符离（今属安徽人），幼从父徙居东平。"时严实修学校，招生徒，立考试法，祺就试，登上选"⑤，为东平四杰之一。辟为东平行台书记，由廉希宪、宋子贞荐，擢国史院编修官。迁从仕郎、应奉翰林文字，兼太常博士。至元七年（1270），授承事郎、山东东西道劝农副使。伯颜攻宋。召为行省咨议，进郎中，得伯颜信任，政无大小均参与裁决。江南平，授嘉兴路总管，首以兴学为务，创立规则。未久，病归东平。至元十八年卒。

李之绍（1254—1326），字伯宋，号果斋。元平阴（今属山东）人。"从东平李谦学"，时间当在李谦至元十二年（1275）出仕应奉翰林文字之前。以后"教授乡里"，在平阴教书，但也有可能在府学任过教。至元三十一年（1294），以马绍、李谦荐，授将仕佐郎、翰林国史院编修官，纂修《世祖实录》。大德六年（1302），升应奉翰林文字。七年，迁太常博士。至大四年（1311），升承直郎、翰林待制。皇庆元年，迁国子司业。延祐三年（1316），升奉政大夫，国子祭酒。"夙夜孳孳，惟以教育人才为心"。⑥ 六年，为翰林直学士。至治二年（1322），升翰林侍讲学士、知制诰同修国史。三年告老还乡。

---

① 《元史》卷 160。
② 《宋元学案补遗》卷 2。
③ 《全元文》卷 359。
④ 《宋元学案补遗》卷 2。
⑤ 《元史》卷 160《孟祺传》。
⑥ 《元史》卷 164《李之绍传》。

王构（1245—1310），字肯堂，号瓠山，元东平（今属山东）人。袁桷说他"年弱冠，以词赋入乡校"①，王梓材引《清容居士集》讲到王构少从李谦学，他说："授将仕佐郎充应奉翰林文字，先生（王构——撰者加）辞曰：'少尝受学于李先生谦，今先生犹教授东平，实不敢先。遂以其官召李，明年始受之。"② 至元十一年（1274），王构被召入翰林，不愿先于李谦，而李谦入翰林就是至元十二年，与此记载相同。王构从李谦学，当在至元初年的东平府学。当时，杜仁杰"深器之"，贾居贞"一见，馆之，以教其子"。③ 王构出东平入翰林，宋亡后，与李盘被旨，至杭州取三馆图籍、太常天章礼器仪仗。历吏部、礼部郎中，改太常少卿，擢淮东提刑按察副使，后又入翰林，为侍讲学士。成宗朝，以疾归东平，启为济南路总管，"修闵子祠，复学田"。④ 武宗即位，拜翰林学士承旨。年六十二卒。

张孔孙（1233—1307），字梦符，号寓轩，元东平人。先世为辽之乌若部。他的父亲张之纯，为东平万户府参议。张孔孙少入东平府学学习，从师康晔。前苏天爵述东平府学学生王伯祥的神奇之梦，府学学生在东平北郊陈家桥迎康晔返回，先过桥北者皆衣金紫，日后这些人均为名士，其中就有张孔孙。⑤ 而阎复的《乡贤祠祀》中谈到高唐乡贤康晔的学生时，其中也有"礼部尚书集贤学士张孔孙"。⑥ 他是东平府学的优秀学生，最初"以文学名，辟万户府议事官"。⑦ 徐世隆为太常卿时，他"以奉礼郎为之副"。后授户部员外郎，出为南京总管府判官。升湖北道提刑按察副使，迁浙西提刑按察副使，拜侍御史。至元二十二年（1285），升礼部尚书，擢燕南提刑按察使。为大名路总管，拜集贤大学士、中奉大夫，商议中书省事，后拜翰林学士承旨、资善大夫。年七十五卒。

① 袁桷：《翰林学士承旨赠大司徒鲁国王文肃公墓志铭》，《清容居士集》卷 29，四部丛刊本。

② 《宋元学案补遗》卷 2。

③ 《宋元学案补遗》卷 2。

④ 袁桷：《翰林学士承旨赠大司徒鲁国王文肃公墓志铭》，《清容居士集》卷 29，四部丛刊本。

⑤ 《元朝名臣事略》卷 10《平章宋公》。

⑥ 《全元文》卷 295。

⑦ 《元史》卷 174《张孔孙传》。

　　杨桓（1234—1299），字武子，号辛泉，元兖州（今属山东）人。"弱冠，为郡诸生，一时名公咸称誉之"。① 阎复的《乡贤祠祀》中明确地指出他为东平府学康晔的学生。② 《元史·杨桓传》说他"为人宽厚，事亲笃孝，博览群籍"。符合康晔的为人原则和学术特点。

　　中统四年（1263），杨桓补济州教授，后由济宁路教授召为太史院校书郎，奉敕撰《仪表铭》、《历日序》等。到至元三十一年（1294），拜监察御史。成宗立，升秘书少监，预修《大一统志》。大德三年（1299），以国子司业召。年六十六卒。

　　曹伯启（1255—1333），字士工，元济宁砀山（今属安徽）人。苏天爵说："国初，东平严侯兴学作士，公往游焉，师事翰林承旨李公谦，故其为人廉静温雅。"③ 从年龄推测，他在东平府学约在至元初年。出东平仕砀山文学掾，历潮州学正、冀州教授。至元中，为兰溪主簿，拜西台御史，请于朝建许衡祠以表他倡鸣道学之功。④ 延祐元年（1314），由中台部事除刑部侍郎，出为真定路总管。至治元年（1321），迁辽东廉使，召为集贤侍读学士，拜侍御史。"在台，所奖借名士尤多；为侍读学士，考试国子，首取吕思诚、姚绂。"⑤ 至顺四年，年七十九卒。

　　夹谷之奇（？—1289），字士常，女真族，元滕州（今山东滕县）人。少孤，"舅杜氏携之至东平"，入东平府学，从康晔学。⑥ 授济宁教授，辟中书省掾，至元十九年（1282）为吏部郎中，二十一年迁左赞善大夫。曾与李谦奏时政十事呈太子真金。除翰林直学士，拜侍御史。二十五年，为吏部尚书。

　　刘赓（1247—1328），字熙载，元洺水（今河北威县）人。是治《易》名家、受严实礼聘的金代名士刘肃的孙子。幼有文名。"师事翰林学士王磐"。⑦ 胡祗遹死后，刘赓回忆胡去东平拜访王磐的情景时说："赓尝师事鹿庵先生，得告还东平，前诸生谓公曰：'敢以是数后进累吾

---

①　《元史》卷164《杨桓传》。
②　《全元文》卷295。
③　《元朝御史中丞曹文贞公祠堂碑铭》，《滋溪文稿》卷10。
④　《元朝御史中丞曹文贞公祠堂碑铭》，《滋溪文稿》卷10。
⑤　《元史》卷176《曹伯启传》。
⑥　《元史》卷174《夹谷之奇传》。
⑦　《元史》卷174《刘赓传》。

绍开！'且命之罗拜，公避之。鹿庵良久曰：'以师友之间待乎？'公遂诺焉。"① "绍开"为胡祗遹的字。当时，东平诸生要求前来的胡祗遹行师礼，胡避而不行，王磐则以师友待之。刘赓当时为东平府学学生。至元十三年（1276），授国史院编修官，十六年，迁应奉翰林文字。擢太庙署丞、太常博士，拜监察御史。大德二年（1298），升翰林直学士，六年，由侍讲学士升学士。至大二年（1309），迁礼部尚书，俄迁翰林学士承旨，兼国子祭酒。年八十一卒。刘赓久居文翰，当时"大制作多出其手"。②

马绍（1239—1300），字子卿，号性斋，元济宁路金乡（今属山东）人。东平新府学以康晔等为师，马绍入府学学习，他是王伯祥梦中桥北衣紫金的十几人之一。③ 初知单州，至元十三年，迁同知和州路总管府事，十九年为刑部尚书。二十四年，拜参知政事，后拜尚书左丞。尚书省罢改中书左丞。元贞元年（1295），迁中书右丞，行浙江省事，大德四年（1300）卒，年六十一④。

除此之外，当时的府学学生还有"中丞吴衍"⑤，国子祭酒、集贤学士周砥⑥和刘肃子、集贤学士刘瑟。⑦ 不能确定的人员有两位：高文秀和张时起。

高文秀，生卒年月不详。钟嗣成在记载金元戏剧作家的《录鬼簿》中说："高文秀，东平府学生员，早卒。都下人号'小汉卿'"。创作有关水浒黑旋风等32种杂剧。⑧ 但他是金末元初严氏父子时代或元前期的人，还是严氏时代以前金代东平府学的学生，学术界还有不同意见。《录鬼簿》中高文秀的经历不详。明代朱权撰《太和正音谱》把他划归元代一百八十七位剧作者之列。⑨ 陈高华认为他是元初严氏时代东平府学学

① 刘赓：《紫山大全集序》，《紫山大全集》卷首，四库全书本。
② 《元史》卷174《刘赓传》。
③ 《元朝名臣事略》卷11《平章宋公》。
④ 《元史》卷173《马绍传》。
⑤ 《元朝名臣事略》卷11《平章宋公》。
⑥ 阎复：《乡贤祠祀》，《全元文》卷295。
⑦ 阎复：《乡贤祠祀》，《全元文》卷295。
⑧ 《录鬼簿》外四种，上海古籍出版社，1978。
⑨ 《太和正音谱》卷上《古今群英乐府格势》。

生。① 戴不凡持不同意见，认为高文秀为 1234 年金亡前东平府学的学生。② 张时起，字才美，《录鬼簿》记为府学生员，有杂剧四种，也无法确定确切时间，只知道其为金末元初人。

至元二十年（1283），胡祗遹在《泗水县重建庙学记》里说：

今内外要职之人才，半出于东原府学之生徒。③

东原府，即东平府。以上所列能确定的 27 位府学教师和学生，他们为政的最高位置是：

宋子贞　　　　中书平章政事

王　磐　　　　资德大夫、翰林学士

商　挺　　　　参知政事

徐世隆　　　　翰林学士

李　昶　　　　山东东西道提刑按察使

李　谦　　　　翰林学士承旨

申屠致远　　　翰林待制

阎　复　　　　翰林学士承旨、平章政事

徐　琰　　　　翰林学士承旨

孟　祺　　　　嘉兴路总管

李之绍　　　　翰林侍讲学士

王　构　　　　翰林学士承旨

张孔孙　　　　翰林学士承旨

杨　桓　　　　国子司业

曹伯启　　　　侍御使

夹谷之奇　　　吏部尚书

刘　赓　　　　翰林学士承旨、国子祭酒

马　绍　　　　中书右丞

---

① 《大蒙古国时期的东平严氏》，《元史论丛》第 6 辑。

② 《关汉卿生年新探——从高文秀的东平府学生员谈起》，《光明日报》1958 年 6 月 29 日。

③ 《紫山大全集》卷 10，四库全书本。

| 吴　衍 | 御史中丞 |
| 周　砥 | 国子祭酒 |
| 刘　赟 | 集贤学士 |

除梁栋、康晔、元好问、李世弼、张特立、李桢未知或未出仕外，以上21位朝臣均为政府要员，东平府学为元初的统治做出了重要贡献。

通过以上叙述，我们还可以看到，东平府学的师生大多数在翰林院供过职，这个特点在当时就有人指出过。袁桷说："翰林院东平之士独多，十居六七。"[①] 这21位已知出仕的东平府学教师和学生中，除商挺、杨桓、曹伯启、马绍、吴衍、周砥、刘赟未进或未知外，其余14位均进入过翰林。王磐、李谦、阎复、李之绍、王构、刘赓，他们几乎终生在翰林为官。阎复"自至元至于大德，更进迭用，诰令典同，则皆阎公所独擅……在翰林最久……诵以为楷"。[②] 刘赓久居文翰"大制作多出其手"[③]。东平府学的师生，在中统、至元、元贞、大德、至大的50多年时间里，身任要职，声震政坛，形成了十分特殊的历史现象。

东平府学自严实进入东平的1221年起，开始了新的发展阶段，到1255年新府学建成，进入鼎盛时期。中统、至元间，随着宋子贞、王磐、徐世隆、李昶等名儒出东平，学校力量开始削弱。但直到1293年府学始终有名儒执教或指导，申屠致远至元十年（1273）离开府学，李谦至元十二年离开府学，而王磐至元十八年（1281）到至元三十年（1293）在东平度过晚年，李昶则是在至元八年（1271）到至元二十六年（1289）生活在东平。所以，可以说直到1293年，东平府学依然是华北的一个学术中心。

## 四　府学的访问学者

作为元初华北的学术中心，东平府学迎来了许多访问学者，著名的

---

① 《送程士安官南康序》，《清容居士集》卷24，四部丛刊本。
② 袁桷：《翰林学士承旨荣禄大夫遥授平政事赠光禄大夫大司徒上柱国永国公谥文康阎公神道碑铭》，《清容居士集》卷27，四部丛刊本。
③ 《元史》卷174《刘赓传》。

有李简、刘郁、王若虚、魏璠、张德辉、郝经、胡祗遹等。

李简，字蒙斋，信都（今河北冀县）人。精通《易》学，著有《学易记》九卷，是北宋程颐的续传弟子。据他的《学易记序》所载，1242年他"携家东平"，与张特立、刘肃共同探讨《易》学。此后他又去了莱芜二年，然后返回东平。① 他曾于延祐六年（1319）任泰安同知。据估计，他曾在东平府任过职。

刘郁，字文秀，别号归愚，金浑源（今属山西）人。其父刘从益，兄刘祁。元初为左右司都事，曾进拜监察御史。1243年春，"以事如东平"，访问了东平诸公。②

王若虚（1174—1243），字从之，号慵夫，金真定（今属河北）人。金承安经义进士，初为应奉翰林文字，后任著作佐郎，又改翰林直学士，为金后期名儒。金亡后，北归镇阳，"每欲一登泰山，为神明之观"，遂于1243年来到东平，受到严忠济的热情款待，"率宾客、参佐置酒高会"。王若虚十分留恋东平的齐鲁儒学之风，"公亦喜此州衣冠、礼乐有齐鲁之旧，为留十余日"。之后，他便起程往泰山而去，就在此次登泰山的途中，于萃美亭旁一块大石上垂足而坐，仙逝。③

魏璠（1181—1250），字邦彦，金弘州顺圣（今河北阳原东）人。贞祐进士，为翰林修撰。海迷失后二年（1250）受忽必烈召至漠北王府，条陈三十余事，举荐名士六十余人。1244年他到东平访问，并由徐世隆、张澄、张孔孙陪同前往曲阜拜谒孔庙。④

张德辉（1195—1274），字耀卿，号颐斋，金太原交城（今属山西）人。金末为御史台掾，金亡后为真定史天泽的参议。两见忽必烈，讲儒学，荐儒士。忽必烈继位后，曾任东平路宣慰使。他于1255年由真定抵东平，并到阙里拜谒。⑤

郝经（1223—1275），字伯常，金泽州陵川（今属山西）人。金亡后，为张柔延为宾客教诸子。中统元年（1260），以翰林侍读学士使宋，

---

① 《宋元学案》卷16《伊川学案》下。

② 元好问：《内翰王公墓表》，《遗山先生文集》卷19，四部丛刊本。

③ 元好问：《内翰王公墓表》，《遗山先生文集》卷19，四部丛刊本。

④ 《金石萃编》卷157《金之四》。

⑤ 《金石萃编》卷157《金之四》。

被贾似道扣留真州（今江苏仪征）十余年，后放还。被留之日，以著述为事，有《续后汉书》《春秋外传》等。1255 年秋，到东平。①

元代大儒胡祗遹曾到东平府学拜见王磐，当时东平府学生让他以师礼见磐，胡祗遹不同意。王磐建议以"师友之礼"待之，两人的关系方才解决。② 这一访问的具体时间不详。

## 五　东平府学兴盛的原因

在蒙古、金、南宋争夺的战乱的山东东平地区之所以会出现一个华北学术中心——东平府学，仔细分析起来，有以下三个原因。

首先，东平府处于特殊的地理位置，是华北中部偏东的一个中心，易于人才聚集。

东平，是金山东西路的首府。这里东是山东东路，西是大名府路、河北西路，北接河北东路，西南和南边是南京路（今河南、安徽、江苏的部分地区）。按今天的省区建置，东平府地跨山东、河北、河南、安徽、江苏五省，南达淮河。当时是蒙古、南宋、金势力交汇处。战乱使人们四散逃难，如果东平府成为稳定、安全的地区，那么华北中部、北部、东部、南部四个方面的难民都会向这里集中。而严实在 1221 年进驻东平后，建立起比较稳固的统治，恰好造就了东平地区的安定局面。

其次，严实在东平的出色管理和兴学、养士政策。

金元之际，华北豪杰并起，形成暂时的军事割据局面。在归顺蒙古的汉地世侯里，东平严实算得上是最重要的势力了。元好问在《东平行台严公神道碑》中评论道："贞祐南渡，豪杰乘乱而起，四方之人，无所归命。公（严实——撰者加）据上流之便，握劲锋之选，威望之著，隐若敌国。人心所以为楚为汉者，皆倚之以为重，至是晓然知天命所在，莫敢有异志，国家亦藉之以成包举之势。故自开创以来，功定天下之半，而声驰四海之表者，惟公一人而已。"③ 汉地世侯，一方面跟从蒙古对金、南宋作战，一方面致力于管辖区域的经济文化建设。山东西部自宋

---

① 《金石萃编》卷 157《金之四》。
② 刘赓：《紫山大全集序》，《紫山大全集》卷首，四库全书本。
③ 《遗山先生文集》卷 26，四部丛刊本。

以来就是重要的经济地区，金益都府、兖州、东平府一线以西依然是重要的产粮区。① 这里"地枕牙冈，川连汶渚，土肥而沃，民朴而淳"②，金对宋作战，这里是粮食的主要供应地。宋吕颐浩说："粮运所出，自来止藉东平、济南及淄、青、德、博等数州而已。"③ 加之严实治理有方，这里成了一块"乐土"。他安置那些由于战乱"披荆棘、捍豺虎，敝衣粝食，暴露风月，挈沟壑转徙之民"，给他们土地，让他们安居乐业。这不仅解决了难民的生存问题，还为战争提供了粮食。在吏治上，他辟用、奖励良吏，裁汰、处置贪墨之徒，官员们竭力做好工作。这样，"不三四年，由武城而南、新泰而西，行于野，则知其为乐岁；出于途，则知其为善俗；观于政，则知其为太平官府……东州既为乐土，四外之人托公以为命者相踵也"④。

严实又能折节下士，以养士著名。金元之际，儒学知识分子到处流落，处于战乱的惶恐奔命之中。严实收容了宋子真、张特立、刘肃、商挺、元好问等，他们都是当时著名学者。"公（严实）既握兵权、颛生杀，时已年长，经涉世故久，乃更折节自厉，间亦延致儒士，道古今成败……"⑤ 元好问在《杨君神道碑》中更直接地说："东平严公喜接寒素，士子有不远千里来见者。"⑥ 严实招纳、礼遇的这些名士，为东平府学兴盛打下了良好的人才基础：宋子贞主管学校事，王磐、康晔、元好问等都任教府学。这实际上也是为元代儒学的发展打下的基础。

最后，蒙元统治者逐渐认识到儒学和儒士的作用，陆续采取了一些兴学政策，并用儒术选士，是东平府学兴盛的又一原因。

东平府学从 1221 年开始复兴，到新府学建成进入鼎盛期，再持续发展到 1290 年前后的七十年，经历了太祖成吉思汗、太宗窝阔台、乃马真后、定宗、海迷失后、宪宗和世祖忽必烈几个时期，以窝阔台和忽必烈时期的政策对府学的影响最大。

窝阔台统治时期，耶律楚材在任用儒士和兴学政策方面起了极为重

---

① 韩茂莉：《辽金农业地理》，社会科学文献出版社，1999，第 226 页。

② 许申：《重修释迦院碑》，《金文最》卷 66，中华书局本。

③ 吕颐浩：《论边防机事状》，《忠穆集》卷 5，四库全书本。

④ 元好问：《东平行台严公神道碑》，《遗山先生文集》卷 26，四部丛刊本。

⑤ 元好问：《东平行台严公神道碑》，《遗山先生文集》卷 26，四部丛刊本。

⑥ 《元好问全集》卷 23，山西人民出版社，1990。

要的作用，几乎所有这方面的政策都与他的建议有关。这位辽太祖阿保机的九世孙，从小就接受了良好的汉文化教育，"博极群书，旁通天文、地理、律历、术数及释老、医卜之说，下笔为文，若宿构者"。① 太祖破金都燕京，他归顺蒙古。之后，他以深厚的文化素养和料事如神的机谋，赢得了太祖和太宗的尊重和信任。他积极的宣传儒者治国的思想，并与蒙古统治者内部的反对者进行斗争。1220 年，在随成吉思汗西征途中回击夏人常八斤的挑战。常八斤善造弓，在成吉思汗面前说："国家方用武，耶律儒者何用？"楚材回敬道："治弓尚需用弓匠，为天下者岂不用治天下匠乎？"成吉思汗"闻之甚喜"。② 虽然得到了成吉思汗的首肯，但是还不能说成吉思汗理解了儒者治国的全部意义。窝阔台在太原路课税使副贪污事发后，对"以儒者治国"质疑耶律楚材："卿言孔子之教可行，儒者皆善人，何故亦有此辈？"耶律楚材不失时机地开导他说："君父之教，臣子岂欲陷之于不义，而不义者亦时有之。三纲五常之教，有国有家者莫不由之，如天之有日月星辰也，岂可因一人之有过，使万世常行之道独见废于我朝乎？"他还对窝阔台说"天下虽得之马上，不可以马上治"，窝阔台对此深信不疑。③ 在他的建议下，窝阔台颁行了一系列的文化教育政策。太宗五年（1233）六月"诏以孔子五十一世孙元（楷）［措］袭封衍圣公"，这年冬天又"敕修孔子庙及浑天仪"。④ 太宗六年（1234），设国子总教及提举官，命贵臣子弟入学受业。⑤ 太宗八年（1236）六月，"耶律楚材请立编修所于燕京，经籍所于平阳，编集经史，召儒士梁陟充长官，以王万庆、赵著副之"。⑥ 尤其值得注意的是，太宗九年（1237），在耶律楚材"请用儒术选试"⑦的奏议下，太宗窝阔台进行了元朝史上第一次开科取士，即著名的戊戌选试。虽然人们对它是不是真正意义上的科举存在着争议，但这毕竟是以儒学考试的方式选取儒士，而且是全国性的，对于元朝当时的文化教育有着非同寻常的意

---

① 《元史》卷 146《耶律楚材传》。
② 《元史》卷 146《耶律楚材传》。
③ 宋子贞：《中书令耶律公神道碑》，《全元文》卷 8。
④ 《元史》卷 2《太宗本纪》。
⑤ 《元史》卷 81《选举志·学校》。
⑥ 《元史》卷 2《太宗本纪》。
⑦ 《元史》卷 81《选举志·科目》。

义，使金亡后没落的儒士们看到了生存发展的希望，也必定会给各地为数不多的学校以新的发展活力。这年由刘中主持的各路考试，"以经义、词赋、论为三科，儒人被俘为奴者，亦令就试，其主匿弗遣者死。得士凡四千三十人，免为奴者四之一"①，选出的人"除本贯议事官"②，而且"儒人中选者则复其家"③，他们得以免除部分赋役，得到任用和保护。当时东平府是考试的地点之一，杨奂就是在这里获得了第一名而步入仕途的。《元史·选举志》特别提到杨奂的这次入选："得东平杨（英）［奂］等凡若干人，皆一时名士。"④ 太宗窝阔台执政的1229—1241年，是耶律楚材的政治活动鼎盛期，也是东平府学复兴的关键时期。

世祖忽必烈继承了太宗的文教政策，至元六年（1269），置诸路蒙古字学，至元七年（1270），国子学确立，至元八年（1271）设蒙古国子学，逐渐使自中央到各路儒学、教官制度、学田制度、书院的教职完备起来，江南小学、各路医学和阴阳学也创立起来。⑤ 这些完备的制度和一贯的文教政策，对东平府学后期的兴盛起到了积极的作用。

---

① 《元史》卷146《耶律楚材传》。
② 《元史》卷2《太宗本纪》。
③ 宋子贞：《中书令耶律公神道碑》，《全元文》卷8。
④ 《元史》卷81《选举志·科目》。
⑤ 《元史》卷81《选举志·学校》。

# 第三章 东平学派的传承关系及学术特点

## 一 东平学派的形成和安部的观点

严实 1221 年进驻东平，开始兴学养士，宋子贞、王磐、元好问、李世弼、李昶、张特立、刘肃、徐世隆、张昉、商挺、杜仁杰相继来到东平，在严实手下任职或在府学教书。这些士大夫以承继金代的学术为特点构成了一个学术派别——东平学派。可以说，迟至严实去世的 1240 年，这个学派已经形成。严忠济上任后，于 1252—1255 年建成东平新府学，以王磐、康晔、梁栋、徐世隆、李桢、元好问、李昶等为教师，培养了李谦、阎复、徐琰、孟祺、申屠致远、张孔孙、李之绍、吴衍、马绍、王构、杨桓、曹伯启、刘赓、夹谷之奇、周砥等优秀的学生，他们都应是东平学派的成员。东平学派在中统之前的几年里达到了鼎盛时期。东平新府学成为东平学派的学术基地，他们在这里讲说东平学派的学术内容和思想，培养人才。东平学派在新理学还未发展起来的时候，成为北方的第一大学术流派。

以后，随着新理学的传播和发展，东平学派也开始向新理学转向，直至理学在元代取得统治地位。

日本安部健夫的《元代的知识分子和科举》[①] 专门讨论了元初北方知识分子和他们的活动情况，东平学派是他探讨的重要问题之一。他把元初北方知识分子分为两大集团："这两个集团，一是由耶律楚材、宋子贞兴起，元好问、康晔、王鹗、王磐、李昶、李桢、阎复、李谦、孟祺、张孔孙、李之绍、曹伯启等继之，下及李冶、徒单公履的一派；另一是由杨惟中、刘秉忠、赵复兴起，窦默、姚枢、许衡、杨恭懿、

---

① 《日本学者研究中国史论著选译》第五卷，中华书局，1993。

王恂等继之，下及耶律有尚、姚燧，甚至还可把刘因包括在内的一派。"他用郝经在《儒林序》中的一句话来为这两派取名，郝经说："盖文章者儒之末，德行者儒之本。"所以"这里就郝经的说法，把它们分为'文章派'和'德行派'"。安部又据清末胡林翼所说"士先器识而后文艺，礼正士，黜华士"而把这两派又分为"华士"和"正士"："文章派正好是标榜华士的人，德行派也恰是以正士自期的人。"在为两派定名之后，安部以两派的学术特点和对待科举的态度，总结了他们的特点和分野。

从学术特点看，文章派重浮华，喜宴游是文章派华士的共同特征，他们极力推行他们的生活方式。更具体一点说，他们是华美的杂剧的爱好者，是优伶歌妓的捧场者。再进一步说，他们自己执笔写一折杂剧也不为难。德行派的特征则是致力于人格的陶冶。他们把学问的价值看作是"为己之学"，这是值得特别注意的。把"善行正德"纳之于心，履道而行，才是为己之学，概括地说，就是实践之学。德行派人士第二个特征，他们几乎无例外地都具有渊博的学识，尤其是精于数理、天文、律历诸学。

两派的第二个不同就是，文章派"赞成金代以来偏重词赋的科举取士"，而德行派对此是持否定、消极甚至是厌恶的态度。

以上安部的观点，会引发我们的许多思考，"文章派的华士"能概括东平学派的主要学术特点吗？它与另一集团的观点是如此对立吗？东平学派是继承金代学术的知识分子集团，那么，金代的学术是怎样的？东平学派对赵复所传南宋理学是什么态度？其学术在元初有无变化？在探讨了以上问题之后，再来讨论安部的观点。

## 二 金代的学术

关于金代的学术，以往的研究比较薄弱，但不搞清这个问题，就不好了解继承这一学术内容和思想的东平学派的学术特点。所以，在讨论东平的学术之前，先来讨论一下金代的学术。以下将从词赋之学、诗风、经学与理学三个方面进行探讨。

### 词赋之学

这里的词赋之学，专指举子为科举而准备的程文之学。对金代的科举，许多人颇有微词，金代人对它的批评也很多。刘祁在《归潜志》中说：

> 金朝取士，止以词赋为重，故士人往往不暇读书为他文。尝闻先进故老见子弟辈读苏、黄诗，辄怒斥，故学子止工于律、赋，问之他文则懵然不知。①

刘祁把取士"止以词赋为重"看作金朝亡国的一个重要原因："然学止于词章，不知讲明经术为保国保民之道，以图基祚久长，……此所以启大安、贞祐之弱也。"② 郝经在金亡后也批评金代"科举立而士无自得之学，道入于无用"。"无自得"而急功近利，成为"不道德，不仁义"的逐末之士，这些人"方相轧以辞章，相高以韵语，相夸以藻丽，不知何以尧舜其君民也"③。这些批评并不为过。金代的进士不读书，不会作"诏赦册命"之文的大有人在。金世宗曾求选"有文章士"代替新科进士，他对侍臣说："翰林旧人少，新进士类不学，至于诏赦册命之文鲜有能者，可选外任有文章士为之。"李晏就由西京副留守选入翰林。④ 章宗即位后，翰林缺人，在讨论由什么人入翰林时，移剌履欲推荐进士，他的理由是虽然进士擢节后"止习吏事，更不复读书"，但这种情况已有所改变，他们"近日始知为学矣"。章宗并不以为然，他说："今时进士甚灭裂，《唐书》中事亦多不知，朕殊不喜。"⑤ 进士连基本的史书都不读，可见学术水平低到了什么程度！

金代的科举之制，"国初，因辽宋之旧，以词赋、经义取士"。⑥ 刘祁说："国家初设科举用四篇文字，本取全才，盖赋以择制诰之才，诗以

---

① 《归潜志》卷8，中华书局，1983。
② 《归潜志》卷12。
③ 郝经：《上紫阳先生论学术》，《陵川集》卷24，四库全书本。
④ 《金史》卷96，《李晏传》。
⑤ 《金史》卷125，《党怀英传》。
⑥ 元好问：《闲闲公墓铭》，《遗山先生文集》卷17，四部丛刊本。

取风骚之旨，策以究经济之业，论以考识鉴之方。"① 又因为辽、宋制度不一，金太宗下诏南地北地各因其所习之业取士，称"南北选"。海陵天德三年（1151），南北选合二为一，"罢经义策试两科，专以词赋取士"。② 明昌初，"诏复兴经义"。③ 从天德三年到明昌初年这四十年间，科举只以词赋一科取士，是造成士人重词赋，轻读书的重要原因。刘祁认为学者"狃于习俗，止力为律、赋，至于诗、策、论具不留心，其弊基于为有司者止考赋，而不究诗、策、论也"。④

金世宗执政的 1161—1189 年正在这一时期，而章宗初年虽恢复经义科，但科举的弊端已经形成。科举入仕的吸引力是相当大的。学子对此无可奈何，只能顺应，无法违抗。金名臣、平章政事张万公之父张弥学，"以《尚书》为专门之学"，初应乡试，擢本经第一。但这时候，正赶上罢经义科，以词赋取士，他叹道："丈夫宁老于童子雕虫之技耶？吾不复出矣。"就再也没有参加科举。不过，他的儿子张万公却"弱冠登正隆二年词赋进士第"。⑤

由于科举指挥棒的作用，为应付词赋考试而形成了专门之学。刘祁的高祖南山翁就是著名的词赋专家。南山翁，名㧑，天会元年词赋状元，⑥ 为"一代词学宗"。他根据学子们所作词赋，便能"断其后中第否"，所以，当时许多人都投其门下。金代以律、赋著名的孟宗献，曾科举下第，他决定学南山翁的赋。"辟一室，取翁赋，剪其八韵，类之贴壁间，坐卧讽咏深思"，不久"尽得其法，下笔造微妙"。结果"再试，魁于乡、于府、于省、于御前"，即在大定三年（1163）乡、府、省、御四试中均中第一，天下称孟四元。⑦ 南山翁还将他的两个女儿嫁给了两个"为赋甚佳"的学生，一个是张景仁，一个是王元节。张景仁初试科场，被邻坐剽窃，结果两人均被黜。南山翁认为他赋作得好，前途无量，不顾家人的反对，将长女嫁给了他。过了三年再试，张景仁中状元，后

---

①　《归潜志》卷 8。

②　《金史》卷 51，《选举志一》。

③　李世弼：《登科记序》，《金文最》卷 45。

④　《归潜志》卷 8。

⑤　元好问：《平章政事寿国张文贞公神道碑》，《金文最》卷 92。

⑥　《归潜志》卷 8。

⑦　《归潜志》卷 8。

位至翰林学士，河南尹，御史大夫。① 王元节少从南山翁学，南山翁
"爱其才俊，以女妻之，遂传其赋学"，而王元节也不负所望，登天德三
年（1151）词赋进士第。② 以至"士大夫嫁女多谈翁之事"③，成为一段
文坛佳话。与元好问家为"中州世契"的枢判白朴父子以律赋"为专门
之学"。④ 王恽的老师、贞祐三年词赋进士赵鹏以词赋"为平生专门之
学"。⑤

　　贞祐南渡之后，金朝士大夫对科举取士的弊端有所反省，士人分为
截然对立的两派。"士人多为古学，以著文作诗相高。然旧日专为科举之
学者疾之为仇雠，若分为两途，互相诋讥。"⑥ 赵秉文、杨云翼等人力图
进行改革。赵秉文在不同场合多次表达对学风的不满。在《答麻知几
书》中，他批评道："今之士人，以缀缉声律为学，趋时干没为贤，能
留心于韩欧者几人！"⑦ 在为商水县写的学记里，他说："今之学者，则
亦异于古之所谓学者矣。为士者，钩章棘句，骈四俪六，以圣道甚高而
不可学，蔽精神于寰浅之习，其功反有倍于道学而无用。"⑧ 他有意在科
举上扭转习弊，"南渡后，赵、杨诸公为有司，方于策论中取人，故士风
稍变，颇加意策论。又于诗赋中亦辨别读书人才，以是文风稍振。"但改
革引起"谤议纷纭"。⑨ 贞祐初年，赵秉文主持省试，得李钦叔赋，其文
虽格律稍疏，然而词藻"庄严绝俗"，擢为第一；又擢麻知几"为策论
魁"。此事惹怒举子，"举子辈哗然，诉于台省，投状陈告赵公坏了文
格，又作诗讥之"，结果闹得差一点重考。⑩ 学子们安于科举词赋的陋习
太久了，在他们的眼里不允许出现不同的做法。这种习惯势力只能伴随
着金朝的灭亡而消亡了。

① 《归潜志》卷 8。
② 《金史》卷 126，《王元节传》。
③ 《归潜志》卷 8。
④ 王博文：《白兰谷天籁集序》，《金元文》卷 140。
⑤ 《宋元学案补遗》卷 78。
⑥ 《归潜志》卷 8。
⑦ 《闲闲老人滏水文集》卷 19，四部丛刊本。
⑧ 《金文最》卷 26。
⑨ 《归潜志》卷 8。
⑩ 《归潜志》卷 10。

## 诗 风

为科举入仕，多数的学子把全副精力集中在词赋之学上，为文作诗与之往往产生矛盾。元好问说："泰和、大安间，入仕者惟举选为贵科。荣路所在，人争走之。程文之外，翰墨杂体，悉指为无用之技。尤讳作诗，谓其害赋律尤甚。"① 作诗害赋律，影响科举入仕，所以为举子业的书生们肯定不会在诗上下功夫。有的学者反对只为科举的词赋之学，不让后辈走科举之路而教他们作诗。郝天挺就是这样一位学者，他认为"今人学词赋，以速售为功，六经百氏分裂补缀外，或篇题、句读之不知"，而要求学生作诗。有人不解地问他："令之子欲就举，诗非所急，得无徒费日力乎？"他说："所以教之作诗，正欲渠不为举子耳！"② 从这个坚定的回答中，我们感到诗对于一个学者的重要性，它是一个学者学术思想自由的展现，不教其诗而只知作赋律，则扼杀了学生的创造力和天赋，只能造就科举的畸形儿。特别在南渡之后，在亡国的危机之中，士大夫中有志之士，深切地感到科举的危机，他们以救世为己任，而在学术上，"士大夫以救世之学自名"。③ 诗学也作为摆脱科举程文束缚的学术而发展起来，"南渡以来，诗学为盛"④。

有金一代，吟诗讽咏是士大夫的一种风尚。金朝皇帝亦崇文学，喜赋诗，对这种风尚起了推动作用。海陵王就喜延文士讽咏，他"尝夜召赋诗，传趣甚亟"，当时翰林应奉文字杨伯仁应召，"未二鼓奏十咏"，海陵非常高兴，"解衣赐之"。⑤ 海陵为藩王时曾以诗言志："大柄若在手，清风满天下。"正隆南征，军队到达维扬，海陵遥望江左，即兴赋诗："屯兵百万西湖上，立马吴山第一峰。"⑥ 表达他的征服志向。皇族里不乏能诗善画的人才。世宗子、章宗父宣孝太子"好文学，作诗善画，人物、马尤工"。世宗第四子完颜允成好文学，善歌诗。世宗之孙、密国

① 元好问：《故河南路课税所长官兼廉访使杨公神道之碑》，《遗山先生文集》卷23，四部丛刊本。
② 元好问：《郝先生墓铭》，《遗山先生文集》卷23，四部丛刊本。
③ 元好问：《曹南商氏千秋录》，《金文最》卷118。
④ 元好问：《溪南诗老辛愿传》，《中州集》卷10，四部丛刊本。
⑤ 《金史》卷125，《杨伯仁传》。
⑥ 《归潜志》卷1。

公璹"能诗、工画"，贞祐南渡后"家居止以讲诵吟咏为乐"，家藏书画数千轴，都是罕见的珍品。当时的著名文人，如雷希颜、元好问、李长源和王飞伯等都是他家的常客。他经常"与士大夫相唱酬"。王飞伯曾作诗一首送给他："宣平坊里榆林巷，便是临淄公子家。寂寞画堂豪贵少，时容词客听琵琶。"完颜璹平生诗文很多，有一首表达心志的绝句为："孟津休道独于泾，若遇承平也敢清。河朔几时桑柘底，只谈王道不谈兵。"希望结束战争恢复和平的心愿了然纸上。晚年自刊其诗三百首，乐府一百首，名《如庵小稿》。① 章宗"有父风，属文为学，崇尚儒雅"，② 作诗的水平也很高，其《翰林待制朱澜侍夜饮》诗："夜饮何所乐，所乐无喧哗。三杯淡醲醨，一曲冷琵琶。坐久香成穗，夜深灯欲花。陶陶复陶陶，醉乡岂有涯？"③

当时诗界的知名人物有赵秉文、麻知几、雷希颜、刘从益、元好问、李纯甫、李长源、杨奂、王庭筠、李钦叔、王若虚、辛敬之等，他们都是作诗的行家里手。赵秉文是金代大儒，初以少年时寄黄华诗而出名，诗为："寄语雪溪王处士，年来多病复何如？浮云世态纷纷变，秋草人情日日疏。李白一杯人影月，郑虔三绝画诗书。情知不得文章力，乞与黄华作隐居。"④《闲闲老人滏水文集》中收录了他的许多诗作，其中不乏名作，如《叠翠岩》的第二首："飞身清旷外，着眼有无间。崖断疑无地，云开更有山。鸟随天影没，人自日边还。归梦抉清境，诗情不得闲。"⑤《金史》本传评论他的诗"七言长诗笔势纵放不拘一律，律诗庄严，小诗精绝"。⑥ 对李长源、麻知几的诗，元好问有很高的评价，他说："南渡后，李长源七言律诗清壮顿挫，能动摇人心，高处往往不减唐人。麻知几七言长韵，天随子所谓陵轹波涛、穿穴俭固、囚锁怪异、破碎陈敌者，皆略有之。"两人皆是"一流人也"⑦ 元好问乃金代著名诗人，更不必多提。他们的诗作限于篇幅不再一一录出。

---

① 《归潜志》卷 1。
② 《归潜志》卷 12。
③ 《归潜志》卷 1。
④ 《归潜志》卷 8。
⑤ 《闲闲老人滏水文集》卷 6，四部丛刊本。
⑥ 《金史》卷 110，《赵秉文传》。
⑦ 元好问：《逃空丝竹集引》，《遗山先生文集》卷 36，四部丛刊本。

　　他们经常三五人在一起，就某一对象以诗唱和。正大初，赵秉文在翰苑，与陈正叔、潘仲明、雷希颜、元好问等人作诗会，赋野菊、咏蜡梅。赵秉文咏蜡梅："娇黄唤起昭阳梦，汉苑凄凉草棘生。"其他人俱有好句。又一日赵与馆阁诸公登极目亭，赵秉文道："魏国河山残照在，梁王楼殿野花开。鸥从白水明边没，雁向青天尽处回。未必龙山如此会，座中三馆尽英才。"雷希颜咏道："千古雄豪几人在，百年怀抱此时开。"李钦止道："连朝倥偬簿书堆，辜负黄花酒一杯。"① 有时候，友人寄诗来，他们会以诗中内容作起诗来。赵秉文收到一友人寄来的咏竹诗，正好他家闲闲堂后也种了竹子，他邀来刘从益、刘祁父子共赋竹题。② 刘从益在翰林时，翰林诸公在他家聚会，当时，春旱有雨，大家高兴，便以"好雨知时节，当春乃发生"为韵和诗。③ 杨奂也是唱和赋诗的高手。在鄠下时，中秋节士大夫聚会，中有一人看不惯杨奂，"讽诸生作诗"，请杨奂和诗，想让杨奂出丑。杨奂潇洒地端起酒杯说："欲观诗者，举酒；欲和，以次唱韵。"向在座的所有人发出了邀请。结果，杨奂"意气闲逸，笔不停辍，长韵短章，终夕成三十九首"，他的即席和诗，在文坛传为佳话。④ 麻信之、杜仲梁、张仲经三人正大中隐于内乡山中，"以作诗为业"。士大夫认为这是至高的人生境界，时人有"东南之美，尽在是矣"之评。⑤ 金代有很多选择隐居以咏诗为乐的人。赵宜之"居西山下，止以吟咏为乐，名士无不与游"。⑥ 运使张谷丁母忧，归居许州西城小斜川，"花木泉石，隐然一佳处"。他"日在其间行吟坐啸，客至，一觞一咏，尽欢"⑦。作诗的和韵很难。据刘祁讲，它由宋代苏、黄兴起，"凡唱和，须用元韵，往返数回以出奇"。刘从益"颇留意，故每与人唱和，韵益狭，语益工"。元好问也让他三分。⑧ 他们还有一种联句的

---

① 《归潜志》卷8。
② 《归潜志》卷9。
③ 《归潜志》卷9。
④ 元好问：《故河南路课税所长官兼廉访使杨公神道之碑》，《遗山先生文集》卷23，四部丛刊本。
⑤ 元好问：《麻杜张诸人诗评》，《遗山先生文集》卷39，四部丛刊本。
⑥ 《归潜志》卷2。
⑦ 《归潜志》卷4。
⑧ 《归潜志》卷8。

和诗法，必须在"座中立书，不暇深思"，也是比较难的。刘从益与李之纯、张仲杰曾以定州磁酒瓶为题联句，又曾以雪夜联句。①

金代诗学唐人，评价诗的好坏也以唐诗为标准，赵秉文"诗多法唐人李、杜诸公"，麻知几、李长源、元好问都以唐诗为至高境界，"故后进作诗者争以唐人为法也"。② 李之纯见太学生李经的诗，评论道："真今世太白也。"③ 李长源的诗被人称赞道："其妙处不减太白、崔颢。"④ 对侯策的诗，刘祁评道："置之唐人集中，谁复疑其非也？"⑤

虽然金代诗风盛行，但儒学的根本之学经义学依然是学术的主流内容，士大夫为学，实自经义始。

**经义学·理学**

金代的著名诗人，经学水平也是相当高的。元好问年轻时就从郝天挺学过六年经学，郝天挺子郝思温与元好问是同学，都在陵川县学里就读，而郝思温子就是元代大儒郝经。⑥ 经常与赵秉文、雷希颜等和诗的刘从益"精于经学"⑦，诗人辛敬之"《书》至《伊川》，《诗》至《河广》，颇若有所省，欲罢不能，因更致力焉"，而"于三传为尤精"。⑧ 女真贵族尤虎邃曾"受学于辛敬之，习《左氏春秋》"。⑨ 经学在古代社会是基础学术，其地位不可动摇，所以，不论诗作得多好，经学是必须要通的。经学在政治上的地位相当高，汉武帝后的统治者治国原则、治国之术的诸多内容都来自于儒家经典，金代也不例外。金熙宗即位后，在上京建孔子庙，加孔子四十九世孙孔璠承事郎，袭封衍圣公，表明对儒学的重视。熙宗更是"颇读《论语》《尚书》《春秋左氏传》及诸史"

① 《归潜志》卷8。
② 《归潜志》卷8。
③ 《归潜志》卷2。
④ 《归潜志》卷2。
⑤ 《归潜志》卷3。
⑥ 元好问：《郝先生墓铭》，《遗山先生文集》卷23，四部丛刊本。
⑦ 《金史》卷126，《刘从益传》。
⑧ 元好问：《溪南诗老辛愿传》，《中州集》卷10，四部丛刊本。
⑨ 《归潜志》卷3。

等书，"乙夜乃罢"。① 海陵视诗文为"小技"②，而熟读《书经》《孝经》等，父子均从张用直学习经史。③ 世宗则强调学经典应与实践结合起来。他说："经籍之兴，其来久矣，垂教后世，无不尽善。今之学者，既能诵之，必须行之。然知而不能行者多矣，苟不能行，诵之何益。"④ 章宗为金源郡王时，就喜读《左氏春秋》，移剌履建议他多读其他经典，说："《尚书》《孟子》皆圣贤纯全之道，愿留意焉。"章宗接受了这个建议。哀宗面临衰微的国势不忘尊儒重经，正大三年（1226）设益政院，"以学问该博、议论宏远者数人兼之。日以二人上直，备顾问，讲《尚书》《通鉴》《贞观政要》"。⑤ 杨云翼为首，为哀宗讲《尚书》。⑥

金代许多著名人物都有着很高的经学成就。一代大儒赵秉文"慨然以道德、仁义、性命、祸福之学自任，沉潜乎六经，从容乎百家"，⑦ 生平精研《易》《中庸》《论语》《孟子》，著《易丛说》十卷，《中庸说》一卷，《杨子发微》一卷，《太玄笺赞》六卷，《文中子类说》一卷，删集《论语解》《孟子解》各十卷。⑧ 他对汉代以来的传注之学有所批评，对北宋周、程理学充分肯定并多有吸收，后一点在下文论述理学时再详述。应奉翰林文字麻九畴（字"知几"）"以古学自力，博通五经，于《易》《春秋》为尤长"，门人王说、王采苓均中经义进士。⑨ 翰林直学士王若虚对经学的传注之学多有批评，对宋儒的解经也不满意，著有《五经辨惑》二卷、《论语辨惑》四卷和《孟子辨惑》一卷。其《五经辨惑》"颇诘难郑学，于《周礼》《礼记》及《春秋》三传亦时有所疑。然所攻者皆汉儒附会之词。"⑩ 翰林李纯甫精于《左氏春秋》《中庸》，著《中庸集解》《鸣道集解》，号"中国心学，西方文教"，"数十万言"。⑪

---

① 《金史》卷105，《孔璠传》。

② 《金史》卷82，《海陵诸子传》。

③ 《金史》卷105，《张用直传》。

④ 《金史》卷7，《世宗本纪中》

⑤ 《金史》卷56，《百官志二》。

⑥ 《金史》卷110，《杨云翼传》。

⑦ 元好问：《闲闲公墓铭》，《遗山先生文集》卷17，四部丛刊本。

⑧ 《金史》卷110，《赵秉文传》。

⑨ 《金史》卷126，《麻九畴传》。

⑩ 《四库全书总目》卷166，《滹南遗老集四十五卷》，乾隆武英殿刻本。

⑪ 《金史》卷126，《李纯甫传》。

陵川郝氏，晋城李氏，东平刘氏、李氏，莒州张氏都是金代以经学传家的经学大姓。元名臣郝经（1223—1275），泽州陵川（今山西陵川）人，谈到自己的家世时说："陵川郝氏世业儒，至先曾大父昆季七人，皆治经力学，教授州间，有声张彻，郝氏益大。"① 又说："郝氏始自太原，迁泽、潞，复迁许、洛，复再迁于燕、赵之交。治经业儒者六世，百有余年，以及于先君，于是有经。"② 他的高祖郝章，曾祖郝升，祖父郝天挺，父郝思温，以经学传家。郝经十六岁"命治《六经》，先传注疏释，而后唐宋诸儒论议，必一经通，然后易业焉"。③ 经学训练中规中矩，有条有理。李俊民，金泽州晋城（今属山西）人，承安五年（1200）经义状元，为应奉翰林文字，不久弃官归乡。王特升说他是"吾乡之巨儒，国朝之名士"。他"以经学传家，尤长于《礼》"，"厌于乾役，恬于学问，自初筮仕距今四十余年，手不释卷，经传子史百家之书无不研究"。④ 李世弼金东平须城（今山东东平）人，"从外家受孙明复《春秋》，得其宗旨"⑤，为北宋初泰山学派孙复的传人。据《宋元学案补遗》，"其外家当是东平刘氏"。⑥ 刘氏即北宋刘挚、刘跂父子，及刘跂子刘长言（刘行）、刘长福的家族。刘挚官至尚书右仆射，少时从孙复的门人姜潜学。受《春秋》学，其子刘跂著《学易集》二十卷，人称"学易先生"。元好问在元初写《东平府新学记》时，曾提到刘长言的子孙还在东平⑦。李世弼从刘氏家族学《春秋》，传其子李昶。李昶著《春秋左氏遗意》《孟子权衡遗说》等书。李昶又传李谦⑧，这时的金朝已经灭亡了。张暐（？—1217），金莒州日照（今属山东）人，字明仲，为金礼部尚书。其子张行简，为翰林学士承旨，礼部尚书；张行信，历任吏、户、礼三部尚书，参知政事。父子三人以《礼》学相传。《金史》本传说张暐"历太常、礼部二十余年，最明古今礼学，家法为士族仪表"。妻

---

① 郝经：《棣华堂记》，《陵川集》卷26，四库全书本。
② 郝经：《铁佛寺读书堂记》，《陵川集》卷26，四库全书本。
③ 郝经：《先父行状》，《陵川集》卷36，四库全书本。
④ 王特升：《庄靖集序》，四库全书本《庄靖集》卷首。
⑤ 《宋元学案》卷2，《泰山学案》。
⑥ 《宋元学案补遗》卷2。
⑦ 《宋元学案补遗》卷2。
⑧ 《宋元学案》卷2，《泰山学案》。

子死后，他"不复娶"，与子行简"讲论古今"，且"诸孙课诵其侧，至夜分乃罢"。① 张行简从小"淹贯经史"，"至太常、礼部、典贡举终身"，著《礼例纂》一百二十卷，"会同、朝献、禘祫、丧葬，皆有记录"。② 张行信为礼部尚书，经常"与礼官参定仪注"。③

除此之外，经学名家还有李献甫，与从兄献卿、献诚、献能相继擢第，有李氏"四桂堂"之称，"精于《左氏》及地理学"。④ 宋末进士、金太常卿范拱"深于《易》学"。⑤ 大定进士、监察御史梁襄"长于《春秋左氏传》"。⑥ 泽州晋城王翼"尤精于《易》，占无不应"。⑦ 国子祭酒、赵秉文门人冯延登"平生以《易》为业"，著《学易记》，藏于家。⑧ 大中大夫、贞祐四年（1216）以经义第一擢第的刘汝翼，少"师事乡先生单雄飞、张元造，初治《书》，改授《易》，卒业于《诗》，山东诸儒间声名籍甚"。⑨ 高仲振深于《易》，张潜曾受学于他。⑩ 吕豫"以《易》为专门"，受到醇德先生王去非的器重。著《易说》若干卷，折安上、王善长、苗景藩、段颜昌、孙希贤、田子发从其学而成为当时名士。⑪ 其他如王去非、王去执兄弟、郭弼宪等诸公，也是六经百家的饱学之士。⑫

理学在金代的地位，有些学者估计不足，认为只有少数士人对理学略知一二，而且还持怀疑的态度；有的则认为金朝初年，只有传统传注之学，而无理学的传承。事实上，理学在金代的传承一直未曾断过，而且在金代中后期的士大夫中还广为流传。可以说，除了那些专为科举之学的举子外，士大夫们对理学多少都有所了解，而且在儒学大家、名士

---

① 《金史》卷106，《张昈传》。
② 《金史》卷106，《张行简传》。
③ 《金史》卷107，《张行信传》。
④ 《金史》卷110，《李献甫传》。
⑤ 《金史》卷105，《范拱传》。
⑥ 《金史》卷96，《梁襄传》。
⑦ 李俊民：《故王公辅之墓志铭》，《全元文》卷4。
⑧ 元好问：《国子祭酒权刑部尚书内翰冯君神道碑铭》，《遗山先生文集》卷19，四部丛刊本。
⑨ 元好问：《大中大夫刘公墓碑》，《遗山先生文集》卷22，四部丛刊本。
⑩ 《金史》卷127，《高仲振传》《张潜传》。
⑪ 元好问：《南峰先生墓表》，《遗山先生文集》卷24，四部丛刊本。
⑫ 《宋元学案补遗》卷100。

大夫里面不乏对理学的深入研究者。

从刘祁在《归潜志》中谈到的两个事例，可以得知理学在金代士大夫中普及的程度。李纯甫喜爱佛学，认为"学至于佛则无所学"，他批评宋儒窃取佛经内容，又"幡然为反噬之说"①，著《鸣道集解》以申明他的观点。这一对宋儒理学的批评引来学者的攻击。据刘祁所记，李纯甫"尝论以为宋伊川诸儒，虽号深明性理，发扬六经、圣人心学，然皆窃吾佛书者也。因此，大为诸儒所攻"。② 兴定间，李纯甫再入翰林，与"翰长"赵秉文、御史刘从益，及李钦止、刘光甫等人相见，每每讨论儒佛的异同，宋儒理学与佛学的关系也是他们讨论的重要问题。前述《诗风》一节，谈到过士大夫的和诗之风，理学曾成为和诗的诗题之一。正大初年，赵秉文与陈正叔、潘仲明、雷希颜、元好问等人"作诗会"，咏野菊、古瓶蜡梅等，"最后咏道学，雷云：'青天白日理分明。'"结果，道学的内容不像风景、植物物品的题目那样好作，而"为题所窘"。③ 这两个例子说明赵秉文、李纯甫、刘从益、雷希颜、李钦止等人在日常的学术讨论和咏诗活动中，理学是作为一个普通熟知的对象来对待的。

金代儒学思想的代表人物赵秉文，其思想即源于二程的理学和韩愈的道统说。他批评汉以来的传注之学，肯定北宋周、程理学，主要思想观点保存在《原教》《性道教说》《中说》《诚说》《庸说》《和说》里面。他认为"道"是"天道"，是形而上的万物来源："夫道，何为者也？总妙体而为言者也……是故语夫道也，无彼无此，无小无大，备万物，通百氏。"④ 他又用"气"和"理"来说明"道"："天地间有大顺至和之气，自然之理，根于心，成于性。"⑤ 而"太虚寥廓，一气浑沦"的"太极"，生出天地，"人受天地之中以生"。⑥ 他把"人生而静"的天性直称为"天理"，"中者，天下之大本也，此指性之本体也。方其喜

---

① 《佛祖历代通载》卷20。
② 《归潜志》卷9。
③ 《归潜志》卷8。
④ 《原教》，《闲闲老人滏水文集》卷1，四部丛刊本。
⑤ 《道学法源引》，《闲闲老人滏水文集》卷15。
⑥ 《叶县学记》，《闲闲老人滏水文集》卷13。

怒哀乐未发之际，无一毫人欲之私，纯是天理而已"。① 他进而认为宋儒
周程的"存天理，灭人欲"揭示了复天理、入圣境之门径。

> 人欲之胜久矣，一旦求复其天理之真，不亦难乎？固当务学以致
> 其知，先明乎义利之辨，使一事一物了解吾胸中，习察既久，天理日
> 明，人欲日消，庶几可以造圣贤之域。故圣人修道以教天下，使之遏
> 人欲存天理，此修道之谓教也。孟子之后，不得其传，独周程二夫子，
> 绍千古之绝学，发前圣之秘奥，教人于喜怒未发之前求之，以戒慎恐
> 惧于不见不闻为入道之要，此前贤之所未到，其最优乎。②

他上承北宋理学之观点，把喜怒哀乐未发之中和作为天理，学者复天理
成就圣贤人格为学之鹄的，而"钩章棘句，骈四俪六"者"其功反有倍
于道学"。③ 学要"致知格物，正心诚意，至于治国平天下"，④ 要行
"圣贤践履之实"⑤，学以致用。以上这些观点显然与北宋周敦颐、程颢、
程颐、张载的思想相一致。

王若虚（1174—1243），对理学采取了既吸收又批评的态度，著
《论语辨惑》《孟子辨惑》，与北宋周敦颐、张载、程颢、程颐和南宋朱
熹商榷。据苏天爵《默庵先生安君行状》说："国初有传朱子《四书集
注》至北方者，濠南王公雅以辨博自负，为说非之。"⑥ 王若虚著书论辨
是在"国初"，据估计应在金朝灭亡前后。金亡后，王若虚"微服北归
镇阳"⑦，十年后逝于泰山，也许是在镇阳见到了《四书集注》的，不
过，金亡前，朱熹的书，包括《四书集注》就已经在北方流传了。李纯
甫著《鸣道集解》，批驳"江左道学"窃取佛老之说，所批对象，除北
宋二程外，还有南宋朱熹、杨时中等人⑧。耶律楚材在《屏山居士鸣道

---

① 《性道教说》，《闲闲老人滏水文集》卷1。
② 《性道教说》，《闲闲老人滏水文集》卷1。
③ 《商水县学记》，《闲闲老人滏水文集》卷13。
④ 《叶县学记》，《闲闲老人滏水文集》卷13。
⑤ 《中说类解引》，《闲闲老人滏水文集》卷15。
⑥ 《滋溪文稿》卷22。
⑦ 《金史》卷126，《王若虚传》。
⑧ 《佛祖历代通载》卷20。

集序》中说:"江左道学倡于伊川昆季,和之者十有余家"。这"十有余家"都在李纯甫的攻击之中。耶律楚材又说:"昔余尝见《鸣道集》,甚为不平,欲为书纠其芜谬而未暇,岂意屏山先我着鞭,遂为序引,以针江左书生膏肓之病焉。中原学士大夫有斯疾者,亦可发药矣。"① 这篇序写于 1234 年,可见在此之前,"中原士大夫"中已有人在研究程朱理学。金国大将陈彝,字良佐,是蒙金大昌原之战的前锋,又名陈和尚。② 在军族"折节下士,从诸公授《论语》《春秋》,读新安朱氏小学"。③ 陈彝死于 1232 年的钧州之战。济州徐之纲金末"以河南二程,江南朱、张、胡、蔡为根底,穷《春秋》《易》二经"。1238 年的戊戌选试,他"以明经选益都"。④ 所以,王若虚完全有可能在金亡之前见到《四书集注》。无论如何,王若虚关于程朱理学的议论能够反映金代士大夫的观点。

　　在《道学发源后序》中,王若虚对自秦汉以来的经学进行了检讨,认为韩愈虽知经学的困境,但"未至于深微之地",而"自宋儒发扬秘奥,使千古之绝学一朝复续,开其致知格物之端,而力明乎天理人欲之辨,始于至粗,极于至精,皆前人之所未见。然后天下释然,知所适从,如权衡指南之可信,其有功于吾道,岂浅浅哉"。⑤ 但宋儒的见地"不为无功,而亦不能无罪",他阐明其理由说:

　　　　彼其推明心术之微,剖析义利之辨,而斟酌时中之权,委曲疏通,多先儒之所未到,斯固有功矣。至于消息过深,揄扬过侈,以为句句必涵养气象,而事事皆关造化,将以尊圣人而不免反累,名为排异端而实流于其中,亦岂为无罪也哉?⑥

　　王若虚认为理学解说过于烦琐,一字一句地解释,"舛驳淆混,诖误

---

①　《屏山居士鸣道集序》,《湛然居士文集》卷 14,四部丛刊本。
②　《金史》卷 123,《完颜陈和尚传》。
③　元好问:《良佐镜铭》,《遗山先生文集》卷 38,四部丛刊本。
④　袁桷:《滕县尉徐君墓志铭》,《清容居士集》卷 29,四部丛刊本。
⑤　《滹南遗老集》卷 44,四部丛刊本。
⑥　《论语辨惑序》,《滹南遗老集》卷 3,四部丛刊本。

后生"① 的地方也不少。因而"颇讥宋儒经学以旁牵远引为夸"②，在《论语辨惑》《孟子辨惑》里，对理学有异议的地方，他逐条辨析，阐明自己的理解。

在金代理学的传承关系中，泽州（今属山西）的郝氏和李氏家族是重要的两条支脉。泽州儒学出自程颢。

> 明道先生令泽之晋城，为保伍，均役法，惠孤茕，革奸伪，亲乡闾，厚风化，立学校，语父老以先王之道，择秀俊而亲教导之，正其句读，明其义理，指授大学之序，使格物致知，诚意正心，修身齐家，笃于治巳而不忘仕禄，视之以三代治具，观之以礼乐。未几，被儒服者数百人。达乎邻邑之高平、陵川，渐乎晋、绛，被乎太原，担簦负笈而至者日夕不绝，济济洋洋，有齐、鲁之风焉。在邑三年，百姓爱之如父母，去之日哭声震野。金源氏有国，流风遗俗，日益隆茂。于是平阳一府冠诸道，岁贡士甲天下，大儒辈出，经学尤盛。虽为决科文者，《六经》传注皆能成诵。耕夫贩妇，亦知愧谣诼，道文理。带经而锄者，四野相望。雅而不靡，重而不佻，矜廉守介，莫不推其厚俗，犹有先生之纯焉。③

程颢任晋城令三年，《宋史》本传有记。④ 另据刘因《泽州长官段公墓碑铭》所记，程颢到泽州是在宋治平中⑤，晋城为泽州的治所。从以上记载可知，程颢在泽州的影响波及周围地区，而且其学一直流传不断，贯穿了整个金代。据郝经自述，其六世祖得程颢亲授，他说："尝闻过庭之训，自六世祖某从明道程先生学，一再传至曾叔大父东轩老，又一再传及某。"⑥ 程氏之学成为郝氏的家学。金亡后的 1238 年，郝经在满城（今属河北保定）铁佛寺读书时，他的父亲郝思温"以《太极》《先天》二图，《通书》《西铭》二书"交给他说："此尔曾叔父东轩老得诸程氏

① 李冶：《滹南遗老集引》，《全元文》卷 47。
② 元好问：《内翰王公墓表》，《遗山先生文集》卷 19，四部丛刊本。
③ 郝经：《宋两先生祠堂记》，《陵川集》卷 27，四库全书本。
④ 《宋史》卷 427，《程颢传》。
⑤ 《静修集》卷 16，四部丛刊本。
⑥ 郝经：《与北平王子正先生论道学书》，《陵川集》卷 23，四库全书本。

之门者，尔其勉之。"并告诫他说："我先世有学之序焉：天人之际，道德之理，性命之源，经术之本，其先务也。诸子、史、典故，所以考先代之迹也，当次之。诸先正文集，艺能之薮也，又当次之。若夫阴阳术数、异端杂学，无妄费日力。"① 这是金代程门学风的重要记述。郝思温还特别重视小学，"教人以小学为本，以为洒扫应对进退，即性与天道之端"，人之生始"其醇未醨，其朴未散，其见解未出，其物欲未杂"，教习正在此时。言坐行立、待人接物、声音笑貌"一之以敬"，"少长则为解说义理……成童则以性理、经学为本，决科、诗文为末，而浸致之《大学》"。② 这也是金代学风的一个重要方面，在下一节元初东平学派的学术风格里还会看到与此相同的学风特点。而元好问十四岁从郝天挺学，与郝思温是同学，尽得程颢理学精髓。金泰和中，泽州李俊民得程颢之传，又得邵氏《皇极》之学，廷试冠多士，退而不仕，教授乡曲，"故先生之学复盛"。③ 王特升说他是以"经学传家"④ 据刘因所记，金末元初，李俊民辟地河南，时段直为泽州长官，"迎公而师之"，接他回泽州做老师，并延致分散在各地的泽州名士，"不五六年，州之学徒通经预选者百廿有二人"。⑤

关于金代伊洛之学的传承，还可以见到以下人物。杜时升，承安、泰和间屡被荐而不为所用，隐居嵩、洛山中，"大抵以伊洛之学教人自时升始"。⑥ 金翰林直学士王遵古"潜心伊洛之学"，其子翰林修撰王庭筠亦致力于经学。⑦ 翰林应奉刘从益"闲居淮阳，与诸生讲明伊洛学"，此时其子刘祁从其父居"相与讲明六经，直探圣贤心学，推于躬行践履"。⑧ 金亡后，刘祁在"归潜堂"里"以张横渠东西二铭书诸壁"。⑨ 刘祁去世后，王恽为之作挽词说："道从伊洛传心事，文擅韩欧振古

---

① 郝经：《铁佛寺读书堂记》，《陵川集》卷26，四库全书本。
② 郝经：《先父行状》，《陵川集》卷36，四库全书本。
③ 郝经：《宋两先生祠堂记》，《陵川集》卷27，四库全书本。
④ 王特升：《庄靖集序》，《庄靖集》卷首，四库全书本。
⑤ 刘因：《泽州长官段公墓碑铭》，《静修集》卷16，四部丛刊本。
⑥ 《金史》卷127，《杜时升传》。
⑦ 元好问：《王黄华墓碑》，《遗山先生文集》卷16，四部丛刊本。
⑧ 王恽：《浑源刘氏世德碑铭》，《秋涧先生大全集》卷58，四部丛刊本。
⑨ 《归潜志》卷14。

风。"① "儒中侠"王郁欲推明孔氏之心学，著书欲"取韩、柳之辞，程、张之理，合而为一"，其论经学，以宋儒见解为最高。② 元国子祭酒王恂父王良，金末为中山府掾，"已而弃吏业，潜心伊洛之学"。③ 金末，程颐的续传弟子还有刘肃、张特立、李简等人。④

北宋邵雍在金代的传人有高仲振，金中后期隐入嵩山，深研《易》《皇极经世》学。⑤ 他的学生张潜也潜心邵氏易学。⑥ 金应奉翰林文字麻九畴精通"邵尧夫皇极书"。他的学生有张著、王磐、王经。此外，通邵氏易学的还有金末杜瑛、萧汉中等。⑦

在探讨金代学术的过程中，我们可以看到金代的东平及其周围地区的学术情况。东平李世弼、李昶父子受学于刘挚、刘跂家族，治《春秋》学。客居东平的怀州人吕豫，以《易》为专门之学，济阳王善长、馆陶段彦昌、冠氏孙希贤和田子发等东平邻境学子，皆从之学。东北邻县平阴（今山东平阴）的王去非、王去执兄弟，为经学大师；北部邻州博州的高唐（今山东高唐）有著名的词赋、经义学学者阎咏；东南的济州徐之纲以程朱理学为根底，精通《春秋》《易》二经；西南不远有曹州东明（今山东菏泽东明县东南）人张特立，为程氏《易》学的续传弟子。平阴、高唐、济州、东明以东平府为中心形成了一个相对集中的学术区域。在这个学术区域中，经义学、理学是其主要的学术领域，这对金末元初的东平学派的学术产生了重要的影响。

综观金代的学术，其成就不容忽视。但是，学术界似乎忽略了它的存在，研究它的成果很少。在一些大部头的哲学史、思想史里也没有它的位置。如侯外庐先生的《中国思想通史》，从北宋叙述到南宋，从南宋叙述到元代，宋元之际有黄震和邓牧的思想，元代有马端临的史学思想，惟独金代付之阙如。而《宋明理学史》里面也未谈及金代的理学。金代是我国一个重要的历史时期，虽然其学术没有同时期的南宋那么发

---

① 《归潜志》卷14。
② 《归潜志》卷3。
③ 《宋元学案补遗》卷78。
④ 《宋元学案》卷16，《伊川学案下》。
⑤ 《金史》卷127，《高仲振传》。
⑥ 《金史》卷127，《张潜传》。
⑦ 《宋元学案补遗》卷78。

达，但也是不容忽视的。研究这一历史时期的学术对了解中国学术思想的发展是不可缺少的。

## 三　东平学派的传承关系及学术特点

东平学派为金代学术的承继者，是毫无疑问的。那么这个学派继承了金代什么样的学术呢？安部认为他们继承的是旧金的诗文和科举词赋之学。① 姚大力认为"东平的学风完全是旧金遗留的诗赋、经术之学"。② 从以上对金代学术的分析叙述中得知，后者的观点更为全面，前者则失之偏颇了。另外，还必须注意到东平学派中的理学传承，这一点以往的研究并没有充分重视，或忽略，或简单化了。而且，东平学派不仅仅继承了金代学术中理学的内容，而且在元初南方理学在北方传播开来后，还接受了新理学的思想，这种接受又是十分自然的，表现了旧金理学与元代新理学之间天然的联系。

除从金代学术方面理解东平学派之外，还必须对东平学派本身进行分析总结，才能更全面地说明其学术特点。而要做到这一点，所遇到的困难首先是学派成员的著述大都佚失了，所以，从著述分析其学术这个直接的途径是不可能做到了。而从他们的学术传承入手，不失为一个好方法。另外，他们遗留下来的少数文章，如学记中也可以见到其重要思想的表述。

下面是六组东平学派成员的学术传承表。

第一组：

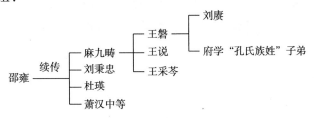

---

① 〔日〕安部健夫：《元代的知识分子和科举》，《日本学者研究中国史论著选译》，索介然译，第五卷，中华书局，1993。

② 姚大力：《金末元初理学在北方的传播》，《元史论丛》第二辑。

邵雍续传弟子资料来自《宋元学案补遗》卷七十八。《金史·麻九畴传》记："九畴初因经义学《易》，后喜邵尧夫《皇极书》，因学算数，又喜卜筮、射覆之术。"① 王磐"从麻九畴学于郾城"，二十六岁即登正大四年（1227）经义进士第。② 刘赓则在年少时从其祖刘肃居住东平，"师事鹿庵先生"。③ 王磐撰《鲁斋先生画像赞》赞许衡："气和而志刚，外圆而内方。随时屈伸，与道翱翔。"④ 王磐虽然从麻九畴那里学到了邵雍的《皇极经世》的思想，但邵雍与程朱之学毕竟有所不同，所以当理学由赵复全面介绍给北方士人后，对理学表现出赞许和尊敬就不足为怪了，这也说明了东平学派的代表人物对理学新思想内容的认同。

第二组：

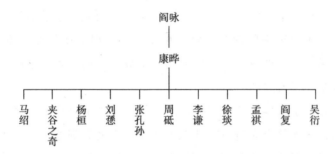

此表的材料来自《乡贤祠祀》、《元朝名臣事略》和《宋元学案补遗》。⑤阎咏，高唐（今属山东）人，金承安词赋状元，官至应奉翰林文字。学生康晔，高唐人，登正大词赋甲科。从登第科目来看，他们师徒应以词赋之学为业。但是，事情并不只如此。阎咏平生所慕为宋代进士、吏部尚书张咏，而张咏曾就学于陈抟门下，以经学著名。⑥ 阎咏"为人气节豪迈，尝以第一流自负"，对此，李纯甫"独深知先生不以为过"。⑦ 李纯甫为经学大师，又笃信佛学，能给予阎咏如此之高的评价，说明阎咏

① 《金史》卷 126。

② 《元史》卷 159，《王磐传》。

③ 刘赓：《紫山大全集序》，《紫山大全集》卷首，四库全书本。

④ 《全元文》卷 61。

⑤ 《乡贤祠祀》载于《全元文》卷 295，《元朝名臣事略》见卷 11《平章宋公》，《宋元学案补遗》见卷 10。

⑥ 《宋元学案补遗》卷 9。

⑦ 阎复：《乡贤祠祀》，《全元文》卷 295。

所学除词赋之外，当精于经义之道。李俊民在金亡后，写有《题登科记后》一文，文中金承安五年（1200）经义榜列举有三十三位进士，其中亦有"阎咏"，记为："阎咏，字子秀，年三十七，兖州磁阳。"① 从名和字来看，与阎复所记应为一人，年龄也没有什么疑问，只是一个是博州高唐人，一个是兖州磁阳（今山东兖州）人。如果是一个人，那么，阎复和李俊民就有一个是记错籍贯了。而阎复就是高唐人，记错的可能性不大。假若只有阎复所记的高唐阎咏，那么阎咏既是承安词赋状元，又登承安经义榜。在金代同中词赋、经义进士的不乏其人。这样就与"阎咏除所学词赋之外，当精于经义之道"的推论相吻合了。而他的学生康晔的学术和为人从另一个方面证明了阎咏词赋、经义双料进士的可能性：

> 至若澹轩先生之笃信好学，六经子史无所不窥，发为词章，仁义之言蔼如也。平居论学，言必称师。其诲人，则曰予不足法，当以希圣希贤自期。又尝云：圣人之道，自徐行后长者始，盖以操行为先，文艺为末。②

这一段话说明康晔所长为经史之学，而他在东平府学教的又是《书经》。"以希圣希贤自期"、"操行为先，文艺为末"的学术观点和态度与理学所倡导的圣贤之道、践履之学完全一致，说他读过理学的书，信奉理学的思想也不为过。只是没有更进一步的材料来证明。他是不是在元初从赵复所传或从南方直接得到程朱之书呢？在1242年李简到东平时南宋理学的书籍还未到东平。③ 1253年康晔到东平任教有可能已接触到南宋理学，但这时他已老得有些力不从心了。所以，这种与理学一致的思想观点应是旧金学术的表述。

第三组：

---

① 《全元文》卷3。
② 阎复：《乡贤祠祀》，《全元文》卷295。
③ 李简：《学易记序》，《宋元学案》卷16，《伊川学案》下。

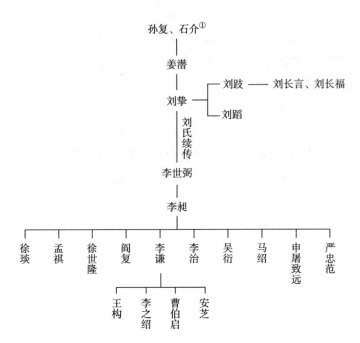

　　刘挚从宋泰山学派创始人孙复、石介的门人姜潜学，泰山学派经义学遂成为其家学，传子刘跂、刘蹈，再传孙刘长言、刘长福。元好问所记元初东平大姓说："齐已废，而乡国大家如梁公子美、贾公昌期、刘公长言之子孙故在。"② 《宋元学案补遗》说刘长言"盖先生子行也"，即为刘跂之子。刘挚的嫡传子孙在金代还生活在东平府。东平教授李世弼"从外家受孙明复《春秋》，得其宗旨"③。外家，即"东平刘氏"。④ 李昶又从其父学，并在东平府学教《春秋》⑤，东平府的学生们也都应是泰山学派的继传弟子了。泰山学派以《春秋》《易》等经学为其专门之学，东平学派与泰山学派的传承关系是非常明确的。⑥

　① 　资料来源：《宋元学案》卷 2；《宋元学案补遗》卷 2；袁桷《翰林学士承旨赠大司徒鲁国王文肃公墓志铭》，《清容居士集》卷 29；王思廉《安石峰先生墓表》，《全元文》卷 329。
　② 　元好问：《东平府新学记》，《遗山先生文集》卷 32，四部丛刊本。
　③ 　《元史》卷 160，《李昶传》。
　④ 　《宋元学案补遗》卷 2。
　⑤ 　《元朝名臣事略》卷 11，《平章宋公》。
　⑥ 　关于泰山学派在金元的传承关系，日本高桥文治《泰山学派传承考》有详细考证，本文不再赘述，此文载《东洋史研究》第 45 卷第 1 号。

李谦曾专门从李昶学《春秋》，而在府学又从康晔学《书经》，从李桢学《大学》，其经学修养是相当高的。从他写于至元三十年（1293）和元贞元年（1295）的三篇学记里可以确知他的理学思想。在元贞元年《平原县修庙学记》中他说：

> 窃惟人性根于天，未始有今昔之异；而学随世变，则有今昔之不同。君臣、父子、夫妇、昆弟、朋友，人所有也，其相与之理，各有攸当，非为之长上者开导训迪，将失其本始，不知有教导之实。人之所以学，师之所以教，圣贤之所以传，以之正心、修身、齐家、治国平天下者，此外无他说。今之学者则不然，呻其占毕作为辞章，驰骋辩说簧鼓一世，以为儒学极致，求之古人之学，相去远矣。……为士子者，所当体承明府美意，朝夕警省，讲明实用，以究夫为己之学。①

文中讲"人性根于天"，要从小学抓起，使学子从小要明了君臣、父子、夫妇、兄弟、朋友的忠诚孝悌的伦理，认为学术之旨在于正心、修身、齐家、治国、平天下，其根本是"究夫为己之学"。李谦的以上几句话将宋代理学的思想清晰而透彻地表述了出来。

在为平阴县写的《新建两庑记》中，他以建筑房屋喻修身为学：

> 盖将相与讲明修身为学之大旨，以谂后学俾知所敬勉也。请以作室之义明之。夫作室者，必先增筑基址，封植柱础，架其栋梁，施其榱桷，固其垣墉，而覆以陶瓦，墁饰之、丹腹之，则轮焉奂焉，孰不曰美哉室乎！夫人之修身为学亦犹是而已。且人之一身万善均备，苟修其孝弟忠信以为基，充其仁义礼智以为柱础，多识前言往行以为栋梁榱桷，娴习威仪宣著文章以为垣墉陶瓦圬墁丹腹，则瑟兮，僩兮，赫兮，喧兮，谁不曰有斐君子乎！虽然，抑又有本末先后焉。基址柱楚之不固，则栋梁榱桷安所施；栋梁榱桷之不具，圬

---

① 《平原县志》卷1《艺文上》，清黄怀祖等修，乾隆十四年刊本；《全元文》卷286。

塓丹臒何所饰乎！此一役也，修身为学之理具焉。①

李谦把修养身心作为基础，修孝悌忠信、仁义礼智为立身的根本，而威仪文章只是陶瓦、装饰，是枝叶末节。这是安部所总结的德行派的理学家们的学术特点。

在《大名路重修庙学记》，他表述了同样的观点，认为师之所教，学生之所学，目的在于修身为国，但是，学者为由科举入仕途，只习词章记诵。他感叹道："噫，词章记诵，学之末也，舍本逐末，非学也。"②

李谦的这几篇学记写于 1293、1295 年，这时南方理学已经在北方传播开来，他可能已接触到新的思想。对于李谦来说，接受南方理学的思想是十分自然的，因为这与他已有的北宋、金的理学思想是一致的。

李谦的学生李之绍为东平平阴（今属山东）人，与金平阴经学大儒王去非为姻亲关系。王去非"大定间，讲授乡里，以尧、舜、周、孔之道为诸儒倡，四方之士，翕然向风，恒不下数百人，随材高下，勉其所可，至得圣门教仁教孝之旨，人皆以为独厚于一己也"，平阴"乡邻化服，以不衣冠为耻，童儿、妇女往往知书有礼度"。李之绍高祖父李古从王去非学，王去非"妻之以女"。③ 王去非的经学也成为李氏家族的家学，而传之李之绍。

第四组：

$$
程颐 \longrightarrow 续传
\begin{cases}
刘\ 肃 \\
张特立 \\
李\ 简
\end{cases}
$$

《宋元学案》卷十六《伊川学案下》载有以上的传承关系，据此东平学派除王磐从麻九畴那里受北宋理学家邵雍的《皇极经世》学之外，又有刘肃、张特立通程氏《易》学。《宋元学案》载刘肃"尝集诸家《易》说，曰《读易备忘》"，张特立著有《易集说》。李简写于中统元年（1260）的《学易记序》记有刘肃、张特立在东平极为严肃、认真地

---

① 《平阴县志》卷7，清光绪刊本；《全元文》卷287。
② 《大名府志》卷5，明正德刊本；《全元文》卷286。
③ 李之绍：《醇德先生王公祠记》，《平阴县志》卷7，清光绪二十一年刊本；《全元文》卷617。

讨论诸家《易》的情形：

> 岁壬寅，予挈家东平，时张中庸、刘佚庵二先生与王仲徽辈方聚诸家《易》集解而节取之，得厕讲习之末，前后数载，凡读六七过，其书始成。然人之所见不能尽同，其去取之间则亦不无稍异。大抵张与王意在省文，刘之设心务归一说，仆之所取宁失之多，以俟后来观者去取。①

刘肃、张特立节取诸家《易》集解，目的是为了东平府学的教学需要，作为学生的教材之用，他们两位无疑是东平学派的《易》学专家。这本教材经过几年的努力，修改了多遍，方才完成。两年后，李简根据刘肃、张特立的《易》集解节选，并对照曾献之的《大易粹言》提出了自己的见解"百余条"，"及得胡安定、王荆公、南轩、晦庵、诚斋诸先生全书，及杨彬夫所集《五十家解》、单讽所集《三十家解》读之"，这百余条见解"与前贤相合者十有二三"，他才有勇气将所集以《学易记》，在中统年间出版。② 这也说明，直到"壬寅"（1242）年之后两年的1244年，南宋理学的基本书籍还未到东平，刘肃、张特立的学术思想还是北宋—金的程氏之学。

对于南宋理学北传的时间，原来《元史·赵复传》记载1235年，蒙古军俘获赵复，"南北道绝，载籍不相通，至是，复以所记程朱所著诸经传注，尽录以付枢。"又说："北方知有程朱之学，自复始。"③ 正如前述，金代的儒学从北宋理学的传承还是很重要的，程颐程颢的理学传人也很多，这里的"程朱之学"改为南宋理学更合适。田浩、魏崇武等认为南宋理学在12世纪90年代就已经传到北方了。④ 姚大力的《金末元初理学在北方的传播》进行了这方面的研究。以1235年为界，他把理学从金末到元灭南宋之前在北方地区的传播分为两个阶段，认为1235年前理

---

① 《宋元学案》卷16，《伊川学案》下。

② 李简：《学易记序》，《宋元学案》卷16，《伊川学案》下。

③ 《元史》卷189，《儒学一》，中华书局，第4314页。

④ 田浩：《金代的儒学—道学在北部中国的印迹》，《中国哲学》第14辑，人民出版社，1989。魏崇武《金代理学发展初探》，《历史研究》2000年第3期。

学在北方长期处于自生自灭状态，少数人士略知一二，而且还抱着怀疑态度。1235 年赵复北上，理学开始受到北方学者的普遍重视。1276 年，元军攻占南宋首都临安，统一了全国，程朱著述大批流入北方，理学逐渐在北方确立了学术的主导地位。① 以上李简根据刘肃、张特立的《易》解节选，并对照曾献之的《大易粹言》提出了自己的见解"百余条"，后得到胡安定、王荆公、南轩、晦庵、诚斋诸先生全书，及杨彬夫所集《五十家解》、单讽所集《三十家解》，这百余条见解"与前贤相合者十有二三"，他才有勇气出版《学易记》。直到 1244 年，李简写作《学易记》的时候，南宋理学的书籍和思想还没有到达东平，这至少是南宋理学在北方传播情况的一个例证。

第五组：

> 程颢——续传弟子郝天挺，郝天挺——元好问、郝思温，郝思温——郝经

郝经在《与北平王子正先生论学道书》中说他的六世祖得程颢亲授，他说："常闻过庭之训，自六世祖某从明道程先生学，一再传至曾叔大父东轩老，又一再传及某。"②程氏之学为郝氏家族的家学。程颢任晋城令三年，期间，他不遗余力地传播圣学，利用一切机会教育民众孝悌忠信，儿童所读经典"亲为正句读"，选择优秀的学生亲自教育。《宋史·程颢传》记载："民以事至县者，必告以孝弟忠信，入所以事其父兄，出所以事其长上。度乡村远近为伍保，使之力役相助，患难相恤，而奸伪无所容。凡孤茕残废者，责之亲戚乡党，使无失所。行旅出于其途者，疾病皆有所养。乡必有校，暇时亲至，召父老与之语。儿童所读书，亲为正句读，教者不善，则为易置。择子弟之秀者，聚而教之。乡民为社会，为立科条，旌别善恶，使有劝有耻。在县三岁，民爱之如父母。"③郝经也谈到过程颢这一段历史，他说："明道先生令泽之晋城，为保伍，均役法，惠孤茕，革奸伪，亲乡闾，厚风化，立学校，语父老以先王之道，择秀俊而亲教导之，正其句读，明其义理，指授大学之序，使格物致知，诚意正心，修身齐家，笃于治己而不忘仕禄，视之以三代

---

① 元史研究会编《元史论丛》第二辑，中华书局，1983。
② 《陵川集》卷 24，四库全书本。
③ 《宋史》卷 427。

治具，观之以礼乐。未几，被儒服者数百人。达乎邻邑之高平、陵川，渐乎晋、绛，被乎太原，担簦负笈而至者日夕不绝，济济洋洋，有齐、鲁之风焉。在邑三年，百姓爱之如父母，去之日哭声震野。金源氏有国，流风遗俗，日益隆茂。于是平阳一府冠诸道，岁贡士甲天下，大儒辈出，经学尤盛。虽为决科文者，《六经》传注皆能成诵。耕夫贩妇，亦知愧谣诼，道文理。带经而锄者，四野相望。雅而不靡，重而不佻，矜廉守介，莫不推其厚俗，犹有先生之纯焉。"① 金亡后的 1238 年，郝经在满城（今属河北保定）铁佛寺读书时，他的父亲郝思温把《太极》《先天》二图，《通书》《西铭》二书交给他说："此尔曾叔父东轩老得诸程氏之门者，尔其勉之。"并告诫他说："我先世有学之序焉：天人之际，道德之理，性命之源，经术之本，其先务也。诸子、史、典故，所以考先代之迹也，当次之。诸先正文集，艺能之薮也，又当次之。若夫阴阳术数、异端杂学，无妄费日力。"②

　　元好问的嗣父元格在太和初年至京都更调官职，听候吏部派遣时，考虑到元好问已十四岁，应该找个好老师为其成人与科举就学，就与家人、亲属商议，大家一致推荐泽州，"濩泽风土完厚，人质直而尚义。在宋有国时，俊造辈出，见于黄鲁直《季父廉行县》之诗。风俗既成，益久益盛。迄今，带经而锄者，四野相望。虽闾巷细民，亦能道古今、晓文理。为子求师，莫此州为宜。"③濩泽，指山西泽州，晋城、陵川都在泽州。之后，元格上任陵川令，到陵川后，让元好问以郝天挺为师。"时乡先生郝君方聚子弟秀民，教授县庠。先生习于礼义之俗，出于贤父兄教养之旧，且尝以太学生游公卿间，阅人既多，虑事亦审，故其容止可观，而话言皆可传。州里老成宿德，多自以为不及也。某既从之学。"④郝天挺应该是泽州最有学问和最好的老师了。郝天挺继承由程颢所传之家学，认为为学的基础是慈与孝，没有这两种品德学者无法学好。他反对为科举考试而速成，不系统认真地读六经等经典，而是只为考试，使"六经百氏分裂补缀外，或篇题、句读之不知。幸而得之，且不免为庸

① 郝经：《宋两先生祠堂记》，《陵川集》卷27，四库全书本。
② 郝经：《铁佛寺读书堂记》，《陵川集》卷26，四库全书本。
③ 《郝先生墓铭》，《元好问文编年校注》，中华书局，2012，第610页。
④ 《郝先生墓铭》，《元好问文编年校注》，中华书局，2012，第610页。

人，况一败涂地者乎？"他坚持理学的仁义、笃行与名节，"读书不为文艺，选官不为利养，唯知义者能之。今世仕宦，多用贪墨败官，皆苦于饥冻，不能自坚者耳。丈夫子处世不能饥寒，虽一小事亦不可立，况名节乎？"①

郝经在《遗山先生墓铭》中说："先生与家君同受业于先大父。"即郝经的父亲郝思温与元好问是一起学习的。元好问拜师郝天挺是在十四岁："年十有四，其叔父为陵川令，遂从先大父学。"②郝经回忆他父亲郝思温与元好问同学时说："初成童，与河东元好问从先大父学，俶落六年，洞达邃汇。"③

第六组：

```
                           ┌─ 夹谷之奇
朱熹 ── 黄干 ── 何基 ── 王柏 ── 张㧑 ─┤
                           └─ 杨刚中
```

张㧑（1236—1302），字达善，为蜀之导江（今四川灌县东）人，学者称导江先生。侨居江东时，在上蔡书院受业于王柏。至元中教于江宁学宫，"时中州士大夫欲淑子弟以《四书集注》者，皆遣从先生游，或辟私塾迎之"。④ 以浙西按察佥事夹谷之奇荐，授将仕佐郎、建康路教授。几年后，由行台御史丞徐琰荐，授登仕佐郎、孔颜孟三氏子孙教授，秩满又到东平路鄄城任教。⑤《元史·张㧑传》载"其高第弟子知名者甚多，夹谷之奇、杨刚中尤显"。⑥ 估计，夹谷之奇是在任江南浙西按察佥事时以之为师的。张㧑在上蔡书院"得朱熹三传之学"，"自《六经》《语》《孟》传注，以及周、程、张氏之微言，朱子所尝论定者，靡不潜心玩索，究极根柢"。⑦ 他"教人读《近思录》为四子阶梯，《四书》以朱子章句、集注为本，次读《仪礼》、《诗》朱氏传、《书》蔡氏传；

① 《郝先生墓铭》，《元好问文编年校注》，中华书局，2012，第610页。
② 《陵川集》卷35，四库全书本。
③ 《先父行状》，《全元文》卷132。《陵川集》，上海古籍出版社，第420页。
④ 《宋元学案》卷82，《北山四先生学案》。
⑤ 吴澄：《故文林郎东平路儒学教授张君墓碣铭》，《吴文正集》卷23，四库全书本。
⑥ 《元史》卷189，《儒学一》。
⑦ 《元史》卷189，《儒学一》。

《易》先朱子启蒙、本义，以达程传；《春秋》胡氏传、张氏集传"。① 夹谷之奇从之学，当全面地学到了南宋理学的精华，这也是东平学派吸收新理学，使学术全面发展的一个例证。

综上所述，王磐从麻九畴得邵雍《易》学，并传之刘赓；康晔以《书经》见长而深研经史之学；李世弼、李昶父子从刘氏受孙复《春秋》学，李谦从之学，又传王构、李之绍、曹伯启等；刘肃、张特立为程颐《易》学的续传弟子；程颢传郝天挺，郝天挺传元好问、郝思温，郝思温传郝经，元好问从郝天挺学，虽以诗文见长，但学问贯穿经史百家，理学修养亦十分深厚；夹谷之奇出东平后又从张翌学，尽得南宋理学之精华。除此之外，李桢在东平府学教《大学》；商挺以经学见长，曾教严实诸子经学，并与姚枢、窦默等合编《五经要语》呈送忽必烈；徐世隆中进士后不仕，长年在家读书，经史诸子无不研究；申屠致远耻事权贵，聚书万卷，学问广博，通经史百家。东平府学的几位主要教师都是经学专家，所以，学生阎复、徐琰、孟祺、杨桓、张孔孙、马绍、吴衍等也应深通经学。以此可以得出结论，经学，包括金代传承的北宋理学应是东平学派的学术基础，它在东平学派的学术中占有最重要的地位。

那么，金代词赋之学、诗歌之风以及元初东平的杂剧艺术在东平学派里占有什么样的学术位置呢？

在东平学派里面，宋子贞"以词赋见长"，康晔登金正大词赋甲科。元好问在东平校试诸生文，"预选者四人"有阎复、徐琰、李谦、孟祺。这种"校试"就是为"应进士第"而准备的一种考试。此外东平府学每年都要进行考试，选拔出的人录用为官，《元朝名臣事略》载东平府学"岁署题考试，等其甲乙，屡中高选者，擢用之"。徐世隆对课试之文不中程者"辄自拟作，兴为楷式"。② 而这种考试中应有词赋。李谦在府学"日记数千言，为赋有声"。③ 因为当时的士人准备科举的应大有人在，太宗十年（1238）的戊戌选试已经给大家指出了这样一条道路，而科举中词赋是重要的科目。我们只能根据以上信息推测，东平府学应教词赋，但没有什么材料可以证明。而且，科举中不只词赋一科，还有经义、策

① 吴澄：《故文林郎东平路儒学教授张君墓碣铭》，《吴文正集》卷23，四库全书本。
② 《元朝名臣事略》卷12，《太常徐公》。
③ 《元史》卷160，《李谦传》。

论。词赋之学在东平派的学术中并不是主要领域。

东平派中有诗传世者，除元好问外，张澄有一定名气，其他人名声都不大，不存在类似贞祐南渡后金末的诗风之盛。姚燧曾见《雪堂雅集》收有 27 人的诗文，其中东平派有 11 人，他们是商挺、马绍、王磐、徐琰、李谦、阎复、王构、徐世隆、周砥、张孔孙、夹谷之奇。[①] 张澄有诗集《橘轩诗集》，元好问为之作序称其"以诗为专门之学"。今录《永宁王赵幽居》如下："寒尽阴崖草有芽，竹梢残雪堕冰花。号空老木风才定，倒影荒山日又斜。天地悠悠常作客，干戈扰扰漫思家。烟村寂寞无人语，独倚寒藤数莫鸦。"[②] 其诗的确不凡。《元史》本传载马绍"有诗文数百篇"[③]，申屠致远著有《杜诗纂例》十卷。[④] 当时有些有名的诗文集也传入东平。李谦回忆，王恽的诗集在他"方弱冠"时有人带至东平，他读了后，"以未及识面为恨"。[⑤] 虽然东平没有再现金末诗风之盛，但东平派的士人在一起咏吟赋诗是少不了的，这是古代文人们的风雅，是普遍存在的现象，并不能说明诗学占有主要位置。

杂剧和散曲艺术在金末元初的东平一度十分繁盛。前述杜仁杰《庄家不识勾栏》，不但反映了严氏父子治下东平的经济生活，还描述了一个庄家人观看杂剧演出的盛况："见层层叠叠团坐，抬头观是个钟楼模样，往下观却是人旋窝。"[⑥] 除杜仁杰外，东平派的商挺、徐琰也有传世之作。商挺的《潘妃曲》描写春景风光："绿柳青青和风荡，桃李争先放。紫燕忙，队队衔泥戏雕梁，柳丝黄。"描写有情人相会，细致入微："带月披星担惊怕，久立纱窗下。等候他。蓦听得门外地皮儿踏，则道是冤家。原来风动荼蘼架。"[⑦] 徐琰的《蟾宫曲·青楼十咏》讲与青楼女子的依依之情。安部言东平派是"华美杂剧的爱好者，是优伶歌妓的捧场者"，不无道理。严忠济也有散曲传世，一首《天净沙》表明了他的心迹："宁可少活十年，休得一日无权。大丈夫时乖命蹇，有朝一日天遂人

---

① 姚燧：《跋雪堂雅集后》，《牧庵集》卷 31，四部丛刊本。
② 元好问：《张仲经诗集序》，《遗山先生文集》卷 37，四部丛刊本。
③ 《元史》卷 173，《马绍传》。
④ 《元史》卷 170，《申屠致远传》。
⑤ 李谦：《寿七十诗卷序》，《全元文》卷 286。
⑥ 隋树森编《全元散曲》上，"杜仁杰条"，中华书局，1964。
⑦ 隋树森编《全元散曲》上，"商挺条"。

愿，赛田文养客三千。"元好问更是散曲大家，读他的《喜春来·春宴》
还未读完，心里已是七分暖："春盘宜剪三生菜，春燕斜簪七宝钗，春风
春酝透人怀。春宴排，齐唱喜春来。"① 东平府学学生高文秀的杂剧可与
关汉卿相比。《录鬼簿》载高文秀都下人号"小汉卿"。② 有杂剧作品三
十二种，现存五种。他是元杂剧作家中写黑旋风最多的一个，共创作了
八种，现存《黑旋风双献功》。另一个东平府学学生张时英，也有杂剧
四种。③ 虽然高文秀、张时英是否为严氏时代的东平府学生员还存有不
同意见（见前《府学师生》一节），但至少说明金末元初东平文学艺术
创作的氛围。散曲和杂剧的创作也是东平学派富有特色的学术内容。

综上所述，东平学派是以经学、北宋—金的理学为中心，兼及词赋
之学，诗文之学和杂剧、散曲的文艺学等内容，基本具有金代学术特点
的学术派别。其成员大都出仕为官，实现了儒学践履实践的学术观念。
由此再来看安部对东平派的评论，仅以重浮华、喜宴游的文章派为之定
位，虽不无道理，但是不全面的。

# 四　东平学派的思想

东平学派流传到今天的著述文集很少。以下从现存少量的文集和方
志、金石中留存的文章总结一下学派的思想，大体分政治思想、伦理思
想、理学思想和文学思想等方面来概述。

### 为政的关键在于圣贤教化

学校教育为国家政治的根基，也是州县为政的首务，这是东平学派
表述的极为重要的政治思想。元好问说："学校，王政之大本。"④ 兴学
是国家政治的根本点。王磐、李谦、张孔孙等都表述了同样的观点。王
磐认为设立学校，在于明人伦、美教化、育人才、厚风俗，是"有国之

---

① 以上徐琰、严忠济、元好问散曲皆见《全元散曲》上有关条目。
② 钟嗣成《录鬼簿》卷上，上海古籍出版社，1978。
③ 《录鬼簿》卷上。
④ 元好问：《令旨重修真定庙学记》，《遗山先生文集》卷32，四部丛刊本。

先务"。① 李谦则认为，国家基层政府的县尹由于直接管理百姓，应"以导扬风化为职"，而学校"乃风化之所出"，所以善于治理县政的县尹必定以兴学为先务。② 张孔孙同样认识到民众教化的重要性，从教化谈王政，他说："盖王政非教化不立，教化非学校不兴。"兴学养士能"使天下之人回心向道"。所以，王政以兴学为要务。③

学校教育的一个重要职能是向各级政府输送人才，人才的优劣直接关系到政府官员的素质，而官员的素质又决定了政治是清明还是腐败。元好问在《东平府新学记》里透彻地分析了人才培养与政治的关系。他说：

> 何谓政？古者，井天下之田，党庠遂序，国学之法立乎其中。射乡饮酒、春秋合乐、养老劳农、尊贤使能、考艺选贤之政皆在。聚士于其中，以卿大夫尝见于设施而去焉。为之师，教以德、以行，而尽之以艺。淫言诐行，诡怪之术，不足以辅世者无所容也。士生于斯时，揖让酬酢，升降出入于礼文之间，学成则为卿、为大夫，以佐王经邦国；虽未成而不害。其能至焉者犹为士，犹作室者之养吾栋也。④

学生在学校里从德、行、艺三方面培养，入仕则为贤能清明的卿、大夫，经理国家政治，那些自私自利、玩弄权术的小人根本没有市场。反过来说，如果学校教育不力，小人当权，政治必然腐败。他指出：

> 学政之坏久矣！人情苦于羁检，而乐于纵恣。中道而废，纵恶若崩。时则为揣摩，为捭阖，为钩距，为牙角，为城府，为阱获，为溪壑，为龙断，为捷径，为贪墨，为盖藏，为较固，为乾没，为面谩，为力诋，为贬驳，为讥弹，为姗笑，为凌轹，为睚眦，为构

---

① 王磐：《重修赞皇县学记》，《全元文》卷61。
② 李谦：《平原县修庙学记》，《平原县志》卷1《艺文上》，清黄怀祖等修，乾隆十四年刊本。
③ 张孔孙：《修庙学记》，《全元文》卷284。
④ 元好问：《东平府新学记》，《遗山先生文集》卷32，四部丛刊本。

作，为操纵，为麾斥，为劫制，为把持，为绞讦，为妾妇妒，为形
声吠，为崖岸，为阶级，为高亢，为湛静，为张互，为结纳，为势
交，为死党，为囊橐，为渊薮，为阳挤，为阴害，为窃发，为公行，
为毒螫，为蛊惑，为狐媚，为狙诈，为鬼幽，为怪魁，为心失位。
心失位不已，合谩疾而为圣癫，敢为大言，居之不疑。始则天地一
我，既而古今一我。小疵在人，缩头为危。怨讟薰天，泰山四维。
吾术可售，恶恶不可。宁我负人，无人负我。从则斯朋，违则斯攻。
我必汝异，汝必我同。自我作古，孰为周、孔？人以伏膺，我以发
冢，凡此皆杀身之学。①

这些为一己之私为官行事的官吏带来的腐败恶果对全社会的危害是不可
想象的，真是"杀身之学"啊！张孔孙明确指出人才培养与吏治的关
系，如果"吏不明道，人不知学"，那么，官员处理"簿书、狱讼、期
会、敛散"的行政事务，将"不得其当"，"其弊尤甚"！②

东平派的士人把构筑理想社会的希望寄托于学校教育。他们往往怀
念三代，特别是周代的理想社会图景，认为那时的教育是极为成功的，
教育造就了一个尊贤使能、仁义忠孝的德化之乡。元好问的描述最为
典型：

三代皆有学，而周为备。其见之经者始于井天下之田。井田之
法立，而后当庠遂之教行。若乡射、乡饮酒，若春秋合乐、劳农养
老、尊贤使能、考艺选言之政，受成献馘、讯囚之事无不在。又养
乡之俊造者为之士，取乡大夫之尝见于施设而去焉者为之师。德则
异之以知、仁、圣、义、忠、和，行则同之以孝、友、睦、姻、任、
恤，艺则尽之以礼、乐、射、御、书、数。淫言诐行，凡不足以辅
世者无所容也。故学成则登之王朝。蔽陷畔逃不可与有言者则挞之、
识之，甚则弃之为匪民，不得齿于天下。民生于其时，出入有教，
动静有养，优柔餍饫，于圣贤之化，日加益而不自知，所谓人人有

---

① 元好问：《东平府新学记》，《遗山先生文集》卷32，四部丛刊本。
② 张孔孙：《修庙学记》，《全元文》卷284。

士君子之行者，非过论也。①

　　在这个社会里，人人为君子，个个是圣贤，人心岂能不正，天下岂能不平。他既而认为这样一个社会自礼乐崩坏、焚书坑儒后就不存在了。要"复隆周之美化"，必须发掘人心中固有的德性，把每个人培养成君子、圣贤。② 李谦、阎复、王构都表述过同样的观点。李谦认为三代时，每二十五家为一闾以至全国都设立学校，请道德高尚者为师，"岁时若月朔祭祀会而读之，书其敬敏任恤者，书其孝友睦姻有学者，书其德行道艺。三年大比，而兴贤者、能者，以礼宾之。"由此，社会大化，"民自成童以上已知室家长幼之节，十五则知朝廷君臣之礼，所谓人有士君子之行者，岂虚言哉"！③ 阎复对学校教育也给予厚望，他认为歌曲小技犹能迁革人心，变易国俗，何况"辟圣贤之广居，明风化之大本"的学校呢。一乡一社兴学养士后，必能造就"士行洁修，民俗纯美，家形洙泗之风，人期渊骞之德"的美好社会景象。④

　　学校能造就一个理想化的社会在于它的变风俗、"作新民"的社会功能。元好问阐述过学校为国家大政的原因，"夫风俗，国家之元气。而礼义由贤者出，学校所在，风俗之所在也。"学校变化风俗乃国家政治根本。"君臣有义而父子有亲""夫妇有别而长幼有序"的社会政治伦理原则岂有"不学而能之者乎"？⑤ 李谦认为学校"为风化之原而为政者所当务也"，他举文公守蜀、卫飒治桂阳，兴学校使这两个远僻之地变易风俗的事例来说明学政的重要。⑥ 提升每一个人的道德水平，是风俗变化的关键。所以，"作新民"就成为学政的主要目标。元好问把"作新民"与"禁民"看作政治的两个方面，他说："禁民所以使人迁善而远罪，作新民所以使之移风而易俗。"⑦ 圣贤君子所具有的"四德五典"需要依赖后天的教育。"四德"是仁、义、礼、智；"五典"是君臣、父子、兄

---

① 元好问：《令旨重修真定庙学记》，《遗山先生文集》卷32，四部丛刊本。
② 元好问：《令旨重修真定庙学记》，《遗山先生文集》卷32，四部丛刊本。
③ 李谦：《重修泰安州庙学碑记》，《全元文》卷287。
④ 阎复：《重修庙学记》，《全元文》卷295。
⑤ 元好问：《寿阳县学记》，《遗山先生文集》卷32，四部丛刊本。
⑥ 李谦：《重修泰安州庙学碑记》，《全元文》卷287。
⑦ 元好问：《邢州新石桥记》，《遗山先生文集》卷33，四部丛刊本。

弟、夫妇、朋友，为人伦日用的人与人间的关系。它们“惟其不能自达，必待学政振饬而开牖之”。[①]“作新民”的一个重要意义就是使学者成为国家的贤良人才。商挺认为学而能有良知，“壮而仕，仕焉而有良能”，获高爵、受重赏，“义及于亲，利及于乡人”。[②] 王构则认为“六德、六行、五礼、六乐，先王之所以教而士之得于心而成其身者”，这些是学者应学和应有的修行、品德。[③]

**三纲五常的伦理根本是“天理”**

在东平派为数不多的现存文章中，关于人性、伦理道德的论述是一个重要的内容，其中的很多思想如人性根于天、明三纲五常之道、修身为己、大学小学之论、义利之论、节欲观等都与理学一致。

人性根于天是东平派思想的理论基础。他们认为人的情感如爱与亲和力、人与人的伦理关系都来自自然，是人具有的一种天生的本质。李谦认为这一点自古至今固定不变。他说：“人性根于天，未始有今昔之异。”并且君臣、父子、兄弟、夫妇、朋友之道也是天然的。[④] 王构表述得最为清楚：

> 惟民之生，其典有五，君臣、父子、兄弟、夫妇、朋友是也；其德有四，仁、义、礼、智是也。人能充其德之所固有，以率夫典之所当然，则无力不足之患，惟人之未能也，故圣人使之学焉。自唐虞以降，莫不以是为教，至于三代设学，党庠术塾以董莅之，而法益加详焉。[⑤]

五常与四德都来自天，扩展这些天然的德性，是学者努力的目标。元好问则认为人与人之间的亲情、爱与和睦都来自于天地自然之理，是与生俱来的。他说：“天地间大顺至和之气，自然之理，与生俱生，于襁

---

① 元好问：《令旨重修真定庙学记》，《遗山先生文集》卷32，四部丛刊本。
② 商挺：《大中大夫曹公善行碑记》，《全元文》卷73。
③ 王构：《锦江书院记》，《全元文》卷450。
④ 李谦：《平原县修庙学记》，《平原县志》卷1《艺文上》，清黄怀祖等修，乾隆十四年刊本。
⑤ 王构：《重修文庙碑》，《全元文》卷450。

裸，于膝下，于成童，至于终身焉。"① 在明确了人的道德根源的基础上，他们认为圣人只是体现天道而已。阎复在为曲阜孔庙作的碑铭中说：

> 道之大原，实出于天。天何言哉，乃以圣传。
> 传道维何，唐虞三代。仪范百王，万世永赖。②

杨桓也说："自古圣人之受天命，其于天之所以仁万物者，无不致其极也。"③ 圣人体现天地之"意志"，掌握自然规律，为普通人谋福利，"夫民之生，天也；生其生，圣人也。寒而衣之，饥而食之，露而宫室之，野而礼乐之，生生之道备矣。"④ 要明天道，要续圣人之学，必须从小学到大学，一步步地学习纲常伦理、圣人之道，格物致知，穷理尽性，以至于实现修身、齐家、治国、平天下的人生理想。王构在《重修王庙碑》中表述了这一理学思想：

> 俾先从事于小学，习乎六艺之节，讲乎为弟为子之职，而躬乎洒扫、应对、进退之事，周还乎俎豆羽籥，优游乎颂读弦歌，有以固其肌肤之会，筋骸之束，齐其耳目，一其心志，至于格物致知，穷理尽性，而仁、义、礼、智之彝复乎其天，君臣、父子、兄弟、夫妇、朋友之伦皆以不紊，而修身、齐家、治国、平天下罔不宜者，此先王之所以教而三代之治后世莫之践及也。⑤

李谦则认为十五岁以下的"成童"应知"室家长幼之节"，十五岁以上的则应知"朝廷君臣之礼"了。⑥ 他指出："人之所以学，师之所以教，圣贤之所以传，以之正心、修身、齐家、治国、平天下者，此外无他说。"而要实现这个理想，学者就要"朝夕警省，讲明实用，以穷夫

---

① 元好问：《致乐堂记》，《遗山先生文集》卷33，四部丛刊本。
② 阎复：《曲阜孔子庙碑》，《全元文》卷295。
③ 杨桓：《授时历转神注式序》，《全元文》卷289。
④ 阎复：《定兴县之庙学记》，《全元文》卷294。
⑤ 王构：《重修文庙碑》，《全元文》卷450
⑥ 李谦：《重修泰安州庙学碑记》，《全元文》卷287。

为己之学。"① 为己之学，就是学天之道、圣人立身之本，以仁义礼智和纲常伦理成己之心、立己之命，就是说修成一个圣贤之躯。这是修齐治平的第一步，也是根本性的一步。所以，《大学》中有"自天子以至庶人，壹是皆以修身为本"之说。

义利观和节欲观也是东平派中的理学思想成分。阎复把利欲当作敌人对待，他说："利欲之兵，或隳吾城；躁厉之机，或发吾瓶。"② 即是说利欲可以使人堕落、腐败，这与圣贤成为针锋相对的两途。王构则认为义利之分别，就是善恶之分别。义是正路、善途，利是斜路、恶途。他说：

> 善恶之分，义与利而已。譬之途焉，义则人之正路也，利则斜径而曲隧也。人或舍其正而弗由，而以身自陷于崎岖荆棘之间，盖物欲蔽之，不知善之所以为善尔。二者之分，其端甚微，其差甚远，果能去其弊，收其放，治其乱，安其危，而其广大无疆之体可以存矣。③

物欲将闭塞人的心灵，使人陷入荆棘之途。

杨桓则主张节欲，认为人的欲望是天生的，不可能没有，也不可能消灭掉，圣贤并不主张遏绝欲望，而是节制欲望，以明天理：

> 惟民生多欲，无教乃乱。圣人之为教非遏其欲，实节其欲也。欲节则天理明，天理明则人道安，人道安则五品逊，五品逊则百姓亲，百姓亲则天下平。是道也，所以家喻而户晓者也。④

### 正心诚意的理学传统

正心诚意是理学特别重视的，《大学》的八条目：格物、致知、正

---

① 李谦：《平原县修庙学记》，《平原县志》卷1《艺文上》，清黄怀祖等修，乾隆十四年刊本。
② 阎复：《瓶城斋铭》，《全元文》卷295。
③ 王构：《重修文庙碑》，《全元文》卷450。
④ 杨桓：《重修庙学碑记》，《全元文》卷289。

心、诚意、修身、齐家、治国、平天下，其中正心、诚意是关键的环节。北宋理学二程要人心合于天理，去人欲，得天理。"人心，人欲；道心，天理。"①要去私心，得本心："克己之私既尽，一归于礼，此之谓得其本心。"②在解释孟子"其为气也，至大至刚，以直养而无害，则塞于天地之间"时，二程说："尝谓凡人气量窄狭，只为私心隔断。苟以直养而无害，则无私心。苟无私心，则志气自然广大，充塞于天地之间。气象有可以意会而莫能状者，此所谓难言也。"③正心的关键是去私心，把小我的私心放大，培养气量浩大的浩然之气，此气充塞天地之间，与天地自然的广大相称，人的私心也逐渐变为与天理相一致的道心。圣人之心即此道心，要养成此道心，就要培养仁义礼智信，并控制七情。二程说："圣人可学而至欤？曰：然。学之道如何？曰：天地储精，得五行之秀者为人。其本也真而静，其未发也五性具焉，曰仁义礼智信。形既生矣，外物触其形而动于中矣。其中动而七情出焉，曰喜怒哀乐爱恶欲。情既炽而益荡，其性凿矣。是故觉者约其情使合于中，正其心，养其性，故曰性其情。愚者则不知制之，纵其情而至于邪僻，梏其性而亡之，故曰情其性。凡学之道，正其心，养其性而已。中正而诚则圣矣。君子之学，必先明诸心，知所养，然后力行以求至，所谓自明而诚也。故学必尽其心。尽其心，则知其性，知其性，反而诚之，圣人也。"④ 对于控制情绪，培养中和之性，二程说"中和，若只于人分上言之，则喜怒哀乐未发既发之谓也。若致中和，则是达天理，便见得天尊地卑、万物化育之道，只是致知也。"⑤喜怒哀乐爱恶欲七情和情绪的产生，其根源在于人心，如人的私心、小我之心气量狭窄，一不如己意，便会产生不良情绪。人的喜爱、忧惧、思虑也与私心紧密联系着。如果人能放宽心胸，把自我与宇宙自然和社会融合起来，则可以获得中和之性。

　　对于正心与诚意的关系，《大学》讲："意诚而心正。"意念要集中到大善德、大公上来，这样心就能正。

① 《二程集》上册，中华书局，2004，第364页。
② 《二程集》下册，中华书局，2004，第1199页。
③ 《二程集》上册，中华书局，2004，第618页。
④ 《二程集》上册，中华书局，2004，第577页。
⑤ 《二程集》上册，中华书局，1981，第160页。

孟子在讲到尽心知性则知天，存心养性而立命时说："万物皆备于我，反身而诚，乐莫大焉。强恕而行，求仁莫近焉。"① 人本身具有美好的品德，只要诚心诚意地去做，达到仁德、善德不是什么问题。他把思诚作为修养之道，认为至诚，才能尽天性、尽人性、尽物性，而"赞天地之化育……与天地参"②。

周敦颐认为诚是圣人之本："诚者，圣人之本。"③ "圣，诚而已矣。"④ 认为诚是纯粹至善："'大哉乾元，万物资始'，诚之源也。……'乾道变化，各正性命'，诚斯立焉。……纯粹至善者也。……故曰：'一阴一阳之谓道，继之者善也，成之者性也。'"⑤圣人就是拥有宇宙自然至善本性的人。在《周子通书》中，周敦颐说："治天下有本，身之谓也。治天下有则，家之谓也。本必端，端本，诚心而已矣。则必善，善则，和亲而已矣。……是治天下观于家，治家观身而已矣。身端，心诚之谓也。诚心，复其不善之动而已矣。不善之动，妄也；妄复则无妄矣，无妄则诚矣。"⑥修身是治家治国之本，而修身的关键是诚心，诚心必善，一定是天下一家亲。诚心就是去除不善良的意念活动，使人心达到大善德的境界。能做到诚，即使在心念一动的细微处也可知善恶，从而不行一毫恶，全是善德。这是周敦颐说的"诚无为，几善恶"⑦ 的道理。程颢、程颐跟从周敦颐学习，也继承了其思想："诚者，理之实然，致一而不可易也。天下万古，人心物理，皆所同然，有一无二，虽前圣后圣，若合符节，是乃所谓诚，诚即天道也。天道无勉无思，然其中其得，自然而已。圣人诚一于天，天即圣人，圣人即天。由仁义行，何思勉之有？故从容中道而不迫。诚之者，以人求天者也，思诚而复之，故明有未穷，于善必择，诚有未至，所执必固。善不择，道不精；执不固，德将去。学问思辨，所以求之也。行，所以至之也。至之，非人一己百，人十己

① 《孟子·尽心上》。

② 《中庸》。

③ 《周敦颐集》卷2，中华书局，2009，第13页。

④ 《周敦颐集》卷2，中华书局，2009，第15页。

⑤ 《周敦颐集》卷2，中华书局，2009，第13、14页。

⑥ 《周子通书》，上海古籍出版社，2000，第40、41页。

⑦ 《周敦颐集》卷2，中华书局，2009，第16页。

千，不足以化气质。"①二程以为，从古至今，天理就是一个诚字，诚就是天道，而圣人就是完全体现天道的人，是纯粹的至善。学做圣人要诚之者，以人求天，以人心合于天道，直到与天道完全相合，成为一个大善德的圣人。

元好问师承郝天挺，郝天挺师承程颢，元好问就特别讲究正心、诚意的圣人之道。

正心的根本就是要有一颗天理仁心，元好问从内乡移居长寿新居，"结茅菊水之上，聚书而读之"，并做《新斋赋》，自警要读圣贤书，"学于是乎始"。他不满于以前所学，认为自己"竟四十而无闻"，要求自己近乎苛刻，要自己全身心归仁。他说："圣谟洋洋，善诲循循。出处语默之所依，性命道德之所存。有三年之至谷，有一日之归仁。动可以周万物而济天下，静可以崇高节而抗浮云。"②元好问正心归仁，为的是一展儒家周济万物、平天下之志向，即使不为当世所用，也可以高风亮节，做一个崇高节而不为浮世利欲所动的人。他认为要不断地学习圣人之道，学做圣人，一心向善，则"恶人可以祀上帝"，"童子可以游圣门"，而自己的一生，不能做一个被利欲束缚的一般人，要"日新、又新、日日新"地正心归仁，学做圣人。他说：

> 我卜我居，于淅之滨。方处阴以休影，思沐德而澡身。盖尚论之：生而知，困而学，固等级之不躐；愤则启，悱则发，亦愚智之所均。斋戒沐浴，恶人可以祀上帝；洁己以进，童子可以游圣门。愿年岁之未暮，岂终老乎凡民？已焉哉！孰糟粕之弗醇？孰土苴之弗真？孰昧爽之弗旦？孰悴槁之弗春？又安知温故知新与夫去故之新，他日不为日新、又新、日日新之新乎？③

我们也可以从元好问对翰林学士杨云翼的赞扬中看到他对正心诚意的儒家圣人之道德理念的接受。在《内相文献杨公神道碑铭》中，元好问称赞杨云翼："若夫才量之充实、道念之醇正、政术之简裁、言论之详

① 《二程集》下册，中华书局，2004，第1158页。
② 《元好问文编年校注》卷2，中华书局，2012，第170页。
③ 《元好问文编年校注》卷2，中华书局，2012，第174页。

尽，粹之以天人之学，富之以师表之业，则我内相文献杨公其人矣。"①
杨云翼的曾祖曾教育子孙："圣人之道无它，至诚而已。诚者何？不自欺
之谓也。盖诚之一物，存诸己则忠，加诸人则恕。是道也，出于人心，
谁独无之？然今山野小人有能行，而世之才智士大夫或有愧焉。吾百不
及人，独此事不敢不勉耳。若等能从吾言，真吾子孙也。"②哀宗即位，
杨云翼为哀宗讲《尚书》，认为帝王要了解的是治国大纲，就以任贤、
去邪、兴治同道、兴乱同事、有言逆于汝心、有言逊于汝志等方面来讲，
"一以正心诚意言之"。③ 并上《圣孝》《圣学》等二十篇。

杨云翼在兴定、元光间患风痹症，后来基本好了。哀公就问他病好
的原因，他说："无他，但治心耳。此心和平，则邪气不干。岂独治身，
至于治国亦然。人君必先正其心，然后可以正朝廷，正百官，远近万民，
莫不一于正矣。"④这些都被元好问详细地记录下来，足见其对杨云翼的
认同。

### 以诚为本的文学观

元好问是金末元初的诗文大家，他的诗文可以代表东平派的成就。
在《杨叔能小亨集引》中他比较深入地论述了其诗文观。他认为诗文
的根本在于一个"诚"字，他说诗与文只是语言方式的不同，实际的
道理是一致的。他举唐诗为例，说明唐诗所以在《诗经》之后发展为
我国诗歌领域的一个高峰，正是因为"知本"。他这样解释这一根本：

> 何谓"本"？诚是也。古圣贤道德言语，布在方册者多矣，且
> 以"弗虑胡获""弗为胡成""无有作好""无有作恶""朴虽小，
> 天下莫敢臣"较之，与"祈年孔夙，方社不莫""敬共明神，宜无
> 悔怒"何异？但篇题、句读不同而已。故由心而诚，由诚而言，由
> 言而诗也。三者相为一。情动于中而形于言，言发乎迩而见乎远。
> 同声相应，同气相求。虽小夫贱妇、孤臣孽子之感讽，皆可以厚人

---

① 《元好问文编年校注》卷2，中华书局，2012，第142页。
② 《元好问文编年校注》卷2，中华书局，2012，第146、147页。
③ 《元好问文编年校注》卷2，中华书局，2012，第155页。
④ 《元好问文编年校注》卷2，中华书局，2012，第155页。

伦、美教化，无它道也。故曰不诚无物。夫惟不诚，故言无所主，心口别为二物。物我邈其千里，漠然而往，悠然而来，人之听之，若春风之过马耳。其欲动天地、感神鬼，难矣。其是之谓本。①

心诚为诗文之本，即是说言由心生，诗文是内心的真实感受，言语一发便带有深厚的情感，这样才能引起他人的共鸣。否则，自己没有感受便发议论、便吟诗作赋，别人就难以被其感动。

他在学诗时给自己订立了几十条原则，包括内心的情感和情绪的控制、诗文中应避免的内容。他说：

初，予学诗以十数条自警云："无怨怼，无谲浪，无鸷狠，无崖异，无绞讦，无嫭婳，无傅会，无笼络，无炫鬻，无矫饰，无为坚白辨，无为贤圣癫，无为妾妇妒，无为仇敌谤伤，无为聋俗哄传，无为瞽师皮相，无为黥卒醉横，无为黠儿白捻，无为田舍翁木强，无为法家丑诋，无为牙郎转贩，无为市倡怨思，无为琵琶娘人魂韵词，无为村夫子兔园策，无为算沙僧困义学，无为稠梗治禁词，无为天地一我、今古一我，无为薄恶所移，无为正人端士所不道。"信斯言也。②

这实际上为自己提出了很高的道德要求，也表述了他的诗文之道：作诗行文者不能有怨恨的情绪，要保持中和之气；不能随意为文，要严肃、认真；不能心存狡诈，不能恶意中伤，不能媚俗，不能低下，不能狂妄自夸，不能作正人君子所不屑作的诗文。这些要求，是元好问所认定的做人的基本准则。在他看来，作文与做人是一致的。

徐世隆在诗文之道上与元好问持相同的观点，认为诗文应接正派之续，正大明达。他评价元好问的诗文说："能吐天地万物之情，极其变而归之雅。"③杜仁杰如此评价元好问的语言艺术："不使奇字，新之又新，

---

① 《遗山先生文集》卷36，四部丛刊本。

② 元好问：《杨叔能小亨集引》，《遗山先生文集》卷36，四部丛刊本。

③ 徐世隆：《遗山先生文集引》，《遗山先生文集》卷首，四部丛刊本。

不用晦事，深之又深。但见其巧，不见其拙，但见其易，不见其难。"①
而达到了极高的境界。

### 对道教、佛教的认识与评价

东平学派对佛教、道教，尤其是金元之际全真道的理解是准确而深
刻的。王磐、李谦、孟祺、李之绍、元好问等对道教，尤其是全真道的
教徒、教义及教理评价较高。另一方面，宋子贞等一部分人也对其教义
及教理进行了批评，认为它们没有普遍的社会意义，违背人之常情和社
会伦理。

王磐尊称道教徒为贤者，认为他们"怀高世之情，抗遗俗之志，道
尊而物附，德盛而人归"②，李谦在为弘玄赵真人写的碑铭中对道家做了
总结："道家者流祖玄元，太虚为室静为门，灵襟不受尘翳昏，扩然洞见
天地根。"③ 李之绍总结得更详细，他说："道家者流，出黄帝老子，以
清净虚无为宗，颐神养性为事，长生久视为著效，神仙飞升为极致。自
秦皇汉武，闻方士之说，问蓬莱之津，求不死之药，举世然玄风。阙后
其徒支分派别，为符箓，为斋醮，为炼丹石，为饰土木，抑皆事乎其
末。"④ 东平派对道教的根本、道教的发展史有比较深入的了解。

关于全真道，李之绍认为它不同于符箓、烧炼等，而是"务以全其
真"，所以"知所本"。⑤ 徐琰也持同样的观点，认为道教在老庄之后
"失其本旨"，分为方术、符箓、烧炼等派别，而"派愈分而别愈远"。
到金代王重阳创全真道，才使道教重归正途。徐琰说：

　　迨乎金季，重阳真君不阶师友，一悟绝人，殆若天授，起于终
南，达于昆仑，招其同类而开导之、锻炼之，创立一家之教曰全真。
其修持大略以识心见性，除情去欲，忍耻含垢，苦己利人为之宗。
老氏所谓"知其雄守其雌，知其白守其黑，知其荣守其辱，为道日

---

① 杜仁杰：《遗山先生文集后序》，《遗山先生文集》卷末，四部丛刊本。
② 王磐：《创建真常观记》，《道家金石略》。
③ 李谦：《弘玄真人赵公道行碑》，《道家金石略》。
④ 李之绍：《仙人万寿宫重建记》，《道家金石略》。
⑤ 李之绍：《仙人万寿宫重建记》，《道家金石略》。

损，损之又损，以至无为"；庄生所谓"游心于淡，合气于漠，纯纯常常，乃比于狂，外天地，遗万物，深根宁极，才全而德不形者"，全真有之，老庄之道于是乎始合。①

徐琰对全真道识心见性、除情去欲、忍耻含垢、苦己利人的宗旨可谓了如指掌，而且十分准确。王磐总结全真道"以识心见性为宗，损己利物为行"与此一致。②

对于佛教的叙述，李之绍的几句话可以说明其对佛教的看法："佛氏之教，慈愍为第一义。群生汩于利欲，涉昏衢，怅然莫知攸适，乃发慧照为开导之，使不失其本真。故其学以明心为本，心之虚灵，引类取喻，莫灯为切。"③ 他认为佛教慈愍为怀，以发人本真为宗旨。东平学派对佛道也有所批评，宋子贞对佛教道教有明确的批评，所批评的内容大体与宋儒相同，即佛教道教对社会伦理的破坏作用。宋子贞这样批评教徒出家："而今为道者，则曰必绝而父母，屏而骨肉，还而坟墓，不然则不足以语夫道。渠独非人之乎？"④ 他认为古代黄帝、老子并不是这么教导的。元好问承认古代修道者中出过一些贤者、仙人，他说："盖人禀天地之气，气之清者为贤，至于仙，则又人之贤而清者也。"黄帝、老子、抱朴子等"其书故在，其人可想而见"。⑤ 但是，他认为以佛教、道教来治世，社会的正常秩序就会被破坏。他把佛道叫作"异端"，认为佛道异端"居山林，木食涧饮，以德言之，虽则为人天师可也，以之治世则乱"⑥。对于战乱之后佛道大盛的情形，他说："吾于此有感焉：三纲五常之在，犹衣食之不可一日废。今千室之邑，岂无人伦之教者？"⑦ 他呼唤人伦日用的儒学教育和三纲五常的伦理秩序，对佛道充斥各地的现象感慨尤多。他还反对佛教徒大建寺庙，认为应注重百姓的生活，不能把

---

① 徐琰：《广宁通玄太真人郝宗师道行碑》，《道家金石略》。
② 王磐：《玄门嗣法掌教宗师诚明真人道行碑铭》，《道藏》第 19 册，文物出版社、上海书店、天津古籍出版社，1988 年影印本。
③ 李之绍：《灵岩长明灯记》，《全元文》卷 617。
④ 宋子贞：《玉虚观记》，《全元文》卷 8。
⑤ 元好问：《通仙观记》，《遗山先生文集》卷 35，四部丛刊本。
⑥ 元好问：《东平府新学记》，《遗山先生文集》卷 32，四部丛刊本。
⑦ 元好问：《明阳观记》，《全元文》卷 25。

财力过多地用于寺庙建设。①

对佛教和道教的认识，在东平学派能见到的文献里面，以元好问最为详尽，所以这些文献也能较全面地反映元好问的思想，以下两小节专门论述。

**元好问对道家道教的认识与评价**

元好问是金末元初杰出的文学家，他的诗歌代表了金代的最高成就，在中国诗歌史上占有很高的地位，赵翼把他的诗跟苏轼、陆游相比，认为元好问在某些方面甚至超过苏、陆。他说："元遗山才不甚大，书卷亦不甚多，较之苏、陆，自有大小之别。然而惟才不大，书不多，而专以精思锐笔，清炼而出，故其廉悍沉挚处较胜于苏、陆。""苏、陆古体诗，行墨间尚多排偶，一则以肆其辨博，一则以侈其藻绘，固才人之能事也。遗山则专以单行，绝无偶句，构思窅渺，十步九折，愈折而意愈深，味愈隽，虽苏、陆亦不及也。"②

在元好问的诗文中，对道家道教的赞许，对神仙的向往是大量存在的，他往往自称"道人"。蒙古太宗九年秋天，元好问返乡安置迁家事宜时为嗣母张氏娘家作《外家别业上梁文》有"遗山道人，蟫蠹书痴"一句。③在《雪中自洛阳还嵩山》诗中，他写道："道人薄有尘外缘，迫入尘埃私自怜。"④说自己有修道的缘分，却在世俗间生活。他的一生除了任内乡县令和短暂的中央史官之外，大部分时间处于隐居的状态。他说自己是真隐，《陶然集诗序》称自己为"遗山真隐"。⑤兴定元年秋试落第后，元好问决定归隐。他之所以决定归隐是当时时势和个人经历共同促成的。当时蒙古军南下，河北、山东一带生灵涂炭，不投降的城池，在蒙古军攻下后遭受屠城，元好问的家乡忻州被屠，他的兄长元好古遇难。元好问于贞祐四年（1216）携家南迁，避乱三乡（今河南宜阳）。之后，虽然他以自己的才华名震京师，得到当时金礼部尚书赵秉文的赏

① 元好问：《竹林禅院记》，《遗山先生文集》卷35，四部丛刊本。
② 赵翼《瓯北诗话校注》，江守成、李成玉校注，人民文学出版社，2013，第329～331页。
③ 《元好问文编年校注》，中华书局，2012，第406页。
④ 《元好问诗编年校注》，中华书局，2012，第429页。
⑤ 《元好问文编年校注》，中华书局，2012，第1151页。

识，但是他当时的心情是："落魄宜多病，艰危更百忧。雨声孤馆夜，草
色故园秋。"①之后，他决定隐居："从今便高卧，已负半生闲。"②在三乡
的隐居生活有《三乡杂诗》等，其中一首这样吟道："梦寐沧州烂漫游，
西风安得钓鱼舟？薄云楼阁犹烘暑，细雨林塘已带秋。"③沧州，隐士代
称。钓鱼舟，指隐居的生活。初秋的三乡，炎热的天气烘着楼阁的庭院，
秋高气爽，虽然暑热还没有完全退去，但是在蒙蒙的绵绵秋雨中，树叶
逐渐泛黄，大地染上了秋意。乘舟垂钓，在细雨蒙蒙中，独享静寂的日
子。元好问喜欢山，喜欢离开世俗的山中隐士生活。他在游前高山时赋
诗："梦寐烟霞卜四邻，眼明今日出红尘。山中景趣君休问，谷口泉声已
可人。"他向往山中烟霞生活，离开红尘的喧哗，听着山泉流淌声，漫步
群山中。在游凤凰山之后，他吟道："白驴前日凤山回，为爱朝元复此
来。却忆广陵刘老子，醉吟应在钓鱼台。"刘老子，道士刘海蟾，钓鱼台
为姜子牙垂钓处。④

　　元好问与许多道士交往密切，很多道士都是他的朋友。他赠太乙道
第四代教主萧道辅的诗《赠萧炼师公弼》："吾家阿京爱公弼，吾家泽兄
敬公弼。半生梦与公弼游，岂意相逢在今日。"这是他第一次见到萧道
辅，他说他的朋友们都很敬仰这位太乙道教主，他自己也渴望与教主见
面。"春风和气见眉宇，玉壶冰鉴藏胸臆。人间万事君自知，未必君材人
尽识。"对萧道辅赞誉有加。⑤ 元好问与全真道交往最多，刘长生徒弟紫
虚大师、亳州太清宫提点离峰子、郝太古弟子太古观范圆曦、崞县朝元
观道士梁思问、从宋德方整理《道藏》的通真子、定襄道士刘尊师等
等。不但如此，元好问的妹妹、二女儿元严、族弟、侄婿都是道士。元
好问的妹妹是个才女，诗也作得好，在当时很有名气，人长得也漂亮。
张平章当揆想娶她为妻，这一段故事《忻州志》记载："元氏好问妹为
女冠，文而艳，张平章当揆欲娶之，使人属好问，辞以可否在妹。张喜
自往访之，觇其所向，至则方自手补天花板，辍而迎之。张询近日所作，

———————————

① 《元好问诗编年校注》，中华书局，2012，第 80 页。
② 《元好问诗编年校注》，中华书局，2012，第 79 页。
③ 《元好问诗编年校注》，中华书局，2012，第 76 页。
④ 《元好问诗编年校注》，《前高山杂诗七首》，中华书局，2012，第 1141、1144 页。
⑤ 《元好问诗编年校注》，中华书局，2012，第 800 页。

应声答曰:'补天手段暂施张,不许纤尘落画堂。寄语新来双燕子,移巢别处觅雕梁。'张悚然而出。"①张平章向元好问询问此事,元好问告诉他可以直接去问他妹妹,只要妹妹同意就可以。张平章很高兴,亲自前往,见到元好问妹,交谈之中,张平章问近日做什么诗,元好问妹以诗给他做了回答。由此可见,她做道士的心是很坚定的。

元好问的女儿元严先是嫁给卢氏进士杨思敬,后来,杨思敬去世,她做了道士。"诏为宫教,号浯溪真隐。"并留有《浯溪集》。元好问曾为之作诗:"杏梁双宿复双飞,海国争教双影归。想得秋风渐凉冷,谢家儿女亦依依。"②

对于道教,元好问肯定的多,反对的少。特别是全真道,元好问在多处做了肯定。

首先,元好问对丘处机西行雪山见成吉思汗,救百姓于水火的历史作用给予了高度肯定。元太祖十五年(1220)正月十八日,七十三岁高龄的丘处机带领十八弟子从山东莱州出发,不远万里经历长途跋涉,途径蒙古、哈萨克斯坦、吉尔吉斯斯坦、乌兹别克斯坦、阿富汗等地,越过雪山、沙漠、草原,艰辛万苦到达今阿富汗境内的塔里寒见到成吉思汗。丘处机一方面给成吉思汗讲养生之道,一方面劝说成吉思汗停止对百姓的屠杀。当时,蒙古军队对不投降的城市,攻下后屠城。1213 年,蒙古军队三路大军攻金,屠山东密州、彰德、濮州、曹州、楚丘、定陶、上党。成吉思汗曾对他的部下说,男人最大的快乐就是"战胜敌人,将他们连根铲除,夺取他们所有的一切",骑其骏马,纳其妻妾。③ 丘处机从天道、天人论,到养生之道、平定天下之策,娓娓道来,层层递进,劝说成吉思汗接受了道家不杀、保民、养生的思想。丘处机说:上天通过天人来治理社会,天人是替天行道,如果天人造福百姓,功成寿限到而升上天位,在天上的位置会超过原来。陛下要做的事是外修阴德,体恤民众,爱护百姓,安定天下,使百姓安居乐业。对于个人养生,丘处机说要在内固精神,节制欲望,保养精神。他说,百姓有一个妻子,夫妻生活尚且损身,何况帝王?对于中原治理,他说,中原是富饶之地,

---

① 《忻州志》卷 35《淑德·金》。
② 《忻州志》卷 35《孝女·金》。
③ 《史集》第一卷第 2 册,商务印书馆,1986,第 362 页。

物产丰富，得中原者得天下。但战乱使百姓不安、物产困乏，如能免除这里三年赋税，让百姓安居乐业，粮食就能丰收，布帛也就足够国用，这也是天人行天命，造福百姓的事业。①由于丘处机的努力，太祖二十二年，成吉思汗向军队下达了"不杀掠"的命令。在西行途中，丘处机就表达了他的愿望，"我之帝所临河上，欲罢干戈致太平"②。元好问积极地评价了丘处机的西行成果，他说："丘处机赴龙庭之召，亿兆之命，悬于好生恶死之一言。诚有之，则虽冯瀛王之对辽主不是过。"③冯瀛王，即冯道，五代时天下大乱，朝代更替频繁，冯道事晋，官至司空、同中书门下平章事，加司徒，兼侍中。契丹灭晋，"耶律德光尝问道曰：'天下百姓如何救得？'道为俳语以对曰：'此时佛出救不得，惟皇帝救得。'人皆以谓契丹不夷灭中国之人者，赖道一言之善也。"④

元好问对丘处机"一言止杀"，劝导成吉思汗终止军事行动中的滥杀，进而让占领区百姓安居乐业的历史功绩给予了高度称赞。

其次，在南宋、金、蒙古战争状态下，中国北方处于礼崩乐坏的社会大混乱之中，儒家正常的教化体系已被打乱，很多时候已不起作用，而全真道这时却起到了儒家安定社会、安定民心的作用，元好问感叹道："呜呼！自神州陆沉之祸之后，生聚已久而未复其半。蚩蚩之与居，泯泯之与徒，为之教者独全真道而已。"他认为圣人制礼作乐，建三纲五常，修十义，正官序，提倡仁义礼智，教化有方，社会安定，百姓乐业。但是战乱彻底打破了稳定的社会秩序，教化荡然无存，社会极度混乱，"今之司徒之官与士之业废者将三十年，寒者不必衣，而饥者不必食，盖理有不可晓者，岂非天耶？如《经世》书所言，皇极之数，王伯以降，至于为兵火、为血肉、阳九百六，适当斯时，符坚、石勒、大业、广明、五季之乱，不如是之极也！"当时社会战乱的破坏程度，比历史上的几次大混乱要严重得多。"幸乱乐祸，勇斗嗜杀，其势不自相鱼肉，举六合而墟之不止也。"是丘处机西行雪山见成吉思汗，蒙古军才停止了对百姓的

---

① 《玄风庆会录》，《道藏》上海书店、文物出版社、天津古籍出版社，1988，第3册，第389、390页。
② 《长春真人西游记》卷下，《道藏》第34册，第492页。
③ 《元好问文编年校注》卷4，《清真观记》，中华书局，2012，第332页。
④ 《新五代史》卷54，《冯道传》。

滥杀，并允许丘处机随处设观，免除道教徒的租役，"从是而后，黄冠之人十分天下之二，声焰隆盛，鼓动海岳；虽凶暴鸷悍、甚愚无闻知之徒，皆与之俱化。衔锋茹毒，迟回顾盼，若有物掣之而不得逞。父不能召其子，兄不能克其弟，礼义无以制其本，刑罚无以惩其末；所谓全真家者，乃能救之荡然大坏不收之徒，杀心炽然，如大火聚，力为扑灭之。呜呼，岂非天耶！"① 全真道设观收徒，使凶暴"甚愚无闻知之徒"，得到了教化，起到了儒学仁义礼智信、父慈子孝、兄友弟恭的伦理教化作用，使社会稳定，百姓安居乐业。元好问最后发出感慨"呜呼，岂非天耶！"是上天让全真道在民族最危难的时刻出现，救民于水火吗？在《紫薇观记》中，元好问表达了同样的思想。他说自贞祐丧乱以来，纪纲文章荡然无存，人民百姓不知所向，"为之教者，独是家而已。""先哲王之道，中邦之正，扫地之日久矣！"而全真道"是家何为者，乃人敬而家事之？"他进而发出感叹："殆攻劫争夺之际，天以神道设教，以弭勇斗嗜杀者之心耶？"在这三纲五常混乱，儒家伦理道德维持秩序的作用式微的时候，是全真道起到了教化民众的作用，稳定了社会，遏制了滥杀。②

再次，元好问认为全真道是真心修道，没有道教历史上的怪诞言行，也没有搞像北宋皇帝崇道一样的政治闹剧。他认为古代真修道之士"居山林，木食涧饮，槁项黄馘，自放于方之外"，前有涪翁、河上丈人等，后有陶弘景、寇谦之等。但是杜光庭建"神仙官府"就是荒诞不经的事情了："杜光庭在蜀，以周灵王太子晋为王建鼻祖，乃踵开元故事，追崇玉晨君，以配'混元上德'之号。置阶品，立范仪，号称'神仙官府'。虚荒诞幻，莫可致诘。"而且到宋徽宗崇道，更是走向极端，与修道完全是两码事。"二三百年之间，至宣、政之季，而其弊极。"元好问认为全真道是真修道者，他说："咸阳人王中孚倡之，谭马丘刘诸人和之。本于渊静之说，而无黄冠禳禬之妄，参以禅定之习，而无头陀缚律之苦，耕田凿井，从身以自养，推有余以及之人。"③全真道"本于渊静之说"，全真道士在山中修行，要求精神安静，进入虚无状态，如丘处机在磻溪六年，在龙门七年，磨炼精神，禁色欲，禁睡眠，一心静下去，绝没有在

①　《元好问文编年校注》卷4，《清真观记》，中华书局，2012，第331、332页。
②　《元好问文编年校注》卷4，《紫薇观记》，中华书局，2012，第363页。
③　《元好问文编年校注》卷4，《紫薇观记》，中华书局，2012，第362、363页。

道教里面搞官阶、置范仪的神仙官府之事。

最后，元好问肯定神仙的存在，把神仙与人体之"气"联系起来，认同道教的神仙观。

在《道仙观记》中，元好问说黄帝、老子、庄子、刘子都是神仙家流，后世的抱朴子、陶弘景、司马承祯也是仙家。那么什么是神仙？元好问认为"盖人禀天地之气，气之清者为贤，至于神仙，则又人之贤而清者也。"①他的神仙思想是以气来释仙，气之清者为贤，而贤人中气更清者就是仙。

关于人的生命与气的关系，是中国古代思想中的一个大命题，儒家、道家、中医多有论述。庄子在《知北游》中说："人之生，气之聚也；聚则为生，散则为死。"②庄子认为人的生命是气聚而成，人体的物质成分的根本是气，而气是虚无的。按照道家天地形成的理论，比较清的气升为天，重浊的气形成了地。而人的气也有清浊之分。对于儒家来说，孟子也认为人的生命是由气充实起来的，他说："夫志，气之帅也；气，体之充也。"③气的统帅是志，人生命的统帅是精神性的"志"。宋明理学的张载，认为宇宙自然，气是根本，而人分为天地之性和气质之性，天地之性是与天道本体一致的，是道德至善的，而气质之性是人的生理本能、世俗之气。气分清浊："气质犹人言性气，气有刚柔、缓速、清浊之气也。"④人的气质也有美恶："人之气质美恶与贵贱夭寿之理，皆是所受定分。"⑤张载希望人能体天地之仁，变化气质，逐步达到圣境。二程对人性也持有清浊的看法："气之所钟，有偏正，故有人之殊；有清浊，故有智愚之等。"⑥又说："气有清浊，禀其清者为贤，禀其浊者为愚。"⑦元好问"气之清者为贤"正是二程已表述过的"禀其清者为贤"，只不过，元好问评述的不是儒家的圣贤，而是道家的神仙，神仙是"贤而清者"，比"贤"更"清"的人，就成了神仙。从这里看出，元好问不但认为神

① 《元好问文编年校注》卷4，中华书局，2012，第439页。
② 《庄子今注今译》，中华书局，第559页。
③ 《孟子·公孙丑》，《孟子译注》，中华书局，1984，第62页。
④ 《经学理窟·学大原上》，《张载集》，中华书局，2006，第281页。
⑤ 《经学理窟·学大原上》，《张载集》，中华书局，2006，第266页。
⑥ 《河南程氏粹言》卷2，《二程集》，中华书局，1981，第1266页。
⑦ 《河南程氏遗书》卷18，《二程集》，中华书局，1981，第204页。

仙可以成，神仙可以做，而且从理论上阐述了成为神仙的原理，就是要使人的气清更清。气清为圣为贤的说法，不是儒家的首创，杜光庭也有同样的思想，他说："人之生也，禀天地之灵，得清明冲朗之气，为圣为贤；得浊滞烦昧之气，为愚为贱。"①所以，元好问的神仙思想跟儒道都有关联。

元好问还对全真道修道之后取得的智慧、能力给予肯定。紫虚大师离峰子是全真道北派七真之一刘长生的弟子，他修道后出现了超能力，开发了智慧。在没有修道之前，他没读过书，不识字，在许昌整个晚上绕城疾走，禁睡眠，经过刻苦的修炼，一天他站在城门边上，有辆大车从他身旁过去，车上载的植物枝条碰到了他的鼻子，"忽有所省，欢欣踊跃，不能自禁，锁在屋里三天才平静下来"。从此以后"日诵百言，亦之《老》《庄》，随读随讲，如迎刃而解，不数年遍通内外学。作为诗歌，伸纸引笔，初若不经意，皆切于事而合于理"②。紫虚大师从一个没读过书的人，经过修炼，忽然开悟，《老》《庄》不仅可以读，也能讲解，其中道理迎刃而解，而且几年内"遍通内外学"，诗歌也作得很好了。元好问把紫虚大师智慧能力的开发归结为道教修炼。

**元好问对佛教的认识与评价**

作为一个儒家学者，元好问对道教有着十分亲近的认知，而对佛教他也有较深入的了解和诸多正面的评价。他有许多佛教界的朋友，如跟英禅师有长达四十年的交往，跟汴禅师也有三十年的交情，其他如西溪相禅师、草堂德、川主通、昭禅师、普禅师、超禅师等等也交情很好。

英禅师，名性英，字粹中，号木庵，本学儒，后出家。贞祐南渡后来到河南，居龙门、嵩山二十多年，仰山五六年。贞祐四年（1216），元好问避乱居三乡（今河南宜阳），三乡辛敬之、赵宜之、刘景玄等都是诗人，与英禅师诗歌往来，元好问与英禅师交往甚密。当时，英禅师的诗还受到赵秉文、杨云翼、李屏山、雷渊、李钦叔、刘光甫、王若虚等大儒的欣赏。元好问评价英禅师是百年诗僧第一人，受到赵秉文的首

① 《道德真经广圣义》卷8，《道藏》第14册，第352页。
② 《元好问文编年校注》卷4，《紫虚大师于公墓碑》，中华书局，2012，第445页。

肯。元好问评价道："爱君《山堂》句，深靖如幽兰。爱君《梅花》咏，入手如弹丸。诗僧第一代，无愧百年闲。"① 在《夜宿秋香亭有怀木庵英上人》中元好问咏道："兄弟论交四十年，相从旬日却无缘。去程冰雪诗仍在，晚节风尘私自怜。莲社旧容元亮酒，藤溪多负子猷船。茅斋一夕愁多少？窗竹潇潇耿不眠。"②元好问来到秋香亭，思念英禅师，感叹两人交往四十年，现在却难以相见，想起寒冬大雪天两人在此吟诗的情景，夜晚难以入眠。在隐居嵩山时期，元好问还有一首《寄英禅师，师时住龙门宝应寺》，开篇即说："我本宝应僧，一念堕儒冠。"说自己本来是宝应寺的僧人，但成了儒者。这一方面说明元好问对佛教的认同，一方面说明他与英禅师的感情至深。他接着吟道："空余中夜梦，浩荡青林端。故人今何如？念子独轻安。孤云望不及，瞑鸿杳难攀。前时得君诗，失喜忘朝餐。想君亦念我，登楼望青山。"他见不到英禅师，非常想念，夜晚做梦梦到英禅师，见到英禅师的诗，高兴得忘了吃饭。"思君复思君，恨不生羽翰。何时溪上石，清坐两蒲团。"他想生对翅膀飞到英禅师那里，盼望在山中溪水旁，盘坐在大石上，吟诗相聚。③

　　汴禅师，嵩山龙兴寺僧人。元好问跟汴禅师的交情也有三十多年。在《告山赟禅师塔铭》中，元好问说："不肖交于汴公者三十余年矣。"元好问对汴禅师评价很高，说他"于临济一枝，亭亭直上，不为震风凌雨之所催偃"，称赞他"孤峻自拔"，"汴老矣，尚能记师沉嘿自守，不以文字言语惊流俗。为门户计，住持不务营造。"④ 在《赠汴禅师》一首中，元好问吟道："道重疑高謇，禅枯耐寂寥。盖头茅一把，绕腹篾三条。"⑤元好问借禅宗"古德三篾"的公案，比喻汴禅师的功夫之高。《五灯会元》卷五记载马祖问药山："子近日见处作么生？"药山回答："皮肤脱落尽，唯有一真实。"马祖说："子之所得，可谓协于心体，布于四肢。既然如此，将三条篾束取肚皮，随处住山去。"意思是药山已经开悟，可以随处住山施教了。

---

①《元好问文编年校注》卷5，《木庵诗集序》，中华书局，2012，第1087、1088页。

②《元好问诗编年校注》卷5，中华书局，2012，第1472页。

③《元好问诗编年校注》卷2，中华书局，2012，第105、106页。

④《元好问文编年校注》卷6，中华书局，2012，第1469、1470页。

⑤《元好问诗编年校注》卷2，中华书局，2012，第216页。

相禅师，沂水王氏，名弘相，从小出家，先后住沂州普照寺、郑州大觉寺、嵩山少林寺等，最后住嵩山清凉寺。元好问与之相识，也是因为诗。有人把相禅师的诗作送给元好问，元好问说："予爱其文颇能道所欲言，诗则清而圆，有晚唐以来风调。其深入理窟，七纵八横，则又于近世诗僧不多见也。"元好问与他一起登兰若峰，谈起避蒙古兵的事情，佩服他对待生死的态度："道中谈避寇时事，师以为凡出身以对世者，能外生死，然后能有所立。生死虽大事，视之要如翻覆手然，则坎止流行，无不可者。此须从静功中来，念念不置，境当自熟耳。"有一次，相禅师在山上失足掉下山崖，落在一棵大树上，而神色自若。① 元好问有《寄西溪相禅师》："青镜流年易掷梭，壮怀从此即蹉跎。门堪罗雀仍未害，釜欲生鱼当奈何。万事自知因懒废，一官原不校贫多。拂衣明日西溪去，且放云山入浩歌。"② 时任金史馆编修官的元好问赋诗，表露辞官归隐，去找相禅师的想法。

昭禅师，太原人，嵩山法王寺主持。他与加慈云海、清凉相禅师、汴禅师是虚明和尚的得意弟子，为临济法脉。③ 元好问有《野谷道中怀昭禅师》一首："行行汾沁欲分疆，渐喜人声挟两乡。野谷青山空自绕，金城白塔已相望。汤翻豆饼银丝滑，油点茶心雪蕊香。说向阿师应被笑，人生生处果难忘。"元好问行至山西野谷道中，作了这首小诗，说自己吃着家乡的美味，过着世俗的生活，不像和尚可以忘掉世俗生活，忘掉家乡，说倘若向昭禅师说起来，肯定会被笑，而自己看来是忘不了家乡的美味和世俗的生活了。④

元好问对佛教的认识，基本持一种积极的评价。首先，元好问认为佛教的大悲智是一种慈悲情怀，利于众生，跟儒学恻隐之心相同，儒学的兼善跟佛教的利他不期而合。

在《龙门川大清安禅寺碑》中，元好问引用《孟子》中的名言："思天下之民匹夫匹妇有不被尧舜之泽者，若己推而内之沟中。"⑤意思是

---

① 《元好问文编年校注》卷1，《清凉相禅师墓铭》，中华书局，2012，第102页。

② 《元好问诗编年校注》，中华书局，2012，第294页。

③ 《元好问文编年校注》卷4，《太原昭禅师语录引》，中华书局，2012，第401页。

④ 《元好问诗编年校注》，中华书局，2012，第813页。

⑤ 《孟子·万章句上》。

天下的百姓，即使只有一个人没有受到尧舜之道的恩泽，也好像自己把他推进山沟中一样。把天下的重担挑在自己身上，是儒家的责任。而佛教怎么样呢？元好问接着说："至于瞿昙氏之说，又有甚焉者。一人之身，以三世之身为身；一心所念，以万生所念为念。至于沙河法界，虽仇敌怨恶，品汇殊绝，悉以大悲智而饶益之。道量宏阔，愿力坚固，力虽不足，而心则百之。有为烦恼贼所娆者，我愿为法城堑；有为险恶道所梗者，我愿为究竟伴；有为长夜暗所阁者，我愿为光明炬；有为生死海所溺者，我愿为大法船。若大导师大医王，微利可施，无念不在。在世谛中，容有同异，其恻隐之实，亦不可诬也。"①佛教的利益众生的宏愿，大慈悲心，度尽天下人的大乘佛教的精神，不管有多大力量，其心是诚心诚意地为所有人好，"无念不在"，与儒学恻隐之心相同。元好问进而说道："吾儒兼善，内教之利它，皆得之性分自然，廓而充之，有不期合而合者。"②儒学以仁爱之心，达至天下至善的愿望，跟佛教利益众生，是不期而合。虽然儒家与佛家差异明显，一个出世，一个入世，理论与实践差异非常大，儒家学者也往往以某些差异而攻击佛教，但是元好问在这些差异之外，找到了它们的共同点，并对佛教大加赞赏。

其次，元好问对佛教在中国的发展进行了评述。当时的社会背景是金代贞祐南渡之后，蒙古的南下入侵，金代末年战争和社会的动荡，使许多人对佛教抱有希望，认为佛教可以带来平安和生活的出路。

在《竹林禅院记》中，元好问首先简单说明了佛教进入中国的历史："佛法之入中国，至梁而后大，至唐而后固。寺无定区，僧无限员，四方万里，根结盘互；地穷天下之选，寺当民居之半，而其传特未空也。"而到了金代，佛教的发展并未如唐代那样好的势头，实际上佛教在金代中前期的发展相对衰落："自承平时，通都大州若民居、若官寺，初未有闳丽伟绝之观；至于公宫侯第，世俗所谓动心而骇目者，校之传记所传，曾不能前世十分之一。"但是，在金代贞祐南渡之后，社会动荡，蒙古大军南下攻金，金代由盛转衰的时期，佛教却得到了很大的发展，"尤以营建为重"，佛教"以为佛功德海大矣，非尽大地为塔庙，则不足

---

① 《元好问文编年校注》卷 5，中华书局，2012，第 952 页。
② 《元好问文编年校注》卷 5，中华书局，2012，第 952 页。

以报称"，以营建更多更大更富丽堂皇的庙宇为事。究其原因，元好问认为不外四点："故诞幻之所骇、坚苦之所动、冥报之所耆、后福之所徼，意有所向，群起而赴之。"在战乱的年代，国家混乱，人民生活得不到保障，甚至生命都受到威胁，人们信佛企盼得到拯救，没有人再相信国家，出现了"佛为大，国次之"的情况。"富者以赀、工者以巧、壮者以力，咄嗟顾盼，化草莱为金碧，撞钟击鼓，列坐而食。"①元好问认为这是一种不正常的情况，他对百姓蒙受苦难时没有出路而不得已的倾向，持悲悯态度，"吁，可谅哉！"②

最后，元好问佩服佛教徒牢不可破的意志，坚定的信念。山西威得院主持明玘，训《华严经》，几年才成，举办水陆法会，印刷千部送人；"且烧二指为供"，烧掉自己的手指来供养，"诚意坚苦，为人感动"。元好问感慨道："浮屠氏之入中国千百年，其间才废而旋兴、稍微而更炽者，岂无由而然？天下凡几寺，寺凡几僧，以乡观乡，未必皆超然可以为人天师也。唯其生死一节，强不可夺；小大一志，牢不可破。故无幽而不穷，无高而不登，无坚而不攻。"③他的好友相禅师"以为凡出身以对世者，能外生死，然后能有所立"，对于生死一事，如"翻覆手然"，也令元好问钦佩。元好问还记述过相禅师生活禅的功夫，要人专一而静，认为："禅道微矣，非专一而静，则决不可入。"④

①　《元好问文编年校注》卷2，中华书局，2012，第189页。
②　《元好问文编年校注》卷2，中华书局，2012，第189页。
③　《元好问文编年校注》卷7，《威德院功德记》，中华书局，2012，第1497、1498页。
④　《元好问文编年校注》卷1，《清凉相禅师墓铭》，中华书局，2012，第102页。

# 第四章 金元之际东平学派的
## 政治实践

## 一 对忽必烈推行汉法的积极影响

从成吉思汗、窝阔台、贵由、蒙哥到忽必烈，蒙古在进攻金、南宋的过程中逐渐占据中原汉地，他们从杀掠政策到恢复汉地传统、保护汉地文化，经历了一个渐变的过程。在成吉思汗时代，对待汉地中原基本的做法就是掠夺，甚至屠城。随着蒙古人占据中原，单纯的杀掠已经不再适应这时的情况，他们开始逐渐学习中原的传统统治方式，恢复传统统治秩序。窝阔台即位后，任用耶律楚材实行中原的赋税制度，木华黎经营中原也部分地恢复汉地统治。但是，在忽必烈即位之前，蒙古人对汉地的治理情况还是十分糟糕的，蒙古官员随意剥夺百姓的财产，百姓生活、生产没有保障，民户逃亡现象普遍，生产遭到破坏。

蒙古重视汉法，比较全面地实行汉法是从忽必烈开始的。

身为蒙古宗王和拖雷的嫡子，忽必烈有大志，善于思考。他积极召集天下的人才，寻求治理国家的方略。"岁甲辰，帝在潜邸，思大有为于天下，延藩府旧臣及四方文学之士，问以治道。"① 他尤其留意汉地统治的问题。1242 年刘秉忠跟海云禅师见忽必烈之后，上书数千言，都与行汉法有关。他先述典章、礼乐、法度、三纲五常之教，从尧舜到汉唐的道统，然后历数官制、赋税、刑法、国库粮仓、学校教育、孔子之道、养士等，得到忽必烈的称赞。② 忽必烈在 1244 年见王鹗的时候，王鹗"进讲《孝经》《书》《易》及齐家治国之道，古今事物之变，每夜分，

---

① 《元史》卷 4，《世祖一》。
② 《元史》卷 157，《刘秉忠传》。

乃罢。世祖曰：'我虽未能即行汝言，安知异日不能行之耶！'"① 可见忽必烈意欲做大汗，在中原地区行汉法的志向。

1247 年忽必烈召见张德辉，当时张德辉在金亡后进入史天泽的真定府为经历官。忽必烈问了关于孔子与儒学治国的几个问题：孔子离现在这么久远，他的思想学说还有用处吗？有人说金代就是因为儒学治国而灭亡的，你怎么看？张德辉一一做了回答。

> 岁丁未，世祖在潜邸，召见，问曰："孔子殁已久，今其性安在？"对曰："圣人与天地终始，无往不在。殿下能行圣人之道，性即在是矣。"又问："或云：辽以释废，金以儒亡，有诸？"对曰："辽事臣未周知，金季乃所亲睹，宰执中虽用一二儒臣，余皆武弁世爵，及论军国大事，又不使预闻，大抵以儒进者三十之一，国之存亡，自有任其责者，儒何咎焉！"世祖然之。②

1248 年忽必烈又问张德辉："孔子庙食之礼何如？"张德辉回答说："孔子为万代王者师，有国者尊之，则严其庙貌，修其时祀，其崇与否，于圣人无所损益，但以此见时君崇儒重道之意何如耳。"忽必烈听后决定："今而后，此礼勿废。"③

1251 年，蒙哥继大汗位，认为忽必烈关注汉地，也熟悉汉地的情况，就让他来统领汉地的政治军事大权，忽必烈很高兴，认为这是一个好机会。他就在金莲川设立幕府，召集汉地治理人才。据萧启庆的统计，从 1244 年到 1260 年继大汗位，忽必烈延揽的人才有六十多人，都是十分优秀的人才。他们分别来自于几个不同的集团：邢台集团、正统儒学集团、以汉地世侯为中心的金元遗士集团、西域人集团、蒙古集团等。④这里面，东平学派的成员有宋子贞、商挺、刘肃、徐世隆、李昶等。他

---

① 《元史》卷 160，《王鹗传》。
② 《元史》卷 163，《张德辉传》。
③ 《元史》卷 163，《张德辉传》。
④ 萧启庆：《忽必烈"潜邸旧侣"考》，《内北国而外中国》上册《蒙元史研究》，中华书局，2007，第 123 ~ 133 页。

们为忽必烈在潜邸时期行汉法起到了至关重要的作用。

## 礼乐制度

礼乐制度是中原政治制度中的一项重要内容，朝政中的祭祀、宴请、册封等等都需要一套完备的礼乐制度来实现，蒙古人要在汉地实行汉法，这是一项必需的内容。在窝阔台时期，蒙古人开始重视汉地礼乐，孔子第五十一代孙孔元措在金亡后来到东平，受到严实的保护。太宗十年（1238）窝阔台召见孔元措，并采纳了他的收集亡金太常故臣、礼册、乐器等的建议，命令各地行政军事首领把金代礼乐方面的人才并其家属都送往东平，并让孔元措负责礼乐事宜。第二年，孔元措便得到了金代掌乐许政、掌礼王节及乐工翟刚等92人，都带回东平组建新的礼乐队伍。蒙哥让忽必烈总领漠南汉地事务后，命严忠济立局，制备冠冕、法服、钟磬、仪物等习练礼乐。忽必烈亲自观看太常登歌乐的表演。"实时得金太常登歌乐，世祖遣使取之观，世隆典领以行。"忽必烈看后很满意，想留徐世隆在身边，徐世隆因为有老母在家没有留下，仍回到东平。① 当时，徐世隆奏忽必烈"宜增设宫县及文、武二舞，以备大典。"② 宪宗二年（1252）八月，徐世隆便带领太常礼乐50多人到明山为蒙哥汗演奏，蒙哥汗问徐世隆礼乐之始，徐世隆回答道："尧舜之世，礼乐兴焉。"十一日，"始用登歌乐祀昊天上帝"。③ 宪宗三年（1253），忽必烈命宋子贞兼领大乐礼官、乐工人等，"常令肄习"，命万户严忠济"依已降旨存恤"。宪宗六年（1256），忽必烈再次强调礼乐的重要性，要他们好好习练，以应国家之需。"六年夏五月，世祖以潜邸次滦州，下教命严忠济督宋周臣以所得礼乐旧人肄习，宜如故事勉行之，毋忽。"④ 这说明忽必烈对汉地礼乐制度的重视，这是汉法的重要内容。忽必烈对汉地礼乐制度的重视、继承，与宋子贞、孔元措、徐世隆和严实、严忠济的努力是分不开的。

---

① 《元史》卷160，《徐世隆传》。
② 《元史》卷174，《张孔孙传》。
③ 《元史》卷68，《礼乐志二》。
④ 《元史》卷68，《礼乐志二》。

### 汉地治理

忽必烈总领汉地事务后，用汉法治理卓有成效的是邢州、河南、关中三地。这是忽必烈继大汗位前用汉法实践的成功范例。在邢州和关中治理上，东平学派的刘肃、商挺做出了重大贡献。

蒙古人占领中原之初，基本上采取的是一味的掠夺政策，赋税非常重，斡脱商人勾结官员放高利贷，加重了这种盘剥政策。1251 年，邢州有两答剌罕禀告忽必烈"邢，吾分地也，受封之初，民万余户，今日减月削，才五七百户耳"。百姓不堪掠夺，逃亡非常严重，从一万多户，逃得还剩几百户。建议"宜选良吏抚循之"。① 这时候，奔父丧回老家邢州的刘秉忠回来，目睹了邢州的情况，向忽必烈汇报说："邢州旧余万户，兵兴以来不满数百，凋坏日甚。"他建议"得良牧守，如真定张耕、洺水刘肃者治之，犹可完复"。②忽必烈采纳了他们的建议，奏请蒙哥汗，任命脱兀脱、张耕为安抚使，刘肃为商榷使。东平学派刘肃有了施展才能的机会。

脱兀脱、张耕、刘肃到任后，采取一系列措施，邢州很快恢复了正常的统治秩序，百姓重新安居乐业。这些措施有兴办铁冶，造楮币等。《元朝名臣事略》记载刘肃到任后"遂兴铁冶，以足公用，造楮币，以通民货，车编甲乙，受顾而传，马给圉户，恒养而驿，官舍既修，宾馆有所，川梁仓庾，簿书期会，群吏法守惟谨，四方传其新政焉。"③新政在开发资源、货币流通、驿站、运输、土地开垦、吏治等方面卓有成效，流亡的百姓陆续返乡，"流亡复归，不期月，户增十倍"。由于刘肃等人的努力，忽必烈行汉法治汉地取得了开门红，使忽必烈看到了汉法的好处，他从此"益重儒士，任之以政"。④

关中是蒙哥汗分给忽必烈的封地，由于战争和当地政府的盘剥，"八州十二县户不满万，皆惊扰无聊"。忽必烈任命杨惟中为宣抚使，商挺辅佐。商挺"公佐惟中，进贤良，黜贪暴，明尊卑，出淹滞，定规程，主

① 《元史》卷4，《世祖本纪》。
② 《元史》卷157，《刘秉忠传》。
③ 《元朝名臣事略》卷10，中华书局，1996，第198页。
④ 《元史》卷157，《张文谦传》。

簿责，印楮币，颁禄稍，务农薄税，通其有无。期月，秦民乃安"。第二年，廉希宪代替杨惟中，商挺为副使。商挺在官员治理、社会正义、去除贪暴剥削、货币流通、务农薄税恢复民力等政策上尽心尽力，关中大治。①怀孟也是忽必烈的封地，因为在关中治理有方，忽必烈又让商挺治理怀孟，直到他去世好多年，"怀人至今缕道其善"。②

忽必烈在总领汉地事务，治理汉地的开端，就有东平学派刘肃、商挺在邢州、关中、怀孟的治理中建立卓有成效的政绩，这给忽必烈行汉法以强大的自信，促进了忽必烈的汉法政策的实施。

### 劝勿滥杀

蒙哥汗八年（1258）十一月，忽必烈遵蒙哥旨意，率东路军南下攻宋，第二年到达濮州（今河南濮阳东），召集东平学派宋子贞、李昶讨论对南宋用兵方略。宋子贞和李昶向忽必烈进言，要改变蒙古军队滥杀的情况。宋子贞说："本朝威武有余，仁德未洽。所以拒命者，特畏死尔。若投降者不杀，胁从者勿治，则宋之郡邑，可传檄而定也。"③李昶对忽必烈讲到治国则以用人、立法、赏罚、君道、务本、清源为对，讲到用兵则以伐罪、救民、不嗜杀为对。忽必烈对宋子贞、李昶两人不嗜杀、保民救民的建议很欣赏，认为这些都是正确的策略，有利于争取民心，有利于战争的胜利。④

当时，商挺也从东平来到濮阳，对蒙哥汗进攻蜀地，商挺对蒙哥汗能否成功抱怀疑态度，他说："蜀道险远，万乘岂宜轻动?"忽必烈听后，沉思良久，他很赞同商挺的话，说："卿言正契吾心。"⑤商挺的话，使忽必烈更加感到自己的东路军所肩负的责任，他对进攻南宋非常坚决，决心灭宋统一中国，所以，对于关乎战争胜利所有方面他也非常关心。他更加重视收取民心、安定民心以争取攻宋战争的早日成功。实际上，早在1252年，忽必烈在潜邸时，在日月山召见徐世隆，询问攻打云南的

---

① 《元朝名臣事略》卷11，中华书局，1996，第218页。

② 《元朝名臣事略》卷11，中华书局，1996，第219页。

③ 《元史》卷159，《宋子贞传》。

④ 《元朝名臣事略》卷12，《尚书李公》，中华书局，1996，第248页。

⑤ 《元史》卷159，《商挺传》。

计策时，徐世隆就曾以不嗜杀回答，他说："孟子有言'不嗜杀者能一之'，夫君子者，不嗜杀人，天下可定，况蕞尔之西南夷乎！"忽必烈听后很赞同："诚如卿言，吾事济矣。"[①]

## 二　东平学派成员的卓越政绩

1260年，忽必烈建元中统，是为中统元年。忽必烈在汉族臣僚的拥戴下，建立元朝，继承中华道统。在中统诏书中说："朕获缵旧服，载扩丕图，稽列圣之洪规，讲前代之定制。建元表岁，示人君万世之传；纪时书王，见天下一家之义。法《春秋》之正始，体大《易》之乾元。"[②]在至元八年（1271）的建大元国号诏书中称"绍百王而纪统……且唐之为言荡也，尧以之而著称；虞之为言乐也，舜因之而作号。驯至禹兴而汤造，互名夏大以殷中。"取《易经》"乾元"而建国号大元。[③]

忽必烈取《易经》"大哉乾元"之义，定"元"为国号，代替"蒙古"旧国号，表示继承夏、商、周、秦、汉、隋、唐等朝代的中华道统，用汉文化统治汉地，这是一个新的开端。包括东平学派成员在内的汉族臣僚在元初新的统治秩序建立过程中起到了重要作用，在政治、经济、文化、教育和军事等领域，东平学派成员都积极地参与其中，为元初的统治建立了卓越的政绩。

### 十路宣抚司

忽必烈创立元朝后，于中统元年设立了中书省，统领全国政务，由王文统、张文谦任平章政事和左丞。之后设立了十路宣抚司，对建国之初的全国地方政治进行有效的管理和控制，削弱地方汉族世侯的权利。十路宣抚司中有三路宣抚使是东平学派成员。十路宣抚使为：燕京宣抚使赛典赤、李德辉，副使徐世隆；益都济南等路宣抚使宋子贞，副使王磐；河南宣抚使史天泽；北京等路宣抚使杨果，副使赵炳；平阳太原路宣抚使张德辉，副使谢瑄；真定路宣抚使孛鲁海牙、刘肃；东平路宣抚

---

① 《元史》卷160，《徐世隆传》。
② 《元史》卷4，《世祖纪一》。
③ 《元史》卷7，《世祖纪四》。

使姚枢，副使张肃；大名彰德路宣抚使张文谦，副使游显；西京路宣抚使黏合南合，副使崔巨济；京兆路宣抚使廉希宪。有东平学派成员的宣抚使是燕京宣抚副使徐世隆；益都济南路宣抚使宋子贞，副使王磐；真定路宣抚使刘肃。当时的十路宣抚司职高权重，具体负责农业生产、税收、刑狱、军需物资、官吏考核等，是忽必烈直接掌管的中央派出地方的机构，当时的一项重要任务是监督汉地世候的地方执政。① 而在中统元年四月，立中书省的时候，还以八春、廉希宪、商挺为陕西四川等路宣抚使。②

中统三年，忽必烈将宣抚司改为宣慰司，仍设十路，人员、管辖区域做了调整。在新的宣慰司中，王磐被任命为真定宣慰使。

燕京是辽代的五京之一的南京，金朝自海陵王贞元元年（1153）迁都到此，是金朝的政治经济中心。蒙古占领这里，一开始就是汉地统治的中心。中统元年，忽必烈在开平被立大汗，之后即选择了燕京作为首都。所以，燕京宣抚司是一个非常重要的行政机构，其治理的难度也是很大的。徐世隆升任燕京宣抚使，"京师久号难治，下车以新民善俗为务。车驾往还，贵近迎送，百色供亿，从容以办"③。其间与达官贵族，各色人等公务应酬从容不迫。燕京是辽代的五京之一，又是金朝政治经济中心，官僚、士绅、商人各种人等关系错综复杂；这里又是南方汉族地区与北方少数民族地区政治、经济往来的一个中心地区，在这里任宣抚使对徐世隆来说是一个很大的考验。但是他上任后从容不迫，斡旋于达官贵人、各色人等之间，游刃有余，一方面为蒙古政权的巩固和发展做出了贡献，另一方面也显示出他出色的政治才能。前政盐课"不及额"，他上任后"得增羡若干"。他对政务的判断力也非常强，这是他较为突出的才干之一。当时中书省要诸路准备养马的场所、器物等，数以千万计，数量巨大。如果准备下来，耗费很大，是一笔很大的财政支出；如果不准备，万一任务下来会措手不及，对养马造成损失。徐世隆分析道："国马牧于北方，往年无饲于南者。上新临天下，京畿根本地，烦扰之事，必不为之，马将不来。"有人提出这是军需，如果追责，将会很

---

① 《元史》卷4，《世祖一》。
② 《元史》卷4，本纪第四，《世祖一》。
③ 《元朝名臣事略》卷12，《太常徐公》，中华书局，1996，第251页。

重。徐世隆说："责当我坐。"最后，果如徐世隆的分析，养马的任务没有下达到宣抚司。[①]

王磐任真定、顺德路等路宣慰使。在任期间，"禁戢奸暴，扶植善良，民赖以安"。他不惧地方势力，顶着压力，把违法害民的官吏和恶霸绳之以法。衡水监县忙兀带，利用职权谋私利，被部民赵清揭发。忙兀带的妻子派人潜入赵清家，欲杀人灭口。赵清逃亡，而他的家人父母和妻子、孩子被杀。赵清请求官府调查，但官府不但拖延审理，还偷偷将其诉状改写。王磐得知此事后，严格调查，最后没收忙兀带一半家产给赵清。另一个案件是真定有个姓胡的商人放高利贷，凡是偿还不了的，他私设刑堂，"捞掠桎梏，恣为威虐"，人们称他"阎罗王"，而且多次干扰官府公务，凭着各方关系和强势的地方势力，使真定府官员也畏忌他，不敢与他作对。王磐凛然大义，派人抓了他，并严厉惩罚。[②]

## 国　政

中统建元，元世祖建立中书省为全国最高行政机构，之后设置了十路宣抚司，主要行使处理政治经济事务的权力，但无军权，不足以对应叛乱、治安等问题，所以在一些地方改置行中书省。之后，行中书省开始建置。宋子贞在省部建置过程中起了重要作用。因为省部的设置是采取汉制，这就给包括东平学派士人集团在内的汉族官员提供了用武之地。宋子贞先是被授予益都等路宣抚使，之后不久，即调入中央拜右三部尚书。"会创立省部，一时典章制度，多公裁定。"[③]

我国"省"级建制就是从此开始的，一直沿用到现在，说明这个建制对中国地方行政机构设置的重要意义。而宋子贞就是这个建制的一系列规章制度的制定者之一，而且起到了"裁定"的重要作用。

李璮之乱被平定后，忽必烈采取了一系列加强中央集权的措施，如在各地实行兵民分治的制度，管民事的只管民事，不管军权，军权另有官员掌管，诸路军民总管只管民政，没有了军权。对于汉地世侯的军权，规定一家有多人掌军权的，其子弟不再掌管兵事。当时，宋子贞提出

---

①　《元朝名臣事略》卷 12，《太常徐公》，中华书局，1996，第 251 页。
②　《元朝名臣事略》卷 12，《内翰王文忠公》，中华书局，1996，第 242 页。
③　《元朝名臣事略》卷 12，《内翰王文忠公》，中华书局，1996，第 202 页。

"临民官皆相传以世，非法赋敛，困苦无告，亦宜迁转，以革久弊。"①当时，汉地世侯多年掌管当地的事务，往往世袭，造成一地基本被控制、出现霸王官的情况，威胁中央对地方的统治，对其违法赋敛的情况，也不好解决。至元二年，忽必烈采纳了宋子贞的建议，罢地方管民官世袭，立迁转法，三年一换，重点迁转河东山西、河南、山东地方的官吏。"至元二年，罢世袭官，初行迁转法。诏公同左丞相耶律公按行山东，调选所部长次官。"忽必烈让宋子贞与耶律公一同往山东，调选官员，行转迁法。②

宋子贞还建议"立国学，教胄子，敕州郡提举学课试诸生，凡三年一辟，贡举中第者入仕，则人才辈出矣"③。

宋子贞是较早向元世祖忽必烈建言实行科举选士的汉族高官之一，他和其他汉族官员看到这一制度对实行汉法、选拔人才的重要性，所以屡次向忽必烈建言。据《元史·选举制》记载，至元初年，"有旨命丞相史天泽条具当行大事，尝及科举，而未果行"。④而《元朝名臣事略》记载宋子贞建言科举选士，是在李璮之乱平定后的中统三年，早于史天泽"尝及科举"的年代。忽必烈朝虽未实行，但这为以后元朝实行科举起到了促进作用。

由于李璮之乱，善于理财的中书平章王文统被诛，忽必烈出于对汉人臣僚忠诚的怀疑，进而任用色目人阿合马理财。阿合马原本是花剌子模费纳克忒的穆斯林商人，后作为侍臣随察必皇后进入皇宫，之后表现出理财的才干。中统三年，忽必烈任命阿合马领中书左右部，兼诸路都转运使，主要任务就是财政。至元元年（1264）阿合马被任命为中书省平章政事。"世祖急于富国，试以行事，颇有成绩……由是奇其才，授以政柄，言无不从。"但是，其人任用其私，贪婪专横，对上"专事蒙蔽"，对下卖官，收受财物，对老百姓"逋赋不蠲，众庶流移"，"京兆等路岁办课至五万四千锭，犹以为未实。民有附郭美田，辄取为己有。

---

① 《元朝名臣事略》卷12，《内翰王文忠公》，中华书局，1996，第202页。
② 《元朝名臣事略》卷12，《内翰王文忠公》，中华书局，1996，第202页。
③ 《元朝名臣事略》卷12，《内翰王文忠公》，中华书局，1996，第202页。
④ 《元史》卷81。

内通货贿，外示威刑。廷中相视，无敢论列"。①王磐是元朝名高位尊的老臣，他看不惯阿合马的所作所为，敢于跟他斗争。阿合马为了拉拢王磐，"致重币求文于碑"，王磐予以拒绝。② 至元七年，王磐向朝廷建议罢转运司，因为以阿合马为首的转运司，盘剥百姓。他说："方今害民之吏，转运司为甚，至有税人白骨，使民间槁殡不得改葬者，盍速罢去，以苏民心。"③阿合马为首的权臣嫌按察司为民做主，妨碍他们敛财，至元十三年，想借朝廷裁汰冗官之际撤销按察司，把它并入转运司，这样，按察司与转运司成为一家机构，就没办法监督限制转运司的胡作非为了。王磐顶住压力，坚持保留按察司，他上疏说："外路州郡，去京师遥远，滥官污吏，侵害小民，无所控告，惟赖按察司为与申理。若指为冗官，一例罢去，则小民冤死而无所诉矣。若曰京师有御史台，足以纠察四方之事，是大不然。御史台纠察朝廷百官，京畿州县，尚有不及，况能周遍外路千百城之事乎？若欲以按察司并入运司，今之运司专以营利增课为职，与管民官恒分彼此，岂暇顾细民之冤抑哉？臣以为存之便。"④王磐上书，首先指出按察司的作用是监督限制官员滥用职权，侵害百姓，如果撤销，百姓得不到保护，后果是很严重的。他已经看到阿合马对百姓不择手段的剥削，担忧对社会带来的不利影响，以一个儒家学者和汉族儒官的责任心，对国家长治久安的考虑，和对百姓安居乐业的关心，力保这一监察机构的存在。进而他反驳了要求罢按察司的理由。朝廷有监察百官的御史台就够了，不需要按察司。他反驳说，御史台监管范围有限，对于京畿之外的全国各地方更是鞭长莫及，起不了任何作用。最后，在王磐等人的坚持下，按察司得以保留。

王磐作为儒家学者，关心国家、关心人民的同时，也非常关心儒学人才的培养。当国子祭酒许衡告归的时候，忽必烈让中书左丞张文谦问王磐的意见，王磐说："自古有国家者，必与人材共治，若无学校，人材何从而得。今许某教生徒有法，数年之后，皆可从政，事体所系至大。某素廉介，意其所以求退者，得非生员数少，坐糜廪禄，有所不安然耶？

---

①　《元史》卷 250，《阿合马传》。

②　《元史》卷 160，《王磐传》。

③　《元朝名臣事略》卷 12，《内翰王文忠公》，中华书局，1996，第 242 页。

④　《元朝名臣事略》卷 12，《内翰王文忠公》，中华书局，1996，第 245 页。

宜增益生员，使之进学，庶几人材有成，某之受禄亦可少安矣。"①

　　忽必烈毕竟是蒙古族，作为元朝统治者，他的治国主要关心的是财利，对于儒学的了解虽然较深，但他并不是从小在汉族聚住区长大，没有接受过正统的儒学教育。对于汉地朝代治国政策也不是全盘接受，比如科举取士，在忽必烈时代就未实行。对于儒学学校的设立，忽必烈虽然持较积极的态度，如全国范围的地方官办儒学的普遍设置是在忽必烈朝完成的。② 元朝设立国子学，是在至元七年，张文谦"复与窦默请立国子学"。忽必烈"诏以许衡为国子祭酒，选贵胄子弟教育之"③，"即令南城之旧枢密院设学"④。但是元朝对国子学的支持是有限的。到至元十年，从设立起才两三年的时间，国学"诸生廪饩不继"⑤，朝廷连粮食也不能保证国学，还谈什么办学？而且当时国子学的学生人数不过几十人而已。许衡此时提出辞呈还家。当忽必烈征求王磐的意见时，王磐提出国家应支持国子学，增加生员。虽然最后忽必烈允许许衡还乡了，王磐扩大国子学的想法落空，但是足以看出他兴儒学、办学校的意愿。

　　中统元宝交钞是世祖中统元年十月开始发行的，以银为本，面额有十文、二十文、三十文、五十文、一百文、三百文、五百文、一贯文、二贯文等。当时以中统钞为唯一法定货币。钞法规定一切科差、课税都以钞为准，街市买卖都要使用钞，并且自中统钞发行后，各路原来使用的旧钞一律停止使用，民间持有者到钞库兑换中统钞。

　　在中统钞发行之前，各地发行的钞法不一，没有统一，有的以银为本位，有的以丝为本位。中统钞发行后，各地流通的货币停用，有的地方银钞贬值，给经济活动和人民生活带来不利的影响。当时，真定路的情况就是这样。"真定行用银钞，奉太后旨，交通燕、赵以及唐、邓之间，数计八千余。中统新钞将行，银钞之价顿亏。"地方官府和百姓一时不知所措。真定路是十路宣抚司之一，刘肃任宣抚使。面对这种新情况，刘肃上书提出了三点建议："旧钞不行，下损民财，上废天子仁孝之名，

---

① 《元朝名臣事略》卷12，《内翰王文忠公》，中华书局，1996，第244页。
② 李治安：《忽必烈传》，人民出版社，2004，第554页。
③ 《元史》卷157，《张文谦传》。
④ 《元朝名臣事略》卷8，《左丞许文正公》，中华书局，1996，第173页。
⑤ 《元朝名臣事略》卷8，《左丞许文正公》，中华书局，1996，第176页。

依旧行用，一也；新旧兼用，二也；必欲全行新钞，直须如数收换，庶几小民不致虚损，三也。"①

最终中央采纳了他的建议，按照第三条让民间到官府兑换新钞。这一政策的实行，使元朝的货币政策得以稳健地实行，避免了在新钞发行之后的混乱和百姓财产的损失，对元朝统治的稳固和元朝初期的经济发展起了重要作用。

刘肃还十分重视水利和江河治理。真定城西木方堤堰，年久失修，他视察后，马上决定大修，除去不结实并容易引起决堤的沙子，换上泥土，并沿堤种上柳树，以固定堤堰。在修好的当年，正赶上多年未遇的大雨，堤堰完好无事，保护了百姓的生命和财产安全。②

中统二年，刘肃升为右三部尚书，"一时典宪，多出公手"。有人评价他："中统以来，左曹之任，以通才得名者，独公一人焉。"③

徐世隆在中统三年宣抚司罢后，回到东平，时任东平总管严忠范向他反映国家礼乐的增设一事："太常登歌乐，向圣主观于日月山，既而发还，今十余年矣。乞增宫县大乐、文武二舞，令旧工教习，以备大祀。"④徐世隆随即将建议呈送世祖，世祖让徐世隆任太常卿掌管此事。⑤

中统四年，元世祖向徐世隆问起尧、舜、禹、汤为君之道，要了解古代圣王是怎样治理国家的。徐世隆就选取古代帝王的治理国家的历史事件、思想等，编辑成册，呈送世祖，世祖让人翻译后给他读。⑥徐世隆很注意总结历史，以备今用。除给世祖辑取古代帝王治国理念和历史事件外，他还选取历代典章制度编辑成书，"凡百卷，曰《瀛洲集》"，成为元朝政府制定大政方针和完善各种制度的必备书籍。⑦此外，至元七年他拜吏部尚书后，为选官著成《选曹八议》，成为选吏的法规性文件。⑧

① 《元朝名臣事略》卷10，《尚书刘文献公》，中华书局，1996，第198～199页。
② 《元朝名臣事略》卷10，《尚书刘文献公》，中华书局，1996，第198～199页。
③ 《元朝名臣事略》卷10，《尚书刘文献公》，中华书局，1996，第199页。
④ 《元朝名臣事略》卷12，《太常徐公》，中华书局，1996，第252页。
⑤ 《元史》卷160，《徐世隆传》。
⑥ 《元史》卷160，《徐世隆传》。
⑦ 《元朝名臣事略》卷12，《太常徐公》，中华书局，1996，第252页。
⑧ 《元朝名臣事略》卷12，《太常徐公》，中华书局，1996，第253页。

　　商挺在至元元年拜参知政事后，向朝廷建议修史事，这是一件政治大事。每一个朝代建立之后都要修上一个朝代的历史。商挺建议修辽、金二史，请王鹗、李冶、徐世隆、高鸣、胡祇遹、周砥具体负责。元世祖接受了他的建议，辽、金史得以编撰。至元三年，元世祖希望了解经学，这件任务又由商挺与姚枢、窦默、王鹗、杨果负责，编成《五经要语》二十八类。至元八年，商挺升任枢密院副使，他做的一件重要的事就是屯田。使四千多人屯田，开垦土地三万亩，收获的粮食和经济作物以供军需。

　　至元九年，皇子忙阿剌被封为安西王，商挺负责辅佐，为王相。商挺有大略，遇事考虑很周到。至元十四年，安西王北征，商挺建议训练几千延安民兵，以备不测。遂让李忽兰吉负责。果然，不多时秃鲁叛，正好用延安兵应敌。商挺还给安西王建言十策：睦亲邻，安人心，敬民时，备不虞，厚民生，一事权，清心源，谨自治，固本根，察下情。安西王很高兴地采纳他的建言。①

　　李昶也是很受忽必烈尊重的东平学派成员。忽必烈中统元年继位后，即召他到开平，访以国事。当时，行中书省科征税赋严苛，连逃亡户也算在税赋之内，见户税赋增加了一倍多，加重了百姓的负担。李昶上书时相："百姓困于弊政久矣。圣上龙飞，首颁明诏，天下之人，如获更生，拭目倾耳，以徯太平。半年之间，人渐失望，良以渴仰之心太切，兴除之政未孚故也。侧闻欲据丁巳户籍，科征租税，比之见户，或加多十六七，止验见户，应输犹恐不逮，复令包补逃故，必致艰难。苟不以抚字安集为心，惟事供亿，则诸人皆能之，岂圣上擢贤更化之意哉？"②他的上书引起了重视，行中书省遂取消了对已经逃亡不在本地的户籍的租税征收，大大减轻了百姓的负担，稳定了元初的统治。

　　1260 年夏，驻守阿勒泰山的阿里不哥被拥立大汗，与忽必烈争夺汗位。秋季，阿里不哥分兵两路大举南下。东路军由旭烈兀子药木忽儿、尤赤后王合剌察儿统率，自和林向漠南挺进。西路军由阿兰答儿统领，进军六盘山，准备与四川浑都海的攻宋主力军会合。会合后两军军力大增。忽必烈增派诸王合丹、哈必赤与汪惟良、八春同阿兰答儿、浑都海

　　① 《元史》卷 159，《商挺传》。
　　② 《元史》卷 160，《李昶传》。

大战西凉，大败阿兰答儿、浑都海，两人均被擒杀。一时，阿里不哥势力大减，不得不采取守势。

在取得胜利后，忽必烈诏命燕京行省及各路宣抚使北上开平，商议军政大事。天下暂时安定。这时候，李昶上表祝贺，但他更多的是告诫忽必烈，军事上不可轻心，要做好进一步斗争的准备；而在国家的治理上，增修庶政，选官、俭用、举民，稳定刚建立不久的国家的统治。他说："患难所以存儆戒，祸乱将以开圣明，伏愿日新其德，虽休勿休，战胜不矜，功成不有，和辑宗亲，抚绥将士，增修庶政，选用百官，俭以足用，宽以养民，安不忘危，治不忘乱，恒以北征宵旰之勤，永为南面逸豫之戒。"① 李昶不是单纯地祝贺，更不是借机献媚，而是在胜利之后直接给忽必烈告诫，并提出稳固统治的若干策略。这是难能可贵的，令忽必烈钦佩。当忽必烈在庭院休闲看到李昶前来，他会马上收起笑容，比较严肃地说："李秀才至矣。"②

至元元年，李昶被任命为吏礼部尚书，品格条式、选举礼文之事，多所裁定。凡议大政，宰相必请他上座，倾听他的意见。至元七年，授南京路总管兼府尹，八年，授山东东西道提刑按察使。

## 平定李璮之乱

李璮是金元之际山东地方世侯李全的养子，李全攻宋阵亡后，袭其职为益都行省，势力及于以益都为中心的山东半岛至淮河以北地区。中统三年（1262）二月，李璮趁忽必烈北征阿里不哥的机会反叛，占益都、济南。

在李璮反叛前，时任益都路宣抚副使的王磐正在益都养病，当他得知李璮要谋反后，马上与妻子悄悄离开益都，奔走济南，并从济南转至京师，面见忽必烈告知李璮要谋反的消息，忽必烈平叛得以提前准备。当李璮据济南，元军围困济南时，王磐的家属在济南城中，忽必烈特意授予他参议中书省事，他"日图军务，一语不及其私"，他专心平叛军事事务，并没有顾及他的家属的情况。③

---

① 《元史》卷 160。
② 《元史》卷 160。
③ 《元朝名臣事略》卷 12，《内翰王文忠公》，中华书局，1996，第 242 页。

李璮叛乱后，忽必烈调集蒙古军、汉地世侯军队征讨。任命宗王合必赤为诸军统帅，不只爱不干和赵璧行中书省事于山东，宋子贞为参议军前行中书省事。待十几路大军到达山东后，形成对济南的合围。李璮叛乱是在忽必烈当政的中统三年，在这之前，深谙汉法，有着汉族文化修养的忽必烈已用汉法在汉地统治多年，建国后，对汉族官员和汉地世侯的封官加爵，已经形成了相对稳定的统治秩序，汉族官员和汉地世侯已经形成了对忽必烈建立的元朝的归属感，原来有反蒙的想法这时候大多已经放弃了，所以，李璮反叛只得到了少数势力不大的地方势力的支持，他寄希望于大世侯的支持是不现实的，这也是他难逃失败命运的原因。

宋子贞随军来到济南，遂即上前线观察形势。然后对丞相史天泽提议："璮拥众东来，坐守孤城，宜增筑外城，防其奔突，彼粮尽援绝，不攻自破矣。"①此建议与史天泽的想法不谋而合，史天泽、合必赤遂修建壕沟，并引河水围住济南。七月，突围不成的李璮在大明湖被擒。王磐、宋子贞为元初平定叛乱做出了贡献。

在汉地世侯统治的区域，州县官员多是世侯的家族世袭，李璮之乱使忽必烈意识到必须改变这一情况。宋子贞在平乱后回到朝廷即上书忽必烈谈到了这一情况，并建议忽必烈罢州县官员世袭，行迁转法。他上书说："官爵人主之柄，选法宜尽归吏部。律令，国之纪纲，宜早刊定。监司总统一路，用非其材，不厌人望，乞选公廉有才德者为之。今州县官相传以世，非法赋敛，民穷无告，宜迁转以革其弊。"至元二年，开始罢州县世袭的工作，忽必烈派宋子贞与左丞相耶律铸到山东，迁调官员。② 宋子贞从山东回京后，授翰林学士，参议中书省事，然后很快拜中书平章政事。

除以上三个方面外，东平士人集团中的人物宋子贞、商挺、李谦、马绍、申屠致远、夹谷之奇、孟祺、阎复、李之绍等在兴办学校、战胜阿里不哥、吏治管理、阻止远征日本、征宋统一中国等政治、经济、军事、教育等诸方面都有很多贡献。

---

① 《元史》卷 159，《宋子贞传》。
② 《元史》卷 159，《宋子贞传》。

# 附录 东平府学人物传记、碑铭资料

## 严 实

### 子忠济、忠（范）[嗣]

严实字武叔，泰安长清人。略知书，志气豪放，不治生产，喜交结施与。落魄里社间，屡以事系狱，侠少辈为出死力，乃得脱去。

癸酉秋，太祖率兵自紫荆口入，分略山东、河北、河东而归。金东平行台调民为兵，以实为众所服，命为百户。甲戌春，泰安张汝楫据灵岩，遣别将攻长清，实破走之。以功授长清尉。戊寅，权长清令。宋取益都，乘胜而西，行台檄实备刍粮为守御计。实出督租，比还，而长清破，俄以兵复之。有潛于行台者，谓实与宋有谋，行台以兵围之，实挈家避青崖。宋因以实为济南治中，分兵四出，所至无不下，于是太行之东，皆受实节制。

庚辰三月，金河南军攻彰德，守将单仲力不支，数求救。实请于主将张林，林逗留不行，实独以兵赴之，比至，而仲被擒。实知宋不足恃。七月，谒太师木华黎于军门，挈所部彰德、大名、磁、洺、恩、博、滑、浚等州户三十万来归，木华黎承制拜实金紫光禄大夫、行尚书省事。进攻曹、濮、单三州，皆下之。偏将李信，留镇青崖，尝有罪，惧诛，乘实之出，杀其家属，降于宋。辛巳，实以兵复青崖，擒信诛之。进攻东平，金守将和立刚弃城遁，实入居之。

壬午，宋将彭义斌率师取京东州县，实将晁海以青崖降，尽掠实家。义斌军西下，郡县多归之。乙酉四月，遂围东平。实潜约大将孛里海合兵攻之，兵久不（出）[至]，城中食且尽，乃与义斌连和。义斌亦欲藉实取河朔，而后图之，请以兄事实。时麾下众尚数千，义斌听其自领，而青崖所掠者则留不遣。七月，义斌下真定，道西山，与孛里海等军相望，分实以帐下兵，阳助而阴伺之。实知势迫，急赴孛里海军与之合，遂与义斌战，宋兵溃，擒义斌。不旬月，京东州县复为实有。是冬，木华黎之弟带孙取彰德；明年，取濮、东平；又明年，木华黎之子孛鲁取益都：实皆有功焉。

庚寅四月，朝太宗于牛心之幄殿，帝赐之坐，宴享终日，赐以虎符。数顾实谓侍臣曰："严实，真福人也。"甲午，朝于和林，授东平路行军万户，偏裨赐金符者八人。先是，实之所统，凡五十余城，至是，惟德、兖、济、单隶东平。丁酉九月，诏实毋事征伐。

初，彰德既下，又破水栅，带孙怒其反覆，驱老幼数万欲屠之。实曰："此国家旧民，吾兵力不能及，为所胁从，果何罪耶！"带孙从之。继破濮州，复欲屠之。实言："百姓未尝敌我，岂可与执兵刃者同戮。不若留之，以供刍秣。"濮人免者又数万。其后于曹、楚丘、定陶、上党皆然。时兵由武关出襄、邓，实在徐、邳间，以为河南破，屠戮必多，乃载金缯往赎之，且约束诸将，毋敢妄有杀掠。灵壁一县，当诛者五万人，实悉救之。会大饥，民北徙者多饿死。又法，藏匿逃者，保社皆坐。逃亡无所托，僵尸蔽野，实命作糜粥，盛置道傍，全活者众。实部曲有逃归益都者数十人，益都破，皆获之，以为必杀，实置不问。王义深者，义斌之别将，闻义斌败，将奔河南，实族属在东平者，皆为所害。河南破，实获义深妻子，厚周恤之，送还乡里，终不以旧怨为嫌。其宽厚长者类若此。

庚子卒，年五十九。远近悲悼，野哭巷祭，旬月不已。中统二年，追封实为鲁国公，谥武惠。子忠贞，金紫光禄大夫；忠济，忠嗣，忠范，忠杰，忠裕，忠祐。


忠济，一名忠翰，字紫芝，实之第二子也。仪观雄伟，善骑射。辛丑，从其父入见太宗，命佩虎符，袭东平路行军万户、管民长官，开府布政，一法其父。养老尊贤，治为诸道第一。领兵略地淮、汉，偏裨部曲，戮力用命。定宗、宪宗即位之始，皆加褒宠。

忠济初统千户十有七，乙卯，朝命括新军山东，益兵二万有奇。忠济弟忠嗣、忠范为万户，以次诸弟暨勋将之子为千户，城戍宿州、蕲县，而忠济皆统之。己未，世祖南伐，诏率师由间道会鄂。亲率勇士，梯冲登城。师还，忠济选勇敢二千，别命千户将之，甲仗精锐，所向无前。大臣有言其威权太盛者。中统二年，召还京师，命忠范代之。

忠济治东平日，借贷于人，代部民纳逋赋，岁久愈多。及谢事，债家执文券来征。帝闻之，悉命发内藏代偿。东平庙学故隘陋，改卜高爽地于城东，教养诸生，后多显者。幕僚如宋子贞、刘肃、李昶、徐世隆，俱为名臣。至元二十三年，特授资德大夫、中书左丞、行江浙省事，以老辞。二十九年，赐钞万五千缗、宅一区，召其子瑜入侍。三十年，卒。

忠济统理方郡凡十一年，爵人命官，生杀予夺，皆自己出。及谢去大权，贵而能贫，安于义命，世以是多之。后谥庄孝。

忠嗣，实之第三子也。少从张澄、商挺、李桢学，略知经史大义。辛亥，其兄忠济授以东平人匠总管，遥领单州防御使事。乙卯，充东平路管军万户。丁巳，从忠济略地扬州，取邵伯埭，首立战功。己未南征，从忠济渡淮，分兵出（桂）〔挂〕车岭，与宋兵相拒三昼夜，杀获甚众，始达蕲州。及渡江抵鄂，分部攻城九十余日，战甚力。师还，授金虎符。

中统三年，李璮叛，宋兵攻蕲（州）〔县〕，势张甚，徐州总管李杲哥降于宋，齐鲁山寨为宋兵所据。忠嗣从大帅按脱救蕲县，复徐州，执李杲哥杀之。攻邹之峄山、滕之牙山，多所杀获。按脱论功以闻，赐银二百两、币五十端。四年，朝廷惩青齐之乱，居大藩者，子弟不得亲政，于是罢官家居。至元十年，卒。

（《元史》卷一四八）

## 东平行台严公神道碑

岁庚辰秋七月，东平严公籍彰德、大名、磁、洺、恩、博、滑、浚等州户三十万，归于有司。窃尝考于前世兴王之迹，盖帝王之兴，天将举全所覆者而畀之。时则有魁伟宏杰之士，为之倡大义、建大事，一六合之同异，定群心之去就。犹之天造草昧，龙见而跃，云雷合势，为之先后，然后腾百川而雨天下者易为力。臣主之感遇，天人之参会，无不然者。初，贞祐南渡，豪杰乘乱而起，四方之人，无所归命。公据上流之便，握劲锋之选，威望之著，隐若敌国。人心所以为楚为汉者，皆倚

之以为重。至是晓然知天命所在，莫敢有异志，国家亦藉之以成包举之
势。故自开创以来，功定天下之半，而声驰四海之表者，惟公一人而已！
非天使之倡大义、建大事，以应兴王之迹，其能若是乎？公讳某，字武
叔。其先博之博平人，后迁长清，遂占籍焉。曾大父启、大父祺、父珪，
皆以农为业。妣，同里杨氏。生二子，长彬，字才叔；次即公。公幼警
悟，略知读书。及长，志节豪宕，若以生产为不足治者。为人美仪观，
喜交结，好施予。落魄里社间，不自顾藉，屡以事被系。侠少辈爱慕之，
多为之出死力，以故得脱去。癸酉之秋，国兵破中夏，已而北归。东平
行台调民为兵，以公为众所伏，署百夫长。明年春，泰安人张汝楫据灵
岩，遣别将攻长清，公破走之，以功授长清尉，东阿、平阴、长清三县
提控捕盗官。戊寅六月，摄长清令。八月，宋人取益都，乘胜而西。行
台檄公备刍粮为守御计。公出督租，比还而长清陷。寻以兵复之。有谮
于行台者，谓公与宋有谋。行台疑公，以兵围之。公挈老幼壁青崖崮，
依益都主将，以避台兵之锋。宋因以公为济南治中。分兵四出，所至无
不下。于是太行之东，皆公所节度矣。庚辰三月，河南军攻彰德，守将
单仲力不支，数求公救。公为请于主将，主将逗留不行，公独以兵赴之。
比至，而仲被擒。公知宋不足恃，首谒先太师于军门，挈所部以献。太
师时以王爵统诸道兵，承制封拜，乃授公金紫光禄大夫、行尚书省事。
其年，进攻曹、濮、单三州，皆下之。偏将李信留镇青崖，尝有罪，惧
诛，乘公出征，叛降于宋，公兄及夫人杜氏皆遇害。明年，公以太师兵
复青崖，擒信诛之。进攻东平，守将何立刚弃城而奔，公始入居之。又
明年，军上党。宋将彭义斌说青崖晁海叛公，公之家人复被略去。义斌
军西下，郡县多为所胁。乙酉四月，遂围东平。公间遣人会大将孛里海
军，军久不至。城中食且尽，乃与义斌连和。义斌亦欲藉公取河朔，而
后图之，请以兄事公。时麾下众尚数千，义斌不之夺，而青崖所略则留
不遣也。其七月，义斌下真定，道西山，与孛里海等军相望，分公以帐
下兵，阳助而阴伺之。公知势已迫，即连趣孛里海军而与之合。战始交，
宋兵奔溃，乃擒义斌。不旬月，先所失部分尽复之。是冬，郡王戴孙取
彰德，明年取濮东平。又明年，太师攻益都，凡公之功，所在皆为诸道
之冠。庚寅四月，朝于牛心之帐殿。天子赐之坐，宴享终日。上欢甚，
锡公金虎符，宠以不名。又数数目公，顾谓侍臣言："若严公者，真福人

矣!"又四年，朝于和林城，授东平路行军万户，偏裨赐金符者八人。

初，公之所统，有全魏，有十分齐之三，鲁之九。及是，画境之制行，公之地于魏，则别大名，又别为彰德；齐与鲁，则复以德、兖、济、单归于我。丁酉九月，诏书命公毋出征伐。当是时，公以百城长东诸侯者十五年矣。始于披荆棘、扦豺虎，敝衣粝食，暴露风日。挈沟壑转徙之民，而置之衽席之上，以勤耕稼，以丰委积。公帑所积，尽于交聘、燕享、祭祀、宾客之奉，而未尝私贮之。辟置俊良，汰逐贪墨，颐指所及，竭蹙奉命。不三四年，由武城而南，新泰而西，行于野，则知其为乐岁；出于涂，则知其为善俗；观于政，则知其为太平官府。而公之心力亦已尽矣!上亦雅知公不便鞍马，念其功而悯其劳，视之犹家人父子，欲使之坐享康宁寿考之福，故圣意优恤如此。公病风痹久之，有劝迎良医者，笑曰："人岂不死邪? 得无疾痛以没，足矣!"以庚子四月己亥，春秋五十有九，薨于私第之正寝。是夕，大星殒于县界，人以为公殁之应。五月壬申，举公之枢，葬于鹊里之新茔，礼也。

公既握兵柄，颛生杀，时年已长，经涉世故久，乃更折节自厉。闲亦延致儒士，道古今成败。至前人良法美意，所以仁爱民物者，辄欣然慕之。故虽起行伍间，严厉不可犯，至于仁心为质者，亦要其终而后见也。彰德既下，又破水栅。郡王怒其反复，驱老幼数万欲屠之。公解之曰："此国家旧民。吾兵力不能及，为所胁从，果何罪邪?"王从公言，释不诛。继破濮州，复有水栅之议。公为言："百姓未尝敌我，岂可与兵人并戮之。不若留之农种，以给刍秣。"濮人免者又数万。其后于曹、于定陶、于楚丘、于上党，盖未有不然者。大兵由武休出襄、邓，公时在徐、邳间。以为河南破，屠戮必多，我当载金缯往赎之，且约束诸将，毋敢妄杀，有所卤获，必使之骨肉完保。灵壁一县，当废者五万人，公所以救之者百方。兵人既素服公言，重为资币所诱，故皆全济。中有求还乡里者，悉纵遣之。是冬大饥，生口之北渡者多饿死；又藏亡法严，有犯者，保社皆从坐之。逋亡累累，无所于托，僵尸为之蔽野。公命作糜粥，盛置道旁，人得恣食之，所活又不知几何人矣!初，公之部曲，有亡归益都数十人，益都破，皆获之。人以为必杀，而公一切不问。王义深，义斌之别将，闻义斌败，将奔河南，凡公族属在东平者，皆为所害。河南破，公获深妻子，厚为赒恤之，且护送还乡里，终不以旧事为嫌。其能人之所难能者又如此！东州既为乐土，四外之人，托公以为命者相踵也。公为之合散亡，业单贫，举丧葬，助婚嫁，多求而不靳，屡至而不厌。肉骨之赐，卵翼之惠，日积而月累之，盖有不可胜书者矣！故闻讣之日，远近悲悼；境内之人，野哭巷祭，旬月不能罢。古之所谓爱如父母，敬如神明者，于公见之。子男七人，长忠贞，金紫光禄大夫，前公卒；次忠济，袭公职；次忠嗣、忠范、忠杰、忠裕、忠祐。侄一人，忠辅。女七人；孙一人，忠贞之子朗。既葬之三月，孤子忠济等状公之行，以神道碑为请。敢以智愚之所共知者论次之而系之以铭。铭曰：

岱宗严严，清济洋洋。仡彼严公，尹兹东方。维大国齐，维鲁所荒。大安衰微，元元遭凶。锄耰棘矜，迭为长雄。遗黎惘然，摘埴斯穷。公乘其时，奋从兵戎。心为蓍龟，往迓大同。挟右太行，以入王封。人瞻者乌，我龙之从。俪景同翻，郁为雷风。乾端坤倪，一廓屯蒙。奔走先后，莫予敢侮。莫予敢侮，惟公之武。乃锡金虎，民汝予抚。民惟天民，惟公受之。有内之沟，职公救之。大布我衣，大帛我冠。斜倾我扶，罅漏我完。尔有疮罢，我遑我安。金革之威，凛于凛秋。化而阳春，悴槁和柔。祥风愉愉，叶气油油。河润之溥，暨于他州。民拜公赐，有忧斯祷。祝公寿考，为国元老。如山如河，受福则遐。齐政方报，鲁妇已髦。布宣王灵，繄公是赖。爱养基本，繄公是戴。巨室乔木，式瞻谁在？相彼邦民，古无遗爱。有开必先，惟公之功。宠以不名，公名之崇。魏魏堂堂，哀荣始终。谁其配之？钱氏孝忠。茌平之原，龟石穹窿。勒我铭诗，以对景钟。

（《金文最》卷一〇一）

## 东平行台严公祠堂碑铭

山东重地所在，天下莫与为比。杜牧以为："王者不得之则不可以王，伯者不得之则不可以伯。"古之山东，今河朔燕、赵、魏。是以就三镇较之，魏常制燕、赵之生死，而悬河南之重轻，故又重焉。方天兵南下，海宇震荡，雷霆迅击，无不糜灭。燕城既开，朔南分裂，瞻乌爰止，不知于谁之屋。公拥上流、握劲锋，审大命之去就，一群疑之同异。乃以庚辰春，籍所统彰德、大名、磁、洺、恩、博、滑、浚等州户三十万，献之太师之行台。形势既强，基本斯固，国家所以无传檄之劳、亡镞之费，而成包举六合之功者，公之力为多。昔淮阴袭历下军，尽有齐地，高祖因之以成帝业；耿弇攻祝阿，窦融合五郡兵，光武因之以集大统。以公方之，尚无愧焉。好问客公幕下久，故能知公所以得民者。盖公资禀沉毅，威望素著，且严于军律，少所宽贷。见者流汗夺气，莫敢仰视。中岁之后，乃能以仁民爱物为怀。郡王兵破相下之水栅，继破曹、濮，怒其翻覆，莫可保全，欲尽坑之。公百方营救，得请而后已。兵出荆、襄，公自邳、徐赴之，谓所亲言："河南受兵，杀戮必多，当载金帛以赎之。"灵壁降，民方假息待命。公馈主兵者，下迨卒伍，亦沾膏润，一县老幼，皆被更生之赐，且纵遣之。计前后所活，无虑十数万人。生口北渡，无从得食，糜粥所救者尚不论也。画境之后，创罢之人，新去汤火，独恃公为司命。公为之辟四野、完保聚，所至延见父老，训饬子弟，教以农里之言，而勉之孝弟之本。恳切至到，如家人父子，初不以侯牧自居。官使善良，汰逐贪墨，贷逋赋以宽流亡，假闲田以业单贫，节浮费以丰委积，抑游末以厚风俗。至于排难解纷，周急继困，收恤孤嫠，佽助葬祭，菽粟易于水火，冰霜化而纨袴，人出强勉，我则乐为。故薨谢之日，境内之人号泣相吊，自谓一日不可复活。非策虑幅亿，洞见物情，权刚柔之中，持操纵之术，始以重典立威，终以仁心为质者，能如是乎？

壬子孟冬，公之嗣子某，走书币及好问于镇阳。书谓好问言："先公功著兴王之初，名出勋臣之右。虎符龙节，长魏、齐、鲁五十城者，逾二十年。官有善政，政有遗爱，敬者比之神明，报之欲其长久。某猥嗣世爵，大惧弗克奉扬先德，辄与参佐、部曲、士庶、耆寿同力一志，作为新庙，以致礿祠烝尝之敬。宜有文辞，昭示永久，惟吾子惠顾之。"好问以为：祠祭之为大事，尚矣！以劳以功，三代不易之道，若栾布之立社，甄子然、宋登之配食。后世亦有以义起之者。蜀人祭忠武侯于道陌，而博士拜章；王珪通贵不营私庙，而法官劾奏。礼固不可以变古，而亦贵于沿人之情，况乎时绵则苾芬未遑，人则焄蒿将见，如公之庙貌，独不可以义起乎？祀典废于一时，公议存乎千载。异时有援表忠观故事言于朝者，尚有考焉。好问既述公之事，又系之以诗，使歌以祀公。其诗曰：

天造草昧福有几？风云感会神与期。乾龙用九方奋飞，潜蛟岂得留污池？王伯之柄魏所持，金城千里山四维。公籍盈数数有畸，燕赵廓廓无藩篱。六合遂入天戈麾，犹之历下开汉基。楚破竹耳将安归？天官癸功绝等夷。介三大藩画郊圻，大帛之冠大布衣。煌煌德星出虚危，扶伤合散倾复支。民恃保障轻茧丝，年谷屡丰物不疵。诸侯代兴公维师，谁谓华高可齐而？武公司徒屈于斯，眉寿保鲁止于斯。昔歌且舞今涕泗，人畴依乎遽夺之！甘棠之荫公之祠，丽牲有碑碑有诗。战功日多民政慈，尸而祝之宁我私？公福我兮无已时，子孙众民其世思！

（《元好问文编年校注》卷六）

## 万户严武惠公

公名实，字武叔，泰安长清人。金季据东土，岁庚辰，籍所部州民来归，太师、国王承制授金紫光禄大夫、行尚书省事。甲午，朝于和林，授东平行军万户。庚子薨，年五十九。

公幼警悟，略知读书。及长，志节豪宕，不治生产。为人美仪观，喜交结，好施与。落魄里社间，屡以事被系，侠少辈爱慕之，多为出死力，以故得脱去。（遗山元公撰《神道碑》）

癸酉秋，国兵破中夏，已而北归，东平行台调民为兵，以公为众所伏，署百夫长。明年春，泰安张汝楫据灵岩，遣别将攻长清，公破走之，以功授长清尉。戊寅六月，摄长清令。八月，宋人取益都，乘胜而西，行台檄公备刍粮，为守御计。公出督租，比还而长清陷，寻以兵复之，有谮于行台者，谓公与宋有谋，行台疑公，以兵围之，公挈老幼壁青崖，依益都主将以避之。宋因以公为济南治中，分兵四出，所至无不下，于是太行之东，皆公所节制矣。（《神道碑》）

庚辰三月，河南军攻彰德，守将单仲力不支，数求公救，公请于主将，主将逗留不行，公独以兵赴之，比至而仲被擒。公知宋不足恃，七月，谒先太师、国王于军门，挈所部彰德、大名、磁、洺、恩、博、滑、浚等州户三十万以献，太师承制拜公金紫光禄大夫、行尚书省事。其年，进攻曹、濮、单三州，皆下之。（《神道碑》）

偏将李信留镇青崖，尝有罪惧诛，乘公出征叛降于宋，公兄及夫人杜氏皆遇害。辛巳，公以兵复青崖，擒信，诛之。进攻东平，守将和立刚弃城走，公入居之。（《神道碑》）

壬午，宋将彭义斌说青崖晁海叛，公之家人复被略去。义斌军西下，郡县多为所胁。乙酉四月，遂围东平。公间遣人会大将孛里海军，军久不至，城中食且尽，乃与义斌连和，义斌亦欲藉公取河朔，而后图之，请以兄事公。时麾下众尚数千，义斌不之夺，而青崖所掠则留不遣。七月，义斌下真定，道西山与孛里海等军相望，分公以帐下兵，阳助而阴伺之。公知势已迫，即速趣孛里海军而与之合。战始交，宋兵崩溃，乃擒义斌。不旬月，先所失部分尽复之。是冬，郡王带孙取彰德；明年，取濮、东平；又明年，太师攻益都，凡公之功，所在皆为诸道之冠。（《神道碑》）

庚寅四月，朝于牛心之帐殿，天子赐之坐，宴享终日，锡公虎符，宠以不名，又数数目公，顾谓侍臣言："若严公者，真福人矣。"（《神道碑》）

甲午，朝于和林城，授东平路行军万户，偏裨赐金符者八人。初，公之所统有全魏十分、齐之三、鲁之九，及是，画境之制行，公之地，于魏则别为大名，又别为彰德，齐与鲁则复以德、兖、济，单归于我。（《神道碑》）

丁酉九月，诏命公毋出征伐。当是时，公以百城长东诸侯者十五年矣。始于披荆棘，扞豺虎，敝衣粝食，暴露风日。挈沟壑转徙之民，而置之衽席之上，以劝耕稼，以丰委积。公帑所积，尽于交聘燕享祭祀宾客之奉，而未尝私贮之。辟置俊良，汰逐贪墨，颐指所及，竭蹶奉命，不三四年，由武城而南，新泰而西，行于野，则知其为乐岁；出于涂，则知其为善俗；观于政，则知其为太平官府，而公之心力亦已尽矣。上亦雅知公不便鞭马，念其功而悯其劳，优恤如此。（《神道碑》）

公病风痹久，人有劝迎良医者，笑曰："人岂不死耶？得无疾痛以没足矣。"（《神道碑》）

公既握兵柄，颛生杀，时年已长，经涉世故，乃更折节自厉，间亦延致儒士，道古今成败，至前人良法美意，所以仁民爱物者，辄欣然慕之。故虽起行伍间，严厉不可犯，至于仁心为质者，亦要其终而后见也。（《神道碑》）

初，彰德既下，又破水栅，郡王怒其反复，驱老幼数万欲屠之。公曰："此国家旧民，吾兵力不能及，为所胁从，果何罪耶？"王从公言，释不诛。继破濮州，复欲屠之，公言："百姓未尝敌我，岂可与兵人并戮之。不若留农种，以给刍秣。"濮人免者又数万。其后于曹、于定陶、于楚丘、于上党，盖未有不然者。大兵由武休出襄、邓，公时在徐、邳间，以为河南破，屠戮必多，乃载金缯往赎之，且约束诸将，毋敢妄杀，有所卤获，必使之骨肉完保。灵壁一县，当废者五万人，公悉救之。兵人既素服公言，重为资币所诱，故皆全济。中有求还乡里者，悉从遣之。是冬，大饥，生口北渡者多饿死；又藏亡法严，犯者保社皆坐，逋亡累累，无所于托，僵尸蔽野。公命作糜粥，盛置道旁，人得恣食之，所活者不知几何人矣。（《神道碑》）

初，公之部曲有亡归益都者数十人，益都破，皆获之，人以为必杀，公一切不问。王义深，义斌之别将，闻义斌败，将奔河南，凡公族属之在东平者，皆为所害，河南破，公获义深妻子，厚为赒恤之，送还乡里，终不以旧事为嫌。其能人之所难能又如此。（《神道碑》）

东州既为乐土，四外之人托公以为命者，相踵也。公为之合散亡，业单贫，举丧葬，助婚嫁，多求而不靳，屡至而不厌，肉骨之赐，盖有不胜书者。故闻公之讣，远近悲悼，野哭巷祭，旬月不能罢。古所谓爱如父母，敬如神明者，于公见之。（《神道碑》）

帝王之兴，天将举全所覆者而畀之，时则有魁伟宏杰之士，为之倡大义，建大事，一六合之同异，定群心之去就。初贞祐南渡，豪杰乘乱而起，四方之人无所归命，公据上流，握劲兵，威望之著，隐若敌国，人心之所以为楚为汉者，皆倚之以为重。至是，晓然知天命所在，莫敢有异志。国家亦借之，以成包举之势，非天使之倡大义，建大事，以应兴王之迹，其能若是乎！（《神道碑》）

（《元朝名臣事略》卷六之二）


# 赵天锡

## 贡亨

赵天锡字受之，冠氏人。属金季兵起，其祖以财雄乡里，为众所归。贞祐之乱，父林，保冠氏有功，授冠氏丞，俄升为令。大安末，天锡入粟佐军，补修武校尉，监洺水县酒。太祖遣兵南下，防御使苏政以为冠氏令，乃挈县人壁桃源、天平诸山。岁辛巳春，归行台东平严实。实素知天锡名，遂擢隶帐下，从征上党，以功授冠氏令，俄迁元帅左都监，兼令如故。

甲申，宋将彭义斌据大名，冠氏元帅李全降之，人心颇摇。天赐令众姑少避其锋，以图后举，乃率将佐往依大将孛里海军。未几，破义斌于真定，授左副元帅、同知大名路兵马都总管事。李全在大名，结其帅苏椿，纳金河南从宜郑偊，日以取冠氏为事。天锡每战辄胜，一日，偊自将万人来攻，天锡率死士乘城，力战三昼夜，偊度不能下，乘风霾遁去。己丑，朝行在所，上便民事，优诏从之。戊戌，征宋，驻兵蕲、黄间，被病还，卒于冠氏，年五十。子六人，贲亨嗣。

贲亨字文甫，袭行军千户。己未，从国兵渡江攻鄂，有功。至元五年，总管山东诸翼军，征宋，攻襄樊。贲亨出抄蕲、黄，以五百人拔野人原写山寨，修白河新城。七年，偕元帅刘整朝京师，命为征行千户，赐金符，及衣带鞍马。攻樊城，冒矢石，拥盾先登，破之。十一年，修东、西正阳城。三月，败夏贵于淮，益以济南、汴梁二路新军。十二年正月，从攻镇江，与宋将孙虎臣、张世杰大战于焦山，杀掠甚众。十三年，江南平，以功升宣武将军。

十四年，授虎符，怀远大将军、处州路总管府达鲁花赤。未行，适盗发澉浦，行省檄为招讨使，率兵平之。未几，处州青田县季文龙、章焱杀赵知府以叛，贲亨获其党，始知七县俱反，季文龙自署为两浙安抚使，据处州天庆观。贲亨率众围之，将骑士三百阵于下河门。贼出战，以精骑蹂之，遂弃城突围散走，斩首三级。贲亨入城，乃招散亡，立官府。章焱复合二万众来攻，阵恶溪南。贲亨分兵拒守，自将精锐乱流冲击，属万户忽都台以援兵至，自巳至亥，贼方退，文龙溺死。忽都台以处即乱山为州，无城壁可恃，且反侧，欲屠之，贲亨曰："我受命来监此郡，贼固可杀，良民何辜！"不从。将士掳掠子女金帛，贲亨捕得倡率者杖之，仍各求所失还之，州民悦服。

十五年，龙泉县张三八合众二万，杀庆元县达鲁花赤也速台儿，且屠其家。贲亨将骑士五百往讨，与贼将郑先锋、陈寿山三千余人战于浮云乡，斩首三百余级。三八军于县西，贼三战俱败，军还，贼众水陆俱设伏，贲亨择步卒骁悍者使前，贼不敢近。既而衢州贼陈千二聚二万人，遂昌叶丙六亦聚三千人助之，贲亨前后斩三千余级，悉平之。十七年，改处州路管军万户。二十二年，还冠氏，卒，年五十七。

（《元史》卷一五一）

## 千户赵侯神道碑铭

河朔用武之国，自金朝南驾，文事扫地。后生所习见，唯驰逐射猎之事；莅官政者，或不能执笔记名姓。风俗既成，恬不知怪。惟侯在军旅中，日以文史自随，延致名儒，考论今古，穷日夕不少厌。时或投壶雅咏，挥麈清坐，倡优、杂戏不得至其前。又子弟之可教者，薄其徭役，使得肄业，而邑文人亦随而化之。行台所统百城，比年以来，将佐令长皆兴学养士，骎骎乎齐、鲁礼义之旧。推究原委，盖自侯发之。侯讳天锡，字受之，姓赵氏，世为冠氏人。曾祖讳存，金国初官保义校尉；祖讳诚，明昌中岁饥，发粟赈贫，为乡曲所归；考讳林，贞祐之乱，以乡豪保冠氏有功，大名主帅用便宜授县令、阶忠显校尉，殁于王事。事见先茔碑，此不具载。侯即忠显君之次子也。赵为大族，大安末，侯始弱冠，即入粟佐军，补修武校尉，监洺水县酒。罢官归，遂为县防城提控。属大朝兵势浸盛，避于洺水。洺州防御使苏政召幕下，拟充冠氏令。耕稼既废，城邑无所恃，乃挈县人壁桃源、天平诸山。以辛巳春归，大行台特进公于青崖崮。行台闻侯之名，隶帐下。从征上党，以功授冠氏令。俄迁元帅左都监，仍兼前职。甲申，宋将彭义斌据大名，屡以兵来侵，人心颇摇。侯谓业已事行台公，不可以贰，兵势虽不振，姑少避其锋，以图后举耳。乃率将佐往依大将孛里海军。未几，破义斌于真定，授右副元帅，同知大名府路兵马都总管事，阶镇国上将军。乙酉八月，复迁冠氏。先是故帅李泉为义斌所攻，既降之矣；大军至，怒其反复，有屠城之议。侯救护百至，老幼数万竟得全活。时泉已在大名，不数月，又结苏椿辈，纳河南军。从宜郑偶主兵柄，日以取冠氏为计。侯每战每胜，气不少衰。某月，偶自将万人来攻，侯率死士乘城，力战三昼夜；偶度不能下，乘大风晦冥而遁。己丑五月，朝于北庭，所上便民事，皆优诏从之。行台公亦以其论列具当，尤加重焉。壬辰正月，黄龙冈失利，将佐千余人被俘，侯皆以计活之。又明年，用行台公荐，宣授行军千户，仍赐金符。戊戌南征，驻兵蕲、黄间，被病还。以庚子夏五月二十有四日，春秋五十，终于县治之正寝。娶杜氏，封某郡夫人。子男六人：长复亨，次泰亨、贲亨、柔亨、万亨，幼未名。女二人：长嫁东平路镇抚军民都弹压吴答里甲，幼在室。

侯资重厚，造次必以礼。事太夫人孝，意所向必奉之，惟恐不及。抚存幼孤，皆使有所立。孤女亦择时贵嫁之。在军中二十年，未尝妄笞一人，诛杀不论也。人有以急难来归者，力为赒恤之，脱之于奴虏，活之于屠戮者，前后不胜算。他日有负之者，亦不以为意也。初，县经丧乱之后，荆棘满野，敝衣粝食，与士卒同甘苦。立城市，完保聚，合散亡，业单贫，备御盗贼，劝课耕稼，所以安集之者，心力俱尽。经画既定，上下如一，四境之内，独为乐土。宾客至者，燕享犒劳，肃然如太平官府。礼成而退，皆相与称叹，以为侯之材盖有大过人者矣！大概侯所长者甚多，所以自待者殊不薄。又其所与游，皆天下名士，气节之所感激，论议之所熏习，鹰扬虎视，自当有万里之望。百未一出，竟斋志以殁。此有识之士所以深悼而屡叹也。孤子复亨等，以某年十二月庚寅朔，举侯之枢，葬于保义里之先茔，礼也。既已事，以予尝得幸于其先人，辱以神道碑为请。予往客平阳者六年。岁戊戌七月，以叔父之命将就养于太原，侯留连郑重，数月不能别。军行河平，予与之偕。分道新乡，置酒行营中，夜参半，把烛相视，不觉流涕之覆面也！明日，使人留语云："欲与吾子别而情所不忍，唯有毋相忘而已！"于是疾驰而去不反顾。呜呼！此意其可忘哉！乃为之碑而系之以铭。铭曰：

赵侯翩翩早有称，乘时云风志骞腾。伯府选劳乃进登，树之旗旐冠氏惩。大县万家既分崩，疲癃之民侯所矜。摩拊不给剢暴陵，逋亡日来月有增。田野载辟岁载登，昔无粗麻今纩缯。宾礼师儒讲颜、曾，弈邑子弟前伏膺。弦歌洋洋通薛滕，东州百城文治兴。繄谁弘之侯所弘，仁心为质莫我能。躬不受祉岂所应？孰为除之又孰乘？我侯种德既有征，赵方亢宗理可凭，咨尔嗣人其敬承。

（《金文最》卷一百五）

# 宋子贞

宋子贞字周臣，潞州长子人也。性敏悟好学，工词赋。弱冠，领荐书试礼部，与族兄知柔同补太学生，俱有名于时，人以大、小宋称之。

金末，潞州乱，子贞走赵、魏间。宋将彭义斌守大名，辟为安抚司计议官。义斌殁，子贞率众归东平行台严实。实素闻其名，招置幕府，用为详议官，兼提举学校。先是，实每令人请事于朝，托近侍奏决，不经中书，因与丞相耶律楚材有违言。子贞至，劝实致礼丞相，通殷勤，凡奏请，必先咨禀。丞相喜，自是交欢无间，实因此益委信子贞。

太宗四年，实戍黄陵，金人悉力来攻。与战不利，乱势颇张，曹、濮以南皆震。有自敌中逃归者，言金兵且大至，人情恟惧。子贞请于实，斩扬言者首以令诸城，境内乃安。汴梁既下，饥民北徙，饿殍盈道。子贞多方赈救，全活者万余人。金士之流寓者，悉引见周给，且荐用之。拔名儒张特立、刘肃、李昶辈于羁旅，与之同列。四方之士闻风而至，故东平一时人材多于他镇。

七年，太宗命子贞为行台右司郎中。中原略定，事多草创，行台所统五十余城，州县之官或擢自将校，或起由民伍，率昧于从政。甚者，专以掊克聚敛为能，官吏相与为贪私以病民。子贞仿前代观察采访之制，命官分三道纠察官吏，立为程式，与为期会，黜贪惰，奖廉勤，官府始有纪纲，民得苏息。东平将校，占民为部曲户，谓之脚寨，擅其赋役，几四百所。子贞请罢归州县。实初难之，子贞力言乃听，人以为便。

实卒，子忠济袭爵，尤敬子贞。请于朝，授参议东平路事，兼提举太常礼乐。子贞作新庙学，延前进士康晔、王磐为教官，招致生徒几百人，出粟赡之，俾习经艺。每季程试，必亲临之。齐鲁儒风，为之一变。

岁己未，世祖南伐，召子贞至濮，问以方略。对曰："本朝威武有余，仁德未洽。所以拒命者，特畏死尔，若投降者不杀，胁从者勿治，则宋之郡邑可传檄而定也。"世祖善其言。中统元年，授益都路宣抚使。未几，入觐，拜右三部尚书。时新立省部，典章制度，多子贞裁定。李璮叛，据济南，诏子贞参议军前行中书省事。子贞单骑至济南，观璮形势，因说丞相史天泽曰："璮拥众东来，坐守孤城，宜增筑外城，防其奔突，彼粮尽援绝，不攻自破矣。"议与天泽合，遂擒瑄。

子贞还，上书陈便宜十事，大略谓："官爵，人主之柄，选法宜尽归吏部。律令，国之纪纲，宜早刊定。监司总统一路，用非其材，不厌人望，乞选公廉有才德者为之。今州县官相传以世，非法赋敛，民穷无告，宜迁转以革其弊。"又请建国学教胄子，敕州郡提学课试诸生，三年一贡举。有旨命中书次第施行之。至元二年，始罢州县官世袭。遣子贞与左丞相耶律铸行山东，迁调所部官。还，授翰林学士，参议中书省事。奏请班俸禄，定职田，从之。俄拜中书平章政事。复陈时务之切要者十二策。帝颇悔用子贞晚。

未几，以年老求退，帝曰："卿气力未衰，勉为朕留，措置大事，俟百司差有条理，听卿自便。"三年十一月，恳辞，乃得请。特敕中书，凡有大事，即其家访问。子贞私居，每闻朝廷事不便，必封疏上奏，爱君忧国，不以进退异其心。卒年八十一。始病，家人进医药，却之曰："死生有命，吾年逾八十，何以药为？"病危，诸子请遗言，子贞曰："吾平昔教汝者不少，今尚何言耶！"子渤，字齐彦，有才名，官至集贤学士。

（《元史》卷一五九）

## 平章宋公

公名子贞，字周臣，潞州长子人。国初，为东平行台幕官。中统元年，拜益都宣抚使，召为右三部尚书。王师围济南，参议行中书省事。至元二年，拜翰林学士，参议中书省事。未几，拜平章政事。三年，以年老辞位，诏中书大事即其家议之。五年，薨，年八十。

公貌清奇，耳耸过眉一寸许，相者以为必寿且贵。资敏悟，学如夙习。弱冠，工文赋，随荐书试礼部，同族兄知柔补太学生，齐名一时，有大、小宋之名。（太常徐公撰《墓志》）。（又东平吴公《疎堂集》云：公为进士时，尝试礼部，出与两举子过相者李茂问焉，茂谓："二人者皆擢甲科，一人无官禄，一不过为县主簿。"徐指公谓曰："不及第，官一品，寿八十。"后皆如其言。）

　　贞祐板荡，公避地河南，居无何，复还乡里。潞州乱，东走赵、魏间。宋将彭义斌据大名，召为安抚司计议。义斌殁，偕众归国朝，东平行台严鲁公闻其名，招置幕府，为详议官，兼提举学校。初，严行台上计阙庭，多径由近侍奏决。至与丞相耶律公有违言，公劝行台致礼，通情好，每事咨禀，示不敢专。耶律公喜，亦深相接纳，中外交欢，诸镇雅重。行台因是益倚言公。（《墓志》）

　　岁壬辰，行台戍黄陵，金兵悉力来攻，我师不利，敌势颇张，曹、濮以南皆震慑。有自敌中逃归者，言敌且至，人情恟恟。公请行台斩横议者首，以令诸城，境内复安。继而汴梁溃，饥民北徙，殍殣相望。公议作广厦，糜粥以食之，复以群聚多疫，人给米一斛，俾散居近境，所全活无虑万计。及士之流寓者，悉引见行台，周惠尤厚，荐名儒张特立、刘肃、李昶辈十余人，皆自羁旅拔之同行，与参谋议。四方闻义而来依者，馆无虚日，故东平人物视他镇为多。（《墓志》）

　　乙未，受朝命迁右司郎中。行台所辖五十余城，仍有堡寨诸户，自守令以下皆大偏小校，崛起田亩，不闲礼法，昧于从政，官吏相与为囊橐以病民。是时，天下略定，庶事草创，率敛之繁，营屯之扰，法度未立，民不安生。公谓："十羊九牧，民穷而无告。"乃仿前代设观察采访之比，分三道按刷文检，均科赋税，纠举官吏，公居中主其事。于是初立程式，与为期会，黜私奖勤，视其后者而鞭之，吏民始知有官府之政，抚治之道焉。东平一道二十余万户，生口不啻百万，所以安居暇食，得享有生之乐者，公之功也。（尚书李公撰《神道碑》）

　　时诸将校例有部曲户，谓脚寨，几四百所，各擅赋役。公请罢归州县，行台初难之，既而政令归一，人以为便。（《墓志》）

　　行台薨，子忠济袭爵，以公耆德宿望，表于朝，授参议东平路事，兼提举太常礼乐。公倡新庙学，敦命前进士康晔、王磐为教官，自先圣、颜、孟子孙至生徒几百人，咸继庖廪，俾肄艺业。春秋释奠，随季程试，必亲临之。齐鲁儒风，为之一变。（《墓志》）（又高唐阎公《文集》云：国初，严侯忠济首建郡学，延康先生晔为之师。四方来学者甚众。先生高唐人，岁归拜扫先茔。学生王伯祥者，一夕梦与诸生郊迎先生于北郭外陈家桥，同辈方聚立桥南，遥望先过桥北者，皆衣金紫。梦中殊骇异，觉即语同舍。其后十余年，罢侯置守，始定朝仪，赐百官章服，凡梦中所见衣金紫者，果至通显，如翰林徐琰、李公谦，总管孟侯祺，尚书张公孔孙、夹谷公之奇，右丞马公绍，中丞吴公衍，凡十余人，其立桥南者，皆泯没无闻焉。）

己未夏，上南伐，遣使聘至濮，虚己以问，公对曰："本朝威武有余，仁恩未洽。天下之民嗷嗷失依，所以拒命者，特畏死尔。若投降者不杀，协从者勿治，则宋之百城，驰檄而下，太平之业，可指日而待也。"上善其言，礼遇甚厚。（《神道碑》）

中统建元，授益都等路宣抚使。未几，入觐，拜右三部尚书。会创立省部，一时典章制度，多公裁定。寻上以公知兵，诏参议军前行中书省事。公单车至战垒，观形便，遂以策上丞相史公曰："今瑄贼拥众东来，送死孤墉，此天与我也。宜急增筑外城，俾不得突走，则势日窘，粮尽援绝，不攻而自溃矣。"议与史公合，遂擒瑄。（《墓志》）

凯还，公上便宜十事，大略谓："官爵，人主之柄，当自朝廷出，一命以上，并付吏部，以为永选。律令，国之纪纲，今民所犯，各由所司轻重其罪，宜早刊定，明颁天下，使官知所守，民知所避。且监司总统一路之政，所用猥杂，不厌人望，乞选公廉有才德者，俾居其职。临民官皆相传以世，非法赋敛，困苦无告，亦宜迁转，以革久弊。又立国学，教胄子，敕州郡提学课试诸生，凡三年一辟，贡举中第者入仕，则人才辈出矣。"诏命中书施行之。（《墓志》）

至元二年，罢世袭官，初行迁转法。诏公同左丞相耶律公按行山东，调选所部长次官。（《墓志》）

还朝，改翰林学士，参议中书省事。复奏乞颁吏禄，定职田，以养廉勤，而戒贪惰，从之。（《墓志》）

拜平章政事，因陈切于时务者十二策，上皆嘉纳焉，悔用公晚。公以年老恳辞，上曰："卿精力未衰，勉为朕留，措置大事，毋苦引年。第令百司有伦序，即听卿自便。"（《墓志》）

三年十一月，乃得请，特敕中书，凡有大事，即其家访问。公居私第每闻公家事有不宜于民者，犹削牍封奏之，其拳拳爱君之心，老而弥笃。始得寒疾，汗之不解，家人将进剂，公曰："死生有命，将饵药何为。"疾革，诸子遗言，公曰："当辈皆长立，平昔教之者为不少，尚何言耶！"（《墓志》）

（《元朝名臣事略》卷十）

# 王　磐

王磐字文炳，广平永年人。世业农，岁得麦万石，乡人号万石王家。父禧，金末入财佐军兴，补进义副尉。国兵破永年，将屠其城，禧复罄家赀以助军费，众赖以免。金人迁汴，乃举家南渡河，居汝之鲁山。

磐年方冠，从麻九畴学于郾城，客居贫甚，日作糜一器，昼为朝暮食。年二十六，擢正大四年经义进士第，授归德府录事判官，不赴。自是大肆力于经史百氏，文辞宏放，浩无涯涘。及河南被兵，磐避难，转入淮、襄间，宋荆湖制置司，素知其名，辟为议事官。丙申，襄阳兵变，及北归，至洛西，会杨惟中被旨招集儒士，得磐，深礼遇之，遂寓河内。东平总管严实兴学养士，迎磐为师，受业者常数百人，后多为名士。

中统元年，即拜益都等路宣抚副使，居顷之，以疾免。李璮素重磐，以礼延致之，磐亦乐青州风土，乃买田湅河之上，题其居曰鹿庵，有终焉之意。及璮谋不轨，磐觉之，脱身至济南，得驿马驰去，入京师，因侍臣以闻。世祖既日召见，嘉其诚节，抚劳甚厚。璮据济南，大军讨之，帝命磐议行（台）〔省〕事。璮平，遂挈妻子至东平。召拜翰林直学士，同修国史。

出为真定、顺德等路宣慰使。（邢）〔衡〕水县达鲁花赤忙兀𩵋，贪暴不法，县民苦之。有赵清者，发其罪，既具伏矣，适初置监司，其妻惧无以灭口，召家人饮酒至醉，以利啖之，使夜杀清，清逃获免，乃尽杀其父母妻子。清诉诸官，权要蔽忙兀𩵋，不为理，又欲反其具狱。磐竟奏置诸法，籍其家赀，以半给清。郡有西域大贾，称贷取息，有不时偿者，辄置狱于家，拘系榜掠。其人且恃势干官府，直来坐厅事，指麾自若。磐大怒，叱左右捽下，箠之数十。时府治寓城上，即挤诸城下，几死，郡人称快。未几，蝗起真定，朝廷遣使者督捕，役夫四万人，以为不足，欲牒邻道助之。磐曰："四万人多矣，何烦他郡！"使者怒，责磐状，期三日尽捕蝗。磐不为动，亲率役夫走田间，设方法督捕之，三日而蝗尽灭，使者惊以为神。

复入翰林为学士，入谒宰相，首言："方今害民之吏，转运司为甚，至税人白骨，宜罢去之，以苏民力。"由是运司遂罢。阿合马讽大臣，请合中书、尚书两省为一，拜右丞相安童为三公，阴欲夺其政柄。有招会议，磐言："合两省为一，而以右丞相总之，实便，不然，则宜仍旧，三公既不预政事，则不宜虚设。"其议遂沮。迁太常少卿，乞致仕，不允。

时宫阙未建，朝仪未立，凡遇称贺，臣庶杂至帐殿前，执法者患其喧扰，不能禁。磐上疏曰："按旧制：天子宫门，不应入而入者，谓之阑入。阑入之罪，由第一门至第三门，轻重有差。宜令宣徽院，籍两省而下百官姓名，各依班序，听通事舍人传呼赞引，然后进。其越次者，殿中司纠察定罚，不应入而入者，准阑入罪，庶朝廷之礼，渐可整肃。"于是仪制始定。

曲阜孔子庙，历代给民百户，以供洒扫，复其家，至是，尚书省以括户之故，尽收为民。磐言："林庙户百家，岁赋钞不过六百贯，仅比一六品官终年俸耳。圣朝疆宇万里，财赋岁亿万计，岂爱一六品官俸，不以待孔子哉。且于府库所益无多，其损国体甚大。"时论韪之。帝以天下狱囚滋多，敕诸路自死罪以下，纵遣归家，期秋八月，悉来京师听决。因如期至，帝恻然怜之，尽原其罪。他日，命词臣作诏，戒喻天下，皆不称旨意，磐独以纵囚之意命辞，帝喜曰："此朕所欲言而不能者，卿乃能为朕言之。"嘉奖不已，取酒赐之。

再乞致仕，不允。国子祭酒许衡将告归，帝遣近臣问磐，磐言："衡素廉介，意其所以求退者，得非生员数少，坐糜廪禄，有所不安耶？宜增益生员，使之施教，则庶几人才有成，衡之受禄亦可少安矣。"诏从之。

磐移疾家居，帝遣使存问，赐以名药。磐尝于会集议事之际，数言："前代用人，二十从政，七十致仕，所以资其才力，闵其衰老，养其廉耻之心也。今入仕者不限年，而老病者不能退，彼既不自知耻，朝廷亦不以为非，甚不可也。"至是，以疾，请断月俸毋给，自秋及春，坚乞致仕。帝遣使慰谕之曰："卿年虽老，非任剧务，何以辞为。"仍诏禄之终身，并还所断月俸。磐不得已，复起。

时方伐宋，凡帷幄谋议，有所未决，即遣使问之，磐所敷陈，每称上意。帝将用兵日本，问便宜，磐言："今方伐宋，当用吾全力，庶可一举取之。若复分力东夷，恐旷日持久，功卒难成。俟宋灭，徐图之未晚也。"江南既下，磐上疏，大略言："禁戢军士，选择官吏，赏功罚罪，推广恩信，所以抚安新附，销弭寇盗。"其言要切，皆见施行。

朝议汰冗官，权近私以按察司不便，欲并省之。磐奏疏曰："各路州郡，去京师遥远，贪官污吏，侵害小民，无所控告，惟赖按察司为之申理。若指为冗官，一例罢去，则小民冤死而无所诉矣。若曰京师有御史台纠察四方之事，是大不然。夫御史台，纠察朝廷百官、京畿州县，尚有弗及，况能周遍外路千百城之事乎？若欲并入运司，运司专以营利增课为职，与管民官常分彼此，岂暇顾细民之冤抑哉？"由是按察司得不罢。

朝廷录平宋功，迁至宰相执政者二十余人，因议更定官制。磐奏疏曰："历代制度，有官品，有爵号，有职位，官爵所以示荣宠，职位所以委事权。臣下有功有劳，随其大小，酬以官爵；有才有能，称其所堪，处以职〔位〕，此人君御下之术也。臣以为有功者，宜加迁散官，或赐五等爵号，如汉、唐封侯之制可也，不宜任以职位。"

日本之役，师行有期，磐入谏曰："日本小夷，海道险远，胜之则不武，不胜则损威，臣以为勿伐便。"帝震怒，谓非所宜言，且曰："此在吾国法，言者不赦，汝岂有他心而然耶？"磐对曰："臣赤心为国，故敢以言，苟有他心，何为从叛乱之地，冒万死而来归乎？今臣年已八十，况无子嗣，他心欲何为耶？"明日，帝遣侍臣以温言慰抚，使无忧惧。后阅内府珍玩，有碧玉宝枕，因出赐之。

磐以年老，累乞骸骨。丞相和礼霍孙为言，诏允其请，进资德大夫，致仕，仍给半俸终身。皇太子闻其去，召入宫，赐食，慰问良久。行之日，公卿百官，皆设宴以饯。明日，皇太子赐宴圣安寺，公卿百官出送丽泽门外，缙绅以为荣。磐无子，命其婿著作郎李稚宾为东平判官，以便养。每大臣燕见，帝数问磐起居状，始终眷顾不衰。

磐资性刚方，闲居不妄言笑，每奏对，必以正，不肯阿意承顺，帝尝以古直称之，虽权倖侧目，弗顾也。阿合马方得权，致重币求文于碑，磐拒弗与。所荐宋衟、雷膺、魏初、徐琰、胡祗遹、孟祺、李谦，后皆为名臣。年至九十二，卒之夕，有大星陨正寝之东。赠端贞雅亮佐治功臣、太傅、开府仪同三司，追封洺国公，谥文忠。

（《元史》卷一六〇）

# 内翰王文忠公

公名磐，字文炳，广平永年人。金正大中，登进士第。中统初，擢益都等路宣抚副使。王师围济南，参议行中书省事。迁翰林直学士。出为真定宣慰使。至元元年，复召入翰林，寻兼太常卿，进拜承旨。居翰林二十年，累乞致仕，不许，年八十二始遂所请。三十年，卒，年九十二。

公自幼志趣不凡，为学即知自勉。金迁都汴，举家南渡河，居汝之鲁山。既冠，闻偃城麻征君九畴为时名儒，裹粮往从之学，勤苦百至。擢正大四年经义进士第，授归德府录事判官，不赴。自是为学益力，涵泳经史，渐浸百氏，发为歌诗古文，波澜闳放，浩无津涯，邈乎其不可穷已。岁壬辰，河南受兵，避难南走襄阳，宋制置司素挹公名，署议事官。丙申，襄阳难作，公子身北归，至洛西，适杨中书惟中被命招集士流，一见喜甚，录其名，授以告身，惟所欲往，遂北游河内。居亡何，值王荣之变去，隐共山，寻迁相下。会东平总管严公兴学养士，虚师席迎致。公师道尊严，望之若莫可梯接，及即之温然和怿，随问随答，亹亹忘倦，其辞约，其义明，学者于句读抑扬之间，已得之矣。受业者常数十百人，往往为名士。居数年，东游齐，乐青社风土，遂有定居之志。（野斋李公撰《墓志》）

中统建元，拜益都等路宣抚副使，顷之以疾辞去。三年春，李璮萌异志，公觉之，柴车载妻子潜出，挺身走济南，遂乘驲至京师。时王文统始伏诛，朝士惴恐不安。公至，侍臣以闻，上即日召见，询问再四，嘉其诚节。王师围济南，上知公家属在围城中，授参议行中书省事，日图军务，一语不及其私。齐乱平，挈妻子来居东原。（《墓碑》）

拜真定、顺德等路宣慰使。禁戢奸暴，扶植善民，民赖以安。先是，衡水监县忙兀带，挟势行私，所为不法，部民赵清发其奸，诉诸有司，既具伏矣，监司之立也，其妻惧，谋尽去赵氏而灭其口，赂家人醉以酒，暮夜潜入清家，清逃匿获免，其父母妻子歼焉。清来诉，权要不为申理，且欲易其狱辞。公曰："诚若是，死者何辜！"竟奏拟置诸法，籍其家赀，以其半付清。真定贾胡有称贷取息者，不时偿则逮系私室，搒掠桎桎，恣为威虐，人不胜酷，目之曰"阎罗王"，数干挠公府，同僚畏忌，惟所指麾。公正色诘责，呼五百捽抑以出，挞之数十，时治事西北城上，命挤之投诸地，郡人称快。迄公去，不敢复然。（《墓碑》）

至元七年春，复征拜翰林学士。入谒宰相，首言："方今害民之吏，转运司为甚，至有税人白骨，使民间槁殡不得改葬者，盍速罢去，以苏民乎。"已而运司果罢。（《墓碑》）

权臣阿合马秉政，讽大臣奏言尚书省当并入中书，拜右丞相安童为三公，盖名示尊崇，实夺之相权，奉旨会议。公言："两省合而为一，命右丞相总统之为便。如其不然，则两省姑宜依旧。三公既不与政，不宜虚设。"权臣私论为之沮止。（《墓碑》）

兼太常少卿，时宫阙未立，朝议未定，凡遇称贺，臣庶无问贵贱，皆集帐殿前，执法者厌其多，挥杖击之，逐去复来，顷刻数次。公虑为外国笑，上奏曰："按旧制，天子宫门不应入而入者，谓之阑入，由外及内罪轻重各有差。宜令宣徽院，籍两省而下百司官姓名，各依班序，听通事舍人传呼赞引，然后得进。有敢越次者，殿中司纠察罚俸；不应入而入者，宜准阑入治罪，庶望朝廷礼肃。"后遂定朝仪如公言。又言："曲阜，宣圣乡里，林庙所在，前代给百户，以供洒扫，国朝因仍皆蠲复差赋。夫百家岁赋为钞不过六百两，仅可比朝廷一六品小官终年俸给。圣朝疆宇万里，岁入财赋以亿万计，讵肯惜一六品官俸不以待孔子哉！于府库所益无多，于国体所损甚大。"初累朝给林庙洒扫户百，复其家，至是，尚书省臣括户悉收为民，故公言及之。（《墓碑》）

九年，上闻天下狱囚滋多，敕诸路自死罪以下，皆纵遣之，期以秋七月，来归京师受刑，及期皆至。上恻然矜闵，悉原其罪。其后诏词臣草诏，将戒谕天下，而不宜旨意，久之皆不称旨。公乃以释囚之意命辞进读，上喜曰："此朕心也，欲言而不能形之于口，卿能为朕言之。"嘉奖不已。（《墓志》）

十年，再乞致仕，诏不从，仍举宋衜、雷膺、魏初、徐琰、胡祗遹、孟祺、李谦宜居翰苑。（《墓志》）

国子祭酒许衡将告归，上命中书左丞张文谦问公，公言："自古有国家者，必与人才共治。若无学校，人才何从而得？今许某教生徒有法，数年之后，皆可从政，事体所系至大。某素廉介，意其所以求退者，得

非生员数少，坐糜廪禄，有所不安而然耶！宜增益生员，使之进学，庶几人才有成，某之受禄亦可以少安矣。"诏从之。(《墓志》)

十一年秋，患腰膞痛，艰于行步，家居养疾。上遣使存问，赐以名药，公尝言："前代用人，二十从政，七十致仕，所以用其才力，闵其衰老，养其廉耻之心也。今入仕者既不限年，而衰老病患者，或至扶舁抱负而登厅堂，其人既自不知耻，朝廷亦不以为非，甚不可也。"每遇会集议政之际，数数及之，故自始得疾，即自停月俸，历冬迄春，坚乞致仕。上遣使谕之曰："卿年虽高，非任剧务，第安坐教人耳，何以辞焉！"仍谕旨右丞相："王学士素著忠顺之节，禄之终身可也。"复诏有司尽给所停俸，公不得已复出，国有大政，必咨访而后行。(《墓志》)

有诏集百官，问钞轻物重事，学士王文炳对云："物贵则不足，物贱则有余。要以节用而不妄费，庶物货可平。"(《玉堂嘉话》)

时方伐宋，凡帷幄谋画有所未允，则遣中使询问，公悉心敷对，皆见纳用。又将有事于日本，遣使问公，公奏言："今方伐宋，当用吾全力，庶可一举殄灭。若复分力于东夷，恐旷日持久，功卒难成。俟宋灭，徐图之未晚也。"(《墓志》)

江南既下，公言禁戢军士，选择官吏，赏功罚罪，推广恩信，所以抚安新附，消弭寇盗之策甚备，皆略施行之。(《墓志》)

十三年冬，朝议欲汰冗官，权臣以不便，按察司欲因之省去，公奏疏曰："外路州郡，去京师遥远，滥官污吏，侵害小民，无所控告，惟赖按察司为与申理。若指为冗官，一例罢去，则小民冤死而无所诉矣。若曰京师有御史台，足以纠察四方之事，是大不然。御史台纠察朝廷百官、京畿州县尚有不及，况能周遍外路千百城之事乎？若欲以按察司并入运司，今之运司专以营利增课为职，与管民官恒分彼此，岂暇顾细民之冤抑哉？臣以为存之便。"按察司由是得不罢。(《墓碑》)

自江南抚定，赏赐有功，但迁加职位，有至宰执者二十余人，因议更定官制。公奏疏曰："历代制度，有官品，有爵号，有职位，爵号所以示荣宠，职位所以委事权。臣下有功有劳，随其大小酬以官爵；有才有能，称其所堪处以职位，此人君御下之术也。臣以为有功之人，宜加迁散官，或赐以五等爵号，如汉、唐封侯之制可也，不宜任以职位。"(《墓志》)

十九年，王师将大举伐日本。公入谏曰："日本岛夷小国，海道险远，胜之则不武，不胜则损威，不伐为便。"时军行有日矣，上以为非所宜言，天威震怒，谓公曰："此在吾国法，言者不赦，汝有它心而然耶？"公对曰："臣赤心为国，故敢有言。若有它心，向者何为从叛乱之地冒死归国乎！且臣以八十之年，又无子息，有它心欲何为耶？"遂出。翌日，上遣侍臣以温言慰抚，使无忧惧。（《墓志》）

二十一年，公以年老，愿乞骸骨以归。丞相和礼霍孙以闻，诏允其请，进资德大夫致仕，仍给半俸终身。前行之一日，公卿百官供张祖饯。明日，皇太子赐宴于圣安寺，公卿百官送至丽泽门外。仍命其婿仕于其府，以便奉养。大臣燕见，上数问公起居状。公恬愉静默家事，不复关白者凡十年。（《墓志》）

公性刚方，凡议国政，必正言不讳，虽上前奉对，未始将顺苟容，上尝以古直称之。夙有重名，持文柄主盟吾道，余二十年，天下学士大夫，想闻风采，得被容接者，终身为荣。言论清简，义理精诣，世之号辩博者，方其辞语纵横，援引征据宜莫可屈，公徐开一言，即语塞不得出声。为文冲粹典雅，得体裁之正，不取尖新以为奇，不尚隐僻以为高。诗则述事遣情，闲逸豪迈，不拘一律。程、朱性理之书，日夕玩味，手不释卷，老而弥笃。燕居则瞑目端坐，以义理养其心，世俗纷华，略不寓目。惟善嗜书，晚年益造精妙，笔意简远，神气超迈，自名一家，持缣素求书者，继踵于门，应之不少拒，人得遗墨，争宝藏之。（《墓志》）

（《元朝名臣事略》卷十二之二）


# 元好问

元德明，系出拓拔魏，太原秀容人。自幼嗜读书，口不言世俗鄙事，乐易无畦畛，布衣蔬食处之自若，家人不敢以生理累之。累举不第，放浪山水间，饮酒赋诗以自适。年四十八卒。有《东嵒集》三卷。子好问，最知名。

好问字裕之。七岁能诗。年十有四，从陵川郝晋卿学，不事举业，淹贯经传百家，六年而业成。下太行，渡大河，为《箕山》《琴台》等诗，礼部赵秉文见之，以为近代无此作也。于是名震京师。

中兴定五年第，历内乡令。正大中，为南阳令。天兴初，擢尚书省掾，顷之，除左司都事，转行尚书省左司员外郎。金亡，不仕。

为文有绳尺，备众体。其诗奇崛而绝雕刿，巧缛而谢绮丽。五言高古沈郁。七言乐府不用古题，特出新意。歌谣慷慨挟幽、并之气。其长短句，揄扬新声，以写恩怨者又数百篇。兵后，故老皆尽，好问蔚为一代宗工，四方碑板铭志尽趋其门。其所著文章诗若干卷、《杜诗学》一卷、《东坡诗雅》三卷、《锦机》一卷、《诗文自警》十卷。

晚年尤以著作自任，以金源氏有天下，典章法度几及汉、唐，国无史作，已所当任。时金国实录在顺天张万户家，乃言于张，愿为撰述，既而为乐夔所沮而止。好问曰："不可令一代之迹泯而不传。"乃构亭于家，著述其上，因名曰："野史"。凡金源君臣遗言往行，采掇所闻，有所得辄以寸纸细字为记录，至百余万言。今所传者有《中州集》及《壬辰杂编》若干卷。年六十八卒。纂修《金史》，多本其所著云。

（《金史》卷一二六）

## 张特立

张特立字文举，曹州东明人。泰和三年中进士第，调宣德州司候。郡多皇族巨室，特立律之以法，阖境肃然。调莱州节度判官，不赴，躬耕杷之围城，以经学自乐。正大初，左丞侯挚、参政师安石荐其才，授洛阳令。

四年，拜监察御史。拜章言："镐、厉二宅，久加禁锢，棘围柝警，如防寇盗。近降赦恩，谋反大逆皆蒙湔雪，彼独何罪，幽囚若是。世宗神灵在天，得无伤其心乎。圣嗣未立，未必不由是也。"又言："方今三面受敌，百姓凋敝，宰执非才，臣恐中兴之功未可以岁月期也。"又言："尚书右丞颜盏世鲁遣其奴与小民争田，失大臣体。参知政事徒单兀典诣事近习，得居其位。皆宜罢之。"

当路者忌其直，阴有以挤之。因劾省掾高桢辈受请托，饮娼家。时平章政事白撒犒军陕西归，桢等泣诉于道，以当时同席并有省掾王宾，张为其进士故不劾。白撒以其私且不实，并治特立及宾。特立左迁邳州军事判官，杖五十，宾亦勒停。士论皆惜特立之去。后卒癸丑岁，年七十五。

（《金史》卷一二八）

# 刘　肃

刘肃字才卿，威州洺水人。金兴定二年词赋进士，尝为尚书令史。时有盗内藏官罗及珠，盗不时得，逮系货珠牙侩及藏吏，诬服者十一人。刑部议皆置极刑，肃执之曰：“盗无正赃，杀之冤。”金主怒，有近侍夜见肃，具道其旨，肃曰：“辨析冤狱，我职也，惜一己而戕十一人之命，可乎！”明日，诣省辨愈力。右司郎中张天纲曰：“吾为汝具奏辨析之。”奏入，金主悟，囚得不死。

调新蔡令。先时，县赋民以牛多寡为差，民匿不耕，肃至，命树畜繁者不加赋，民遂殷富。濒淮民有窜入宋境，籍为兵而优其粮，间有归者，颇艰于衣食，时出怨言曰：“不如渡淮。”告者以谋叛论，肃曰：“淮限宋境，一水耳，果欲叛，不难往也，口虽言而心无实，准律当杖八十。”奏可，继擢户部主事。

金亡，依东平严实，辟行尚书省左司员外郎，又改行军万户府经历。东平岁赋丝银，复输绵十万两、色绢万匹，民不能堪，肃赞实奏罢之。（庚）〔壬〕子世祖居潜邸，以肃为邢州安抚使，肃兴铁冶，及行楮币，公私赖焉。

中统元年，擢真定宣抚使。时中统新钞行，罢（钞银）〔银钞〕不用。真定以银钞交通于外者，凡八千余贯，公私嚣然，莫知所措。肃建三策：一曰仍用旧钞，二曰新旧兼用，三曰官以新钞如数易旧钞。中书从其第三策，遂降钞五十万贯。二年，授左三部尚书，官曹典宪，多所议定。未几，兼商议中书省事。三年，致仕，给半俸。四年，卒，年七十六。

肃性舒缓，有执守。尝集诸家《易》说，曰《读易备忘》。后累赠推忠赞治功臣、荣禄大夫、上柱国、大司徒、邢国公，谥文献。

子宪，礼部侍郎；懋，大名路总管。孙赓，翰林学士承旨。

（《元史》卷一六〇）

# 尚书刘文献公

公名肃，字才卿，威州洺水人。金兴定中，登进士第。国初，为东平严侯幕官。岁壬子，应召北上，授邢州安抚使。中统元年，拜真定宣抚使。明年，召为右三部尚书，兼议中书省事。四年，致仕，仍议中书省事。是岁卒，年七十六。

公幼气屡，年十六始学属句，日槁仅指半许，便能从诸生习为程文，下笔皆有理致。中兴定二年词赋进士第，辟新蔡令。始入其境，弥望皆蒿莱，问其故，则曰："近岁征赋，率以牛力为差，民多匿牛于它所，而不得耕。"至县，适赋夏税，乃平其轻重以为定额，揭榜境内，曰："自今种树牧养，营运兴造，续有增置者，更不加赋。"行之再稔，荒田耕垦殆尽，畜牧遍野。比秩满，入为尚书省掾。科属刑禁，会内藏库吏告本库官属盗罗者，复有盗入宫窃内藏珠者，金主怒，并令穷治。有司捕盗不能获，杂讯京市货珠者，但指前库吏盗窃珠货已久，愿代偿他珠，而元盗罗又不获，二事连及十一人。刑部、大理皆欲处以极刑，宰相以下莫敢异同，公独执而不行，以谓："本捕之贼物非正赃，而欲置人于死，恐涉冤枉，皆当驳出。"辩论月余，咸释出之。（平章宋公撰《墓志》）

汴梁下，公挈家人东平，严武惠公招致幕下，署行尚书省员外郎，改行军万户府经历。东平岁赋丁丝包银，而复输蛾蚕十余万两，色绢万匹，民不堪重。公白武惠，奏而罢之，诸路复绵绢自此始。漕渠决河间散水口，役夫万人，东平独膺十之四，主役者且筑且穴，工无已时。公白武惠曰："此我之剧疾也。"数其谩不时塞，请于朝，即减其役，寻罢之。军诸粮岁输新卫，东平水运万石至旧卫，再辇而南五十里，公具图言于武惠，奏乞立卫州仓，朝议从之。公在东平二十年，赞画为多。（商

文定公撰《墓碑》)

圣上初在潜邸，以介弟之亲辅政先朝，锐意太平，征聘四方宿儒俊造，宾接柄用，以更张治具。立安抚司于邢，爬疏芜秽，立经略司于汴，开斥边徼，立宣抚司于秦，保厘封国，公首膺邢州之选。自金干戈扰攘，土豪崛起，惟知聚敛，孰为法度程式。公到郡，公私阙乏，日不能给。遂兴铁冶，以足公用，造楮币，以通民货，车编甲乙，受顾而传，马给圉户，恒养而驿，官舍既修，宾馆有所，川梁仓庾，簿书期会，群吏法守惟谨，四方传其新政焉。(《墓碑》)

上即位，励精为治，置十路宣抚司，以总天下之政，公治真定。真定行用银钞，奉太后旨，交通燕、赵以及唐、邓之间，数计八千余。中统新钞将行，银钞之价顿亏，公私嚣然，不知措手。公言救之之术有三：旧钞不行，下损民财，上废天子仁孝之名，依旧行用，一也；新旧兼用，二也；必欲全行新钞，直须如数收换，庶几小民不致虚损，三也。省议嘉之，从其第三策。城西木方堤堰，岁久缺坏，公行视，急修之，撤沙易土，植柳其上。秋果大雨，滹沱水至，无害，郡人德之。(《墓碑》)

二年，公被召议立省部，首拜右三部尚书，一时典宪，多出公手。寻有旨兼议中书省事。是年以年老求退，上曰："卿耆年宿德，饱谙政事，宜立范模，使后人易于遵守。朕之意也。可无辞。"明年，复上章请老，始许以本官致仕，仍给半俸终身，议中书省事如故。(《墓碑》)

公喜论天下事，军国之大计，米盐之细务，罔不周知，辞简理顺，未尝疾言遽色，惟善是欲，不滞于一己之私。中统以来，左曹之任，以通才得名者，独公一人焉。(《墓碑》)

(《元朝名臣事略》卷十)

# 商　挺

商挺字孟卿，曹州济阴人。其先，本姓殷氏，避宋讳改焉。父衡，金陕西行省员外郎，以战死。挺年二十四，汴京破，北走，依冠氏赵天锡，与元好问、杨奂游。东平严实聘为诸子师。实卒，子忠济嗣，辟挺为经历，出为曹州判官。未几，复为经历，赞忠济兴学养士。

癸丑，世祖在潜邸，受京兆分地，闻挺名，遣使征至盐州。入对称旨，字而不名。间陪宴语，因曰："挺来时，李璮城朐山，东平当馈米万石。东平至朐山，率十石致一石，且车淖于雨必后期，后期罪死。请输沂州，使璮军取食，便。"世祖曰："爱民如此，忍不卿从。"

杨惟中宣抚关中，挺为郎中。兵火之余，八州十二县，户不满万，皆惊忧无聊。挺佐惟中，进贤良，黜贪暴，明尊卑，出淹滞，定规程，主簿责，印楮币，颁俸禄，务农薄税，通其有无。期月，民乃安。诛一大猾，群吏咸惧。且请减关中常赋之半。明年，惟中罢，廉希宪来代，升挺为宣抚副使。

丙辰，征京兆军需布万匹、米三千石、帛三千段，械器称是，输平凉军。期迫甚，郡人大恐。挺曰："他易集也，运米千里，妨我蚕麦。"鄜长王姓者，平凉人也，挺召与谋，对曰："不烦官运，仆家有积粟，请以代输。"挺大悦，载价与之，他输亦如期。复命兼治怀孟，境内大治。丁巳，宪宗命阿蓝答儿会计河南、陕右。戊午，罢宣抚司，挺还东平。

宪宗亲征蜀，世祖将趋鄂、汉，军于小濮，召问军事。挺对曰："蜀道险远，万乘岂宜轻动。"世祖默然久之，曰："卿言正契吾心。"宪宗崩，世祖北还，道遣张文谦与挺计事。挺曰："军中当严符信，以防奸诈。"文谦急追及言之。世祖大悟，骂曰："无一人为我言此，非商孟卿几败大计。"速遣使至军立约。未几，阿里不哥之使至军中，执而斩之。召挺北上至开平，挺与廉希宪密赞大计。

世祖既即位，挺奏曰："南师宜还扈乘舆，西师宜军便地。"从之。以廉希宪及挺宣抚陕、蜀。中统元年夏五月，至京兆。哈剌不花者，征蜀时名将也，浑都海尝为之副，时驻六盘山，以兵应阿里不哥。挺谓希宪曰："为六盘，有三策：悉锐而东，直捣京兆，上策也；聚兵六盘，观衅而动，中策也；重装北归，以应和林，下策也。"希宪曰："彼将何从？"挺曰："必出下策。"已而果然。于是与希宪定议，令八春、汪良臣发兵御之，事具《希宪传》。六盘之兵既北，而阿蓝答儿自和林引兵南来，与哈剌不花、浑都海遇于甘州。哈剌不花以语不合，引其兵北去，阿蓝答儿遂与浑都海合军而南。时诸王合丹率骑兵与八春、汪良臣兵合，乃分为三道以拒之。既阵，大风吹沙，良臣令军士下马，以短兵突其左，绕出阵后，溃其右而出，八春直捣其前，合丹勒精骑邀其归路，大战于甘州东，杀阿蓝答儿、浑都海。事闻，帝大悦，曰："商孟卿，古之良将也。"改宣抚司为行中书省，进希宪为右丞，挺为金行省事。

二年，进参知政事。宋将刘整以泸州降，系前降宋者数百人来归，军吏请诛以戒，挺尽奏而释之。兴元判官费寅有罪惧诛，以借兵完城事讼挺与希宪于朝。帝召挺便殿，问曰："卿在关中、怀孟，两著治效，而毁言日至，岂同寅有沮卿者耶？抑位高而志息耶？比年论王文统者甚众，卿独无一言。"挺对曰："臣素知文统之为人，尝与赵璧论之，想陛下犹能记也。臣在秦三年，多过，其或从权以应变者有之。若功成以归己，事败分咎于人，臣必不敢，请就戮。"挺既出，帝顾驸马忽剌出、枢副合答等，数挺前后大计，凡十有七，因叹曰："挺有功如是，犹自言有罪，若此，谁复为朕戮力耶！卿等识之。"四年，赐金符，行四川行枢密院事。

至元元年，入拜参知政事。建议史事，附修辽、金二史，宜令王鹗、李冶、徐世隆、高鸣、胡祇遹、周砥等为之，甚合帝意。二年，分省河东，俄召还。三年，帝留意经学，挺与姚枢、窦默、王鹗、杨果纂《五经要语》凡二十八类以进。六年，同金枢密院事。七年，迁金书。八年，升副使。数军食，定军官品级，给军吏俸。使四千人屯田，开垦三万亩，收其获以饷亲军。汰不胜军者户三万户，一丁者亦汰去；丁多业寡，业多丁寡，财力相资，合出一军。

九年，封皇子忙阿剌为安西王，立王相府，以挺为王相。十四年，诏王北征，王命挺曰："关中事有不便者，可悉更张之。"挺曰："延安民兵数千，宜使李忽兰吉练习之，以备不虞。"未几，秃鲁叛，以延安兵应敌，果获其力。挺进十策于王，曰：睦亲邻，安人心，敬民时，备不虞，厚民生，一事权，清心源，谨自治，固本根，察下情。王为置酒嘉纳。王薨，王妃使挺请命于朝，以子阿难答嗣。帝曰："年少，祖宗之训未习，卿姑行王相府事。"

初，运使郭琮、郎中郭叔云，与王相赵炳构隙。或告炳不法，妃命因之六盘狱以死。朝廷疑擅杀之，执琮、叔云鞫问，伏辜，事具《赵炳传》。初无一毫及挺。惟王府女奚彻彻，以预二郭谋，临刑，望以求生，始有暧昧语连挺及其子瓛。帝怒，召挺，拘炳家，瓛下狱。帝命赵氏子曰："商孟卿，老书生，可与诸儒谳其罪。"吏部尚书青阳梦炎以议勋奏曰："臣宋儒，不知挺向来之功可补今之过否？"帝不悦曰："是同类相助之辞也。"符宝郎董文忠奏曰："梦炎不知挺何如人，臣以曩时推戴之功语之矣。"帝良久曰："其事果何如？"对曰："臣目未睹，耳固闻之，杀人之谋，挺不与也。"帝默然。十六年春，有旨：挺不可全以无罪释之，籍其家。是冬，始释挺及璲。二十年，复枢密副使，俄以疾免。二十一年，赵氏子复讼父冤，挺又被系，百余日乃释。二十五年，帝问中丞董文用曰："商孟卿今年几何？"对曰："八十。"帝甚惜其老而叹其康强。是岁冬十有二月卒。有诗千余篇，尤善隶书。延祐初，赠推诚协谋佐运功臣、太师、开府仪同三司、上柱国、鲁国公，谥文定。子五人：琥、璘、瑭、璲、琦。

琥字台符。至元十四年，以姚枢、许衡荐，拜江南行御史台监察御史。建康戍卒有利汤氏财者，投戈于其家，诬为反具。琥知其冤，罪诬者而释之。华亭蟠龙寺僧思月谋叛被擒，其党纵火来劫，民大扰，琥亟诛其魁。文法吏责琥擅诛，行台中丞张雄飞曰："江南残毁之余，盗贼屡起，顾尚循常例，安用宪台为哉！"吏议遂屈。都昌妖贼杜（辛）〔万〕一，僭号倡乱，行台檄琥按问。械系胁众者盈狱，琥悉以诖误纵遣之。党与窜伏者犹众，琥揭榜招徕，不三日云集。

二十七年，征拜中台监察御史。属地震，琥上书言："昔汉文帝有此异，而无其应，盖以躬行德化而弭也。"因条陈汉文时政以进。又言："为国之道，在立法、任人二者而已。法不徒立，须人而行，人不滥用，惟贤是择。"因举天下名士十余人。帝从之，皆召用，待以不次。三十年，迁国子司业。卒。有《彝斋文集》。

瑭字礼符。仕为右卫屯田千户。岁余，谢病侍亲，时年才三十二。后还乡里，筑室曰晦道堂，盖取七世祖宗弼，宋仁宗时为太子中舍人，年五十挂冠所筑堂名也。

琦字德符。大德八年，成宗召备宿卫。仁宗在东宫，奏授集贤直学士。调大名路治中，不赴。皇庆元年，授集贤侍讲学士。延祐四年，升侍读官、通奉大夫，赐钞二万五千贯。泰定元年，迁秘书卿，病归，卒。琦善画山水。尝使蜀，持平守法，秋毫无私。

（《元史》卷一五九）

# 参政商文定公

公名挺，字孟卿，曹州济阴人。其先本姓殷氏，避宋讳改焉。国初，为东平行台幕官。入事潜邸，为京兆宣抚司郎中，就迁副使。中统元年，改宣抚司为行中书省，遂佥行省事。明年，进参知政事，坐言者罢。起为四川行枢密院事。至元元年，入拜参知政事。六年，同佥枢密院事。累迁副使。十年，出为安西王相。十五年，王薨。十七年，王相府罢，坐事得免。二十年，复为枢密副使。寻以疾辞。二十五年，薨，年八十。

公生于大安己巳，至少保没，年二十有四，汴京陷，北走，依冠氏赵帅天锡，与元好问、杨奂游。（清河元公撰《墓碑》）

东平严武惠公统齐、鲁、魏五十四城，号行省，招徕名士，以礼聘公，俾教诸子经学。武惠卒，嫡先死，遗命以子忠济嗣，时朝命未下。公教忠济为丧主哀而中礼，吊者敬悦，辅之见大臣，奏其克嗣，制可。忠济辟公为经历官，凡五年。出倅曹州，未几归东平，日与鲁诸贤为琴咏。会复官经历，赞忠济大兴学校，聘康晔说《书》，李昶说《春秋》，李祯说《大学》，学生百余人，养之优厚，督于课试，后皆通显。东州多士，公实作之。（《墓碑》）

宪宗朝，世祖以贵介弟填抚中夏，得专征诛，闻公有经济略，左官诸侯，遣使征至盐州，召对称旨，字而不名。间陪燕语，因曰："挺来时，李璮城朐山，东平当馈米万石。东平至朐山，十石致一石，且车淖于雨必后期，后期罪死。请输沂州，使璮军取食便。"世祖曰："爱民如此，忍不卿从。"（《墓碑》）

诏以京兆分世祖，教杨惟中宣抚关中，公为郎中。焚斩之余，八州十二县户不满万，皆惊忧无聊，赖公佐惟中，进贤良，黜贪暴，明尊卑，出淹滞，定规程，主簿责，印楮币，颁禄稍，务农薄税，通其有无。期月，秦民乃安，诛一大猾，群吏咸慑。明年，惟中罢，教廉希宪来使，登公副之。（《墓碑》）

丙辰夏，我师征南，诏京兆布万匹、米三千石、帛三千段，械器称是，输平凉为军需。军期迫甚，郡人大恐，公曰："它易集也，运米千里，妨我蚕麦。"郿州长王姓者，雅为公所礼，平凉人也，公召与之谋，

王曰："不烦公运，仆有家粟积平凉，尽以代输。"公大悦，载直与之，它输亦如期。(《墓碑》)

有旨割怀孟益世祖，教公往治。既至，一多金子酗酒杀人，坐死，取豪猾杖于市，一郡惧，乃济之以恩。怀人至今缕道其善。(《墓碑》)

丁巳，丞相阿蓝答儿会计陕西、河南，罢宣抚司，公还东平。(磏陵周公撰《墓志》)。(又《牧庵文集》云：先是，分封世祖以京兆户寨，益以怀孟，且诏总天下之兵，遂置经略司于河南、宣抚司从宜所于关西、行部于秦州、漕运司于卫、安抚司于邢台，遣诸军屯田戍边，首淮尾蜀，以休秋春士马往来之劳。东西数千里，道不拾遗，中土诸侯民庶翕然归心。岁丁巳，宗亲间之，遂解兵柄它王，遣阿蓝答儿至京兆，大集汴、蜀兵民之官，下及管库征商之吏，皆入计局，为条百四十二，文致多方，且晓众曰："惟刘万户、史万户两人罪请于朝。"盖谓忠顺公、丞相忠武公也，自余我则专杀。虐焰熏天，多迫人于死。明年，世祖身至帝所，命下而事始缓，犹杖兵民诸官，凡昔所置诸司皆废。)

己未，宪宗亲征蜀，以图宋。世祖趋荆、鄂，军于小濮，召问军事，公对曰："蜀道险远，瘴疠时作，难必有功，万乘岂宜轻动。"世祖默然久之，曰："卿言正契吾心。"(《墓碑》)

宪宗崩于军，庚申，世祖至自鄂，道遣张公文谦过公，公语张公曰："殿下班师，师屯江北，脱有一介驰诈发之，军中留何符契？"张公惊，亟追及言之。世祖大寤，骂曰："无一人为我言此，非商孟卿几败大计。"速遣使至军立约。不日，阿里不哥之使至军，军中斩之。(《墓碑》)

公赴召开平。初，宪宗征蜀，季弟阿里不哥留守和林，至是，左右部诸王大人咸会开平，阿里不哥不至。会者劝进曰："殿下太祖嫡孙，大行母弟，以贤以长，当有天下。"上谦逊未许。公与廉公希宪参大议，潜进言曰："先发制人，后发人制。天命不敢辞，人情不敢违，事机一失，万巧莫追。"上颔之。明日，会者力请，遂即位。(《墓碑》)

阿里不哥兵起，公奏曰："南师可还备选，西师可军便地。"从之。以廉公及公宣抚陕、蜀。公等至关中，六盘之兵已应和林，公谓廉公曰："为六盘策有三：选锋乘虚，直捣京兆，上也；恃财聚兵，观衅走利，中也；重装北赴，归重和林，下也。"廉公曰："策彼何出？"公曰："出下。"已而果如所策。是时，人持二志，关、陇日哄，巩昌汪帅兵号劲果，其弟良臣适至，公等承制佩良臣虎符，出库银万五千两，使归发兵。乃完城浚隍，借兵于民，拜八椿为将，公戒之曰："公帅未练之卒，出应勍敌，扬声借势，使贼不敢东向，续出方略以摧之，慎勿轻与交锋，使之知我虚实。"师出，八椿违戒而衄，敌兵恇而西去。公命八椿追至甘州，汪良臣将兵来会，咸听诸侯王合丹号令。合丹陈于北，八椿陈于南，良臣陈于中，大战甘州东，杀大将阿蓝答儿、浑都海，斩首虏无算，关、陇平。捷闻，上报曰："卿等古名将也，临机制变，不遗朕忧。"遂改宣抚司为行中书省，进廉公为右丞，公为金行中书省事。明年，进公参知政事。(《墓碑》)

宋泸州将刘整囚我降人数百，乃来归，将论诛之，公尽释囚之。闻边将不和，公辄手书开谕，皆得其死力，若蜀师纽邻、阆帅杨大渊、青居山帅钦察是也。(《墓碑》)

兴元倅费寅有罪惧诛，以借兵完城事讼公于朝，上召公便殿，曰："使卿关中、使卿怀孟，两著治效，今讼卿者还至。卿岂有所掣耶？亦骄而志惰耶？"公对曰："臣在秦三年，岂能事事当理。上负圣恩，下欺臣心，有死不为。钜寇满野，借兵完城，事岂得已，且有前旨也。功若自归，罪则分人，非臣所事。欲加之罪，臣请就戮。"上顾侍臣，数公大计，屈伸手指凡十有七，谓公曰："卿无罪。今委卿四川，勉之，行大用卿。"出金虎符佩公，行四川枢密院事。(《墓碑》)

至元元年，入中书。上欲知经学，公与姚左丞枢、窦学士默、王承旨鹗、杨参政果纂《五经要语》凡二十八类以进。(《墓志》)

初，中统三年，立领部，以阿合马总钱谷，至是革去。公与太保刘公等奏燕王为中书令，入省听政，罢世官，行迁转法，并州县户耗者。(《墓碑》)

二年，平章赵璧奏立诸侯路行省，丞相耶律铸行省河东，公为之贰，旋召还。(《墓志》)

六年，同金枢密院事。连年迁金书、迁副使。数军实，差万户、千户等三，给军吏俸，使四千人屯田，经牛、种、农器，垦田三万亩，收其获以饷亲军。汰不胜军者户三万，户一丁者亦汰去；若于丁多业寡、业多丁寡者，财力相资，合出一军。(《墓碑》)

十年，封皇子忙阿剌为安西王，立王相府，以公为王相。上曰："王年少，河迤西尽以委卿。"公进十策于王，曰睦亲邻、安人心、敬民时、备不虞、厚民生、一事权、清心源、谨自治、固本根、察下情，王为置酒嘉纳。（《墓碑》）（又《牧庵文集》云：至元九年，立皇子为安西王。明年，至长安，营于素浐之西，巍殿中峙，卫士环列，车间容车，帐间容帐，包原络野，周四十里，中为牙门，讥其出入。其时犍河之外，秦固内地，教令之加，于陇、于凉、于蜀、于羌，诸侯王、郡牧、蕃酋，星罗棋错于是间者，靡不舆金篚帛，效马献琛，辐辏庭下，勃磎竭蹷，如恐于后。其大如军旅之振治，爵赏之予夺，威刑之宽猛，承制行之。自余商贾之征，农亩之赋，山泽之产，盐铁之制，不入王府，悉邸自有。又明年，诏益封秦王，绾二金印。易府在长安者为安西，六盘者为开成，皆听为官邸用，不足，取之朝廷，岁或多至楮币贯计者百三十万。才七年而弃其国。）

　　王薨，王妃使公请嗣于天子，未允。明年，又入请，赐允，犹未遣也。公病于京兆。其年，王妃杀王相赵晒于六盘，辞连公及子瓛，逮至行在所，下公吏，久之得免。（《墓碑》）（又《墓志》云：至元十五年冬，王薨，王子阿难答当嗣，王妃命公请于上，上曰："齿弱，祖宗之训未习也。卿姑行王相府事以俟。"初运使郭琮、郎中令郭叔云与王相赵晒构陈相攻。人或告赵晒不法，王妃命囚之六盘狱以死。朝廷疑擅杀之，执二郭鞠问，伏辜，事无一毫及公。惟王府女奚彻彻以预二郭谋，将刑，规以求生，始有暧昧语，胃公及其子瓛亦知之。上怒，召公拘于赵氏，瓛下狱。上命赵氏子曰："商孟卿老书生，可与诸儒谳其罪。"宋儒青阳梦炎以议勋之义，为奏曰："臣宋儒，不知商孟卿向来之功可补今日之过乎？"上不怿，曰："是同类相助之辞也。"金枢密院事董文忠奏曰："宋儒不知商孟卿何如人，臣以囊时推戴之功语之矣。"上良久曰："其事果何如？"对曰："臣目未睹，耳固闻之，杀人之谋，商孟卿不预也。"上默然不答。十六年春，有旨：商孟卿不可全以无罪释之，籍其家。是冬，始释公及瓛。）

　　二十年，复枢密副使，寻以疾免。二十一年，赵氏子复讼父死，公又被逮，百余日乃释。公叹曰："苏端明贬黄州，作雪堂于东坡，贬惠州，筑室于白鹤观，若将终身，善处变矣。吾有慕焉。"遂茸小圃于都城之南以居，澹然与造物者游。朝士及僧道日造门问遗不绝，益为世所重。

（《墓志》）

曹有阜曰："左山公自号左山老人，著诗千余篇，尤善隶书，时人铭其先世者，以不得公书为未孝。"（《墓碑》）

公具文武材，明允公亮，慷慨有大志。遭际世祖圣神之主，道同气合，获展宏略，功在社稷，德洽黎元，庆流子孙，可谓一代英杰者矣。虽胃安西狱，事旋昭雪，克终令名，盖有以也。（《墓碑》）

（《元朝名臣事略》卷十一之二）


# 徐世隆

徐世隆字威卿，陈州西华人。弱冠，登金正大四年进士第，辟为县令。其父戒世隆曰："汝年少，学未至，毋急仕进，更当读书，多识往事，以益智识，俟三十入官，未晚也。"世隆遂辞官，益笃于学。

岁壬辰，父殁。癸巳，世隆奉母北渡河，严实招致东平幕府，俾掌书记。世隆劝实收养寒素，一时名士多归之。宪宗即位，以为拘榷燕京路课税官，世隆固辞。壬子，世祖在潜邸，召见于日月山，时方图征云南，以问世隆，对曰："孟子有言：'不嗜杀人者能一之。'夫君人者，不嗜杀人，天下可定，况蕞尔之西南夷乎！"世祖曰："诚如卿言，吾事济矣。"实时得金太常登歌乐，世祖遣使取之观，世隆典领以行，既见，世祖欲留之，世隆以母老辞。实子忠济，以世隆为东平行台经历，于是益赞忠济兴学养士。

中统元年，擢燕京等路宣抚使，世隆以新民善俗为务。中书省檄诸路养禁卫之羸马，数以万计，刍秣与其什器，前期戒备。世隆曰："国马牧于北方，往年无饲于南者。上新临天下，京畿根本地，烦扰之事，必不为之。马将不来。"吏白："此军需也，其责勿轻。"世隆曰："责当我坐。"遂弗为备，马果不至。清沧盐课，前方亏不及额，世隆综核之，得增羡若干，赐银三十铤。二年，移治顺天，岁饥，世隆发廪贷之，全活甚众。三年，宣抚司罢，世隆还东平，请增宫县大乐、文武二舞，令旧工教习，以备大祀，制可。除世隆太常卿以掌之，兼提举本路学校事。

四年，世祖问尧、舜、禹、汤为君之道，世隆取《书》所载帝王事以对，帝喜曰："汝为朕直解进读，我将听之。"书成，帝命翰林承旨安藏译写以进。

至元元年，迁翰林侍讲学士，兼太常卿，朝廷大政谘访而后行，诏命典册多出其手。世隆奏："陛下帝中国，当行中国事。事之大者，首惟祭礼，祭必有庙。"因以图上，乞敕有司以时兴建，从之，逾年而庙成。遂迎祖宗神御，奉安太室，而大飨礼成。帝悦，赏赐优渥。

俄兼户部侍郎，承诏议立三省，遂定内外官制上之。时朝仪未立，世隆奏曰："今四海一家，万国会同，朝廷之礼，不可不肃，宜定百官朝会仪。"从之。七年，迁吏部尚书，世隆以铨选无可守之法，为撰《选曹八议》。

九年，乞补外，佩虎符，为东昌路总管。至郡，专务以德率下，不事鞭箠，吏不忍欺，民亦化服，期年而政成，郡人颂之。十四年，起为山东提刑按察使。时有妖言狱，所司逮捕凡数百人，世隆剖析诖误者十八九，悉纵遣之。十五年，移淮东。宋将许琼家童，告琼匿官库财，有司系其妻孥征之。世隆曰："琼所匿者，故宋之物，岂得与今盗官财者同论耶？"同僚不从，世隆独抗章辩明，行台是之，释不问。会征日本，世隆上疏谏止，语颇剀切，当路者不即以闻，已而帝意悟，其事亦寝。十七年，召为翰林学士，又召为集贤学士，皆以疾辞。

世隆仪观魁梧，襟度宏博，慈祥乐易。人忤之，无愠色。喜宾客，乐施与，明习前代典故，尤精律令，善决疑狱。二十二年，安童再入相，奏世隆虽老，尚可用。遣使召之，仍以老病辞，附奏便宜九事。赐田十顷。时年八十，卒。所著有《瀛洲集》百卷、文集若干卷。

（《元史》卷一六〇）

## 太常徐公

公名世隆，字威卿，陈州西华人。金正大中，登进士第。国初，为东平行台幕官。中统元年，拜燕京宣抚使。三年，除太常卿。至元元年，迁翰林侍讲学士，兼太常卿，又兼户部侍郎。七年，拜吏部尚书。出为东昌路总管。擢山东道提刑按察使。十五年，移江北淮东道。十七年，召为翰林学士，又召为集贤学士，皆以疾辞不行。二十二年，卒，年八十。

公生而颖悟，七岁入小学，应对进退，辄异常儿。年十五，有赋声。二十二，登正大四年进士第，京朝官又章辟公为县令。朝请遣人辞焉，且戒公曰："汝年少，学未至，毋急仕进，更当多读书，涉猎往事，以益智识。俟三十入官，未晚也。"公奉教，为学益刻厉，经史诸子百家，靡不研究。（东平徐公撰《墓碑》）

壬辰之乱，朝请殁。癸巳，河南破，公挈太君北渡河，严武惠公知公名，招致东平幕府，俾掌书记。公劝武惠收养寒素，一时名公多归焉，故东平人物之盛为诸道最。武惠薨，嗣侯袭职，署公详议，职虽赞佐，侯寔师之。先帝即位之岁，置总六部于燕京，以公充拘榷燕京路课税官，公谓理财非所能也，力辞而归。（《墓志》）

大元受天命，肇造区夏，列圣相承，未遑文治。上在潜邸，独喜儒士，凡天下鸿才硕学，往往延聘，以备顾问。壬子岁，自漠北遣使来征公，见于日月山之帐殿，上方治兵征云南，因问："此行何如？"公对曰："昔梁襄王问孟子：'天下乌乎定？'孟子曰：'定于一。'襄王曰：'谁能一之？'孟子曰：'不嗜杀人者能一之。'夫君人者，不嗜杀人，天下可定，况蕞尔之西南夷乎！"上曰："诚如威卿言，吾事济矣。"是岁，云南诸国降。上既登极，每有征伐，必论以不杀，于是四方未禀正朔之国，愿来臣属者，踵相蹑于道，十余年间，际天所覆，咸为一家，土宇之广，开辟以来未有也。不嗜杀人之效，其捷若此。然一言寤意，皆自公发之。（《墓志》）

东平自武惠公时得亡金太常登歌乐，有旨取观，公典领以行。既见，上欲留公，公以母老辞，遣尚书柴公送还。又明年，今参政商公由东平经历赴召北上，严侯遂令公代之。公既正位幕长，军民之利害，公事之得失，知无不言，其所救正者非一。（《墓志》）

中原版荡之后，郓学久废，严侯修复，以养生徒，公从臾之力居多。又岁署题考试，等其甲乙，屡中高选者，擢用之。时自入学，亲为诸生讲说，其课试之文，有不中程者，辄自拟作，与为楷式。一时后进，业精而行成，人才辈出，如翰林学士阎复、太子谕德李谦、浙东按察使孟

祺、礼部侍郎张孔孙、太子赞善夹谷之奇等是也。(《墓志》)

中统建元，擢公燕京等路宣抚使。京师久号难治，下车以新民善俗为务。车驾往还，贵近迎送，百色供亿，从容以办。中书省檄诸路养禁卫之羸马，数以千、万计，刍秣与其什器，前期戒备。公曰："国马牧于北方，往年无饲于南者。上新临天下，京畿根本地，烦扰之事，必不为之，马将不来。"吏白："此军需也，其责不轻。"公曰："责当我坐。"遂弗为备，马果不至。清、沧盐课，前政亏不及额，公综核之，得增羡若干，敕赐白金三十笏，以嘉其能。(《墓志》)

二年，移治顺天。岁饥，民乏食，公发廪贷之，所全活者甚众。(《墓志》)

三年，宣抚司罢，公还东平。总管严公奏："太常登歌乐，向圣主观于日月山，既而发还，今十余年矣。乞增宫悬大乐、文武二舞，令旧工教习，以备大祀。"上可其请，就除公太常卿以主之，兼提举本路学校事。(《墓志》)

四年，上问尧、舜、禹、汤为君之道，公取《书》所载帝王事以对，上喜曰："汝为朕直解进读，我将听之。"书成，上命翰林承旨安藏译写以进。(《墓志》)

至元元年，除翰林侍讲学士，兼太常卿，朝廷大政谘访而后行，诏命典册多出公手。公选前贤内外制可备馆阁用者，凡百卷，曰《瀛洲集》，至今用之。(《墓志》)

六年，作新大都于燕，宗庙之制未有议者，公奏曰："陛下帝中国，当行中国事。事之大者，首惟祭祀，祭祀必有清庙。"因以图上，乞敕有司以时兴建，从之。逾年而庙成，公之所教太常礼乐亦备，遂迎祖宗神御，入藏太室，因奉安而大饗焉。礼成，上悦，赏赐良渥。(《墓志》)

公在翰林、太常，所荐僚属多海内名士，时号得人。寻兼户部侍郎，奉敕议立三省，遂定内外官制上之。(《墓志》)

时宫阙落成，而朝仪未立，公奏曰："今四海一家，万国会同，朝廷之礼，不可不肃，宜定百官朝会仪。"从之。(《墓志》)

七年，拜吏部尚书。公以铨选无可守之法，为撰《选曹八议》。(《墓志》)

九年，公乞补外，除东昌路总管，佩虎符。至郡，专务以德率下，不事鞭箠，吏不忍欺，民亦化服，期年而政成。乃修庙学，起驿舍，新公廨，区处皆有条序，力省功倍，而民不知劳，郡人颂之。（《墓志》）

十四年，起为山东提刑按察使。某路有妖言之狱，所司逮捕凡数百人，公为剖析缧误者十八九，悉纵遣之。（《墓志》）

十五年，移公淮东道按察使。淮安安抚使许琼，亡宋边将，家人有告琼匿官库财者，宪司系其妻孥以征之。公谓同僚曰："许所匿者，亡宋之物也，岂可与今盗官财者同论耶？"同僚不以为然，公独抗章辨明，行台是之，释不问。（《墓志》）

诏发南北兵征日本，远近愁叹，江浙尤甚。公奏疏谏之，语颇剀切，当路者恐忤旨，不即以闻。已而，上意寤，其事亦寝。（《墓志》）

二十二年，丞相安童再秉国钧，图任旧人共政，奏公虽老，使之坐而策国事，尚可用也。遣使召公，公老病辞不能行，附奏便宜九事，赐田十顷。公时年八十，至秋病增剧，作《八十可老歌》以自遣，所以处死生，若久客而将归焉。易箦之际，吟讽弗辍。（《墓志》）

公仪观魁梧，襟度宏博，慈祥乐易，人忭之，无忮心与愠色。与人交，一以诚，藩篱廓达，洞见肺腑。喜宾客，乐施与，及好奖进士类，人有片善，称之惟恐不至。然和而不流，群而不党，清而能容，仁而能断。时论推之，以为有公辅器。（《墓志》）

公明习前代典故，尤精律令。事有至难，狱有大疑，使公决之，不假阅成案，立谈之间，引援区别，冰释理顺。载法之文，法外之意，无不包举，虽专门名家者，亦不如是之审。至论事，口俳俳然若讷者，及秉笔而书，顷刻千百言，言尽意到，灿然成文，人谓尚书说事手敏于口。（《墓志》）

公之奏议典赡详悉，无迂疏之累。古文纯正明白，无奇涩之偏。歌诗则坦夷浏亮，无雕斫晦深之病。四六则骈俪亲切，无牵就支离之弊。虽然，在公悉为余事，惟爱君忧国之心，坚如金石，不以仕宦为污，不以辞退为高，亦不以衰老疾病为悠。苟闻时政有所可否，论思献纳，恒若言责之在己，惓惓不替，至死乃已，合于古人畎亩不忘君之义也。（《墓志》）

（《元朝名臣事略》卷十二之四）

# 李 昶

　　李昶字士都，东平须城人。父世弼，从外家受孙明复《春秋》，得其宗旨。金贞祐初，三赴廷试，不第，推恩授彭城簿，志壹郁不乐，遂复求试。一夕，梦在李颜榜下及第，阅计偕之士，无之，时昶年十六，已能为程文，乃更其名曰彦。兴定二年，父子廷试，昶果以《春秋》中第二甲第二人，世弼第三甲第三人，父子褒贬各异，时人以比向、歆，而世弼遂不复仕，晚乃授东平教授以卒。

　　昶颖悟过人，读书如夙习，无故不出户外，邻里罕识其面。初从父入科场，侪辈少之，讥议纷纭，监试者远其次舍，伺察甚严。昶肆笔数千言，比午，已脱稿。释褐，授征事郎、孟州温县丞。正大改元，超授儒林郎、赐绯鱼袋、郑州河阴簿。三年，召试尚书省掾，再调漕运提举。

　　国兵下河南，奉亲还乡里。行台严实，辟授都事，改行军万户府知事。实卒，子忠济嗣，升昶为经历。居数岁，忠济怠于政事，贪佞抵隙而进。昶言于忠济曰："比年内外裘马相尚，饮宴无度，库藏空虚，百姓匮乏，若犹循习故常，恐或生变。惟阁下接纳正士，黜远小人，去浮华，敦朴素，损骑从，省宴游，虽不能救已然之失，尚可以弭未然之祸。"时朝廷裁抑诸侯，法制寝密，忠济纵侈自若，昶以亲老求解，不许。俄以父忧去官，杜门教授，一时名士，若李谦、马绍、吴衍辈，皆出其门。

　　岁己未，世祖伐宋，次濮州，闻昶名，召见，问治国用兵之要。昶上疏：论治国，则以用贤、立法、赏罚、君道、务本、清源为对；论用兵，则以伐罪、救民、不嗜杀为对。世祖嘉纳之。明年，世祖即位，召至开平，访以国事，昶知无不言，眷遇益隆。

　　时征需烦重，行中书省科征税赋，虽逋户不贷，昶移书时相，其略曰："百姓困于弊政久矣，圣上龙飞，首颁明诏，天下之人，如获更生，拭目倾耳，以俟太平，半年之间，人渐失望，良以渴仰之心太切，兴除之政未孚故也。侧闻欲据丁巳户籍，科征租税，比之见户，或加多十六七，止验见户，应输犹恐不逮，复令包补逃故，必致艰难。苟不以抚字安集为心，惟事供亿，则诸人皆能之，岂圣上擢贤更化之意哉？"于是省府为蠲逋户之赋。

中统二年春，内难平，昶上表贺，因进讽谏曰："患难所以存儆戒，祸乱将以开圣明，伏愿日新其德，虽休勿休，战胜不矜，功成不有，和辑宗亲，抚绥将士，增修庶政，选用百官，俭以足用，宽以养民，安不忘危，治不忘乱，恒以北征宵旰之勤，永为南面逸豫之戒。"世祖称善久之。世祖尝燕处，望见昶，辄敛容曰："李秀才至矣。"其见敬礼如此。会严忠济罢，以其弟忠范代之，忠范表请昶师事之，特授翰林侍讲学士，行东平路总管军民同议官。昶条十二事，划除宿弊。

至元元年，迁转之制行，减并路、府、州、县官员，于是谢事家居。五年，起为吏礼部尚书，品格条式、选举礼文之事，多所裁定。凡议大政，宰相延置上座，倾听其说。六年，奸臣阿合马议升制国用使司为尚书省，昶请老以归。七年，诏授南京路总管兼府尹，不赴。八年，授山东东西道提刑按察使，务持大体，不事苛细，未几致仕。二十二年，昶年已八十（二）〔三〕，复遣使征之，以老疾辞，赐田千亩。二十六年卒，年八十有七。

昶尝集《春秋》诸家之说折中之，曰《春秋左氏遗意》二十卷；早年读《语》《孟》，见先儒之失，考订成编，及得朱氏、张氏解，往往吻合，其书遂不复出。独取《孟子》旧说新说矛盾者，参考归一，附以己见，为《孟子权衡遗说》五卷。

（《元史》卷一六〇）

## 尚书李公

公名昶，字士都，东平须城人。金兴定中，登进士第。国初，为东平严侯幕官。中统元年，召至京师。明年，以翰林侍读学士行东平路总管同议官。至元五年，召拜吏礼部尚书。七年，除南京路总管，不赴。八年，起为山东东西道提刑按察使，遂致仕归。二十六年，卒，年八十七。

公幼精敏，六岁知读书，性澹静，讲学之外，一无所好。年十二三学为程文，下笔为时辈所称。初，教授君困踬场屋，一夕梦在李彦榜下登第，数名阅计偕之士，无之，因以命公。年十六业成，质干清癯，甫能胜衣，将从教授君赴春闱，侪辈或少君，教授君不恤也。及期肆笔数千言，比亭午已脱稿。莅试者见其敏给，大加赏异。命下，公中本经第一，教授君果居其下。且意义褒贬，所取各异，人以比歆、向父子。释褐调孟州温县丞，未赴，寓陈之项城，聚书深读，务为无所不闻，仍手自抄录，为日课不辍。（野斋李公撰《墓碑》）

金亡，公奉亲还东平，严武惠公一见，待遇加礼，授行台都事，凡入觐出征，不令去左右。行台罢，改行军万户府知事。武惠薨，令中书右丞忠济嗣政，升公经历。东平大府，民繁事殷，公处赞画之任，图虑深远，未始依违苟从。平章宋公时居幕长，议论率与公合。若府政得失，民生利病，屡为嗣公言之。居数岁，同列者趣向不同，移疾求去，会丁教授君忧，即杜门不出。服除，嗣公不欲以幕僚相屈，位公师席，躬率僚属，讲问经传，多所开益，鲁诸生执经受业者，前后非一。（《墓碑》）

己未，上将伐宋，次濮阳，召公问治国用兵之要，治国则以用人、立法、赏罚、君道、务本、清源为对，用兵则以伐罪、救民、不嗜杀为对，上嘉纳之。（《墓碑》）

上即位，建元中统，驿召致京师，时备咨访，凡国政可否，知无不言。其年冬，车驾北征，征需烦索，行中书省科取税赋，虽逋户不贷，公移书诸相，其略曰："百姓困于弊政久矣，圣上龙飞，首颁明诏，天下之人如获再生，拭目倾耳，思见太平。半年之间，人渐失望，良以渴仰之心太切，兴除之政未孚故也。侧闻欲据丁巳户籍，科征租税，比之见户，或加多什六七，且止验见户应输，犹恐不逮，复令包补逃故，必致艰难。苟不以抚字安集为心，惟事供亿，则诸人皆能之，岂圣上擢贤更政之意哉！"省府为蠲逋户之赋。（《墓碑》）

二年春，内难平，公上表称贺，因示讽谕曰："患难之作，上天所以存警戒，愿日新其德，虽休勿休，战胜不矜，功成不有，选官以修政，崇俭以养民，恒以北征宵旰之劳，永为南面佚豫之戒。"上为之敛容，擢用有期。属东平万户严忠范代其兄为本路总管，奏请公偕行，将师用其言，诏授翰林侍读学士，行东平路总管同议官。（《墓碑》）

朝议令老疾输赋，公贻书省府曰："圣上即位之初，凡鳏寡废疾之人，命所在优恤。去岁省府常有榜谕，俾给粮收养。旬月之间，一予一

夺，非所以示信于民也。"从之。(《墓碑》)

至元五年，诏起公吏礼部尚书，格品条式，选举礼文之事，多出公裁定。宰相素重公，凡有集议，必延置上座，倾听言论。会制府有升省之议，遂请老而归。(《墓碑》)

八年，拜山东东西道提刑按察使，务持大体，不事苛细。一出按行，则致仕不复出。(《墓碑》)

公资简重，后生小子，望之若莫可梯接，及前则温粹见于面。乐于诲诱，有所问，则叩竭终始，无所隐。或不可与言，则未尝妄交一语。薄于世味，每以安恬退处为心，故其居官日浅，而未尝作期月留也。家居安坐一榻，书史满前，穷日夕不少厌。(《墓碑》)

(《元朝名臣事略》卷十二之三)

# 李　谦

李谦字受益，郓之东阿人。祖元，以医著名。父唐佐，性恬退，不喜仕进。

谦幼有成人风，始就学，日记数千言，为赋有声，与徐世隆、孟祺、阎复齐名，而谦为首。为东平府教授，生徒四集，累官万户府经历，复教授东平。先时，教授无俸，郡敛儒户银百两备束脩，谦辞曰："家幸非甚贫者，岂可聚货以自殖乎！"

翰林学士王磐以谦名闻，召为应奉翰林文字，一时制诰，多出其手。至元十五年，升待制，扈驾至上都，赐以银壶、藤枕。十八年，升直学士，为太子左谕德，侍裕宗于东宫。陈十事：曰正心，曰睦新，曰崇俭，曰几谏，曰戢兵，曰亲贤，曰尚文，曰定律，曰正名，曰革弊。裕宗崩，世祖又命傅成宗于潜邸，所至以谦自随。转侍读学士。世祖深加器重，尝赐坐便殿，饮群臣酒，世祖曰："闻卿不饮，然能为朕强饮乎？"因赐葡萄酒一钟，曰："此极醉人，恐汝不胜。"即令三近侍扶掖使出。二十六年，以足疾辞归。

三十一年，成宗即位，驿召至上都。既见，劳曰："朕知卿有疾，然京师去家不远，且多良医，能愈疾。卿当与谋国政，余不以劳卿也。"升学士。元贞初，引疾还家。大德六年，召为翰林承旨，以年七十一，乞致仕。九年，又召。至大元年，给半俸。仁宗为皇太子，征为太子少傅，谦皆力辞。

仁宗即位，召十六人，谦居其首。乃力疾见帝于行在，疏言九事，其略曰："正心术以正百官，崇孝治以先天下，选贤能以居辅相之位，广视听以通上下之情，恤贫乏以重邦家之本，课农桑以丰衣食之源，兴学校以广人材之路，颁律令使民不犯，练士卒居安虑危。至于振肃纪纲、纠察内外，台宪之官尤当选素著清望、深明治体、不事苛细者为之。"帝嘉纳焉。迁集贤大学士、荣禄大夫，致仕，加赐银一百五十两，金织币及帛各三匹。归，卒于家，年七十九。

谦文章醇厚有古风，不尚浮巧，学者宗之，号野斋先生。子偭，官至大名路总管。

（《元史》卷一六〇）

## 申屠致远

申屠致远字大用，其先汴人。金末从其父义徙居东平之寿张。致远肄业府学，与李谦、孟祺等齐名。世祖南征，驻兵小濮，荆湖经略使乞寔力台，荐为经略司知事，军中机务，多所谟画。师还，至随州，所俘男女，致远悉纵遣之。

至元七年，崔斌守东平，聘为学官。十年，御史台辟为掾，不就，授太常太祝，兼奉礼郎。帝遣太常卿孛罗问毛血之荐，致远对曰："毛以告纯，血以告新，礼也。"宋平，焦友直、杨居宽宣慰两浙举为都事，首言："宋图籍宜上之朝；江南学田，当仍以赡学。"行省从之。转临安府安抚司经历。临安改为杭州，迁总管府推官。宋驸马杨镇从子玠节，家富于赀，守藏吏姚溶窃其银，惧事觉，诬玠节阴与宋广、益二王通，有司榜笞，诬服，狱具。致远谳之，得其情，溶服辜，玠节以贿为谢，致远怒绝之。杭人金渊者，欲冒籍为儒，儒学教授彭宏不从，渊诬宏作诗有异志，揭书于市，逻者以上。致远察其情，执渊穷诘，罪之。属县械反者十七人，讯之，盖因寇作，以兵自卫，实非反者，皆得释。西僧杨琏真加，作浮图于宋故宫，欲取高宗所书《九经》石刻以筑基，致远力拒之，乃止。改寿昌府判官，时寇盗窃发，加之造征日本战船，远近骚然，致远设施有方，众赖以安。

二十年，拜江南行台监察御史。江淮行省宣使郄显、李兼诉平章忙兀台不法，有诏勿问，仍以显等付忙兀台鞫之，系于狱，必抵以死。致远虑囚浙西，知其冤状，将纵之，忙兀台胁之以势，致远不为动，亲脱显等械，使从军自赎。桑哥当国，治书侍御史陈天祥使至湖广，劾平章要束木，桑哥摘其疏中语，诬以不道，奏遣使往讯之，天祥就逮。时行台遣御史按部湖广，咸惮之，莫敢往，致远慨然请行。比至，累章极论之，桑哥方促定天祥罪，会致远章上，桑哥气沮。江西行省平章马合谋于商税外横加征取，忽辛籍乡民为匠户，转运使卢世荣榷茶牟利，致远并劾之。又言占城、日本，不可涉海远征，徒费中国；铨选限以南北，优苦不均，宜考其殿最，量地远近，定为立制，则铨衡平而吏弊革。他如罢香莎米，弛竹课禁，设司狱官医学职员，皆致远发之。

二十八年，丁父忧，起复江南行台都事，以终制辞。二十九年，佥江东建康道肃政廉访司事，未至，移疾还。元贞元年，纂（收）〔修〕《世祖实录》，召为翰林待制，不赴。大德二年，佥淮西江北道肃政廉访司事，行部至和州，得疾卒。

致远清修苦节，耻事权贵，聚书万卷，名曰墨庄。家无余产，教诸子如师友。所著《忍斋行稿》四十卷，《释奠通礼》三卷，《杜诗纂例》十卷，《集验方》十二卷，《集古印章》三卷。

子七人：伯骐，征事郎、岭北湖南道肃政廉访司知事；骥，骊，俱为学官；驷，奉政大夫、兵部员外郎。

（《元史》卷一七○）


# 阎　复

阎复字子靖，其先平阳和州人。祖衎，仕金，殁王事。父忠，避兵山东之高唐，遂家焉。

复始生，有奇光照室。性简重，美丰仪。七岁读书，颖悟绝人，弱冠入东平学，师事名儒康晔。时严实领东平行台，招诸生肄进士业，迎元好问校试其文，预选者四人，复为首，徐琰、李谦、孟祺次之。

岁己未，始掌书记于行台，擢御史掾。至元八年，用王磐荐，为翰林应奉，以才选充会同馆副使，兼接伴使。扈驾上京，赋应制诗二篇，寓规讽意，世祖顾和礼霍孙曰："有才如此，何可不用！"十二年，升翰林修撰。十四年，出佥河北河南道提刑按察司事，阶奉训大夫。十六年，入为翰林直学士，以州郡校官多不职，建议定铨选之法。十九年，升侍讲学士，明年，改集贤侍讲学士，同领会同馆事。

二十三年，升翰林学士，帝屡召至榻前，面谕诏旨，具草以进，帝称善。二十八年，尚书省罢，复立中书省，帝励精图治，急于择相，一日，召入便殿，谕之曰："朕欲命卿执政，何如？"复屡谢不足胜任，帝谓侍臣曰："书生识义理，存谦让，是也，勿强。"御史台改提刑按察司为肃政廉访司，首命复为浙西道肃政廉访使。先是，奸臣桑哥当国，尝有旨命翰林撰《桑哥辅政碑》，桑哥既败，诏有司踣其碑，复等亦坐是免官。

三十一年，成宗即位，以旧臣召入朝，赐重锦、玉环、白金，除集贤学士，阶正议大夫。元贞元年，上疏言："京师宜首建宣圣庙学，定用释奠雅乐。"从之。又言："曲阜守冢户，昨有司并入民籍，宜复之。"其后诏赐孔林洒扫二十八户、祀田五千亩，皆复之请也。三年，因星变，又上疏言："定律令，颁封赠，增俸给，通调内外官"。且曰："古者，刑不上大夫，今郡守以征租受杖，非所以厉廉隅。江南公田租重，宜减，以贷贫民。"后多采用。大德元年，仍迁翰林学士。二年，诏赐楮币万贯。四年，帝召至榻前，密谕之曰："中书庶务繁重，左相难其人，卿为朕举所知。"复以哈剌哈孙对，帝大喜，即遣使召入，相之；复亦拜翰林学士承旨，阶正奉大夫。

十一年春，武宗践阼，复首陈三事：曰"惜名器，明赏罚，择人才"，言皆剀切。未几，进阶荣禄大夫，遥授平章政事，余如故，复力辞，不许。上疏乞骸骨，诏从其请，给半俸终养。时仁宗居东宫，赐以重锦，俾公卿祖道都门外。及即位，遣使召复，复以病辞。皇庆元年三月卒，年七十七，谥文康。有《（靖）〔静〕轩集》五十卷。

（《元史》卷一六〇）

## 翰林学士承旨荣禄大夫遥授平章政事赠光禄大夫
## 大司徒上柱国永国公谥文康阎公神道碑铭

### 袁桷

　　世祖皇帝应期握图，肇函诸夏，文经武纬，各当厥职。粤惟东平，地接邹鲁，时则有严忠武公披荆翦芜，扶植儒学，作成逢掖，卒能敷文帝庭，风动八表，郓之得人，号称至盛，而阎、徐、李、孟，世名以四杰焉。自至元至于大德，更进迭用。诰令典册，则皆阎公所独擅。公讳复，字子静。幼入东平府学，蜚声炳著。操笔缀词赋，音节和畅。融液事理，率占为举首。幼从赠翰林学士康公，康大器之。太常徐公道隆，年长有闻誉，不敢以后进待。公在翰林最久，赞书积几，高下轻重，拟议精切，传诵以为楷则。其待寮寀，择敏秀者自近，不满意者不复强以文墨。任满不调，虽请托亦不得以叙迁。故事：表笺自待制而下分撰。公命各为一通，辑其精良，融为一家，而别拟以示其属。始仕东平行台书记、御史台掾。至元八年，入翰林为应奉文字，进修撰。十六年，升翰林直学士。十九年，侍讲。明年，兼集贤侍讲学士。于时两院皆领会同馆，由是自应奉至侍讲，皆兼会同。二十三年，升翰林学士，改集贤学士。大德元年，复除翰林学士。四年，拜翰林学士承旨，而知制诰、修国史皆视其职以进。其补外职，则金河北河南道提刑按察司事、浙西道肃政廉访使。世祖陟方，召公草诏于上都。成宗继崩，复召公上都。武宗即位，首上疏曰：惜名器，明赏罚，择人才。朝论趣之，赐金锦、白金以彰其直。顾公老矣，愿致事以归，乃进阶荣禄大夫，遥授平章政事，给半俸以佚其老，且命婿李嗣宗特授承直郎、同知高唐州以侍养。仁宗在东宫时，知公归，特遣使赐币，命公卿设祖帐于都门外。桷尝以院属侍公入议事堂，鹄峙山立，中外各改容以奉。语简意足，不屑屑持辩争，丞相而下皆倾动。一日草诏书，其语意难以入国语，大臣疑之。有集贤学士，亦出微语。公召掾史，具纸笔，请学士改撰。学士大愧，却立。会食毕，公改为之，而前诏一字不复用，一坐大惊。公以文墨自任，不肯为紧要官。罢尚书省时，世祖召入便殿，谕以"卿为执政官何如？"公谢不能。世祖曰："知让诚美事，宜勿强。"成宗择相，召公密问曰："左丞相缺，孰可任？"以江浙行省左丞相某对，益称上意。其陈于上者，大较若是。定孔子主祀，赐孔林洒扫及祀田，皆所建明。兴国学，论庙乐，所助为多。而其在宪府，以敦本崇化为先务。当大德星变，疏十九事，皆切中弊坏。成宗赐楮钱万以优宠。公受知成宗为深，尝问其所师承，金玉币器，锡赉有加。仁宗初政，首命召公，以疾辞。皇庆元年三月某日，年七十有七，薨。其年五月，葬于先茔之侧。

公将薨时，梦游祠宫，有道士迎问公年，口占一诗以答，觉而言曰："吾殆云逝矣！"世方倚公为重，而公不复少留，可慨也矣！其所为文号《静轩集》《内外制集》若干卷，将传于世。桷由泰定元年得告归里，越明年，公之婿奉直大夫、南台监察御史李嗣宗以书来海滨，告曰："子职在太史，出处大致，子侍承知为详。隧碑未立，愿登其事于石，以贻永远。"桷踧踖莫辞。谨按：阎氏，平阳人，今居高唐州。曾大父衍，赠嘉议大夫、大司农卿、永安郡公，谥懿德。妣赵氏，永安郡夫人。祖和叔，赠昭文馆大学士、资善大夫、永安郡公、谥昭献。妣武氏，封永安郡夫人。考忠，故高唐主簿，赠银青荣禄大夫、大司徒、永国公，谥惠穆。妣牛氏、刘氏，追封永国夫人。娶尹氏、赵氏、李氏。男一，嗣庆，以荫授奉训大夫、广平路威州知州，未任，以疾卒。女一。孙男二，翁安、翁寿。女适即御史君也。公既下世，妇弟淮东宣慰使李处恭时为吏部侍郎，慨然曰："吾宁使阎公终无以易名！"遂请于朝，得赠光禄大夫、大司徒、上柱国、永国公，谥文康。其姊亦封永国夫人。而公三世，亦以令典得追赠并荣，猗欤休哉！铭曰：

泰伯之曾，食采于阎。因邑为氏，庆源涓涓。太原之阎，显武后唐。战多著名，分茅为王。有孙曰象，决科就文。抚绥降邦，拯其溺焚。迢迢裔孙，实家平阳。试邑死事，和川归藏。是生惠穆，占籍名郡。推诚急施，乐善不靳。教子有行，俾离其乡。业精行成，何求不偿。显允文康，以文伟著。执其牛耳，莫或敢侮。斟酌泰和，密勿元气。英露霄云，万物贶赑。镇于词垣，几四十年。矜彼不能，擢才进贤。维我世祖，养兹国珍。荐更三宗，犹昔旧臣。公归白云，多士尽悼。凡今日能，亦公所造。何以远贻，有丰其碑。实茂声弘，播于铭诗。

（《清容居士集》卷二十七，四部丛刊本）

# 孟　祺

孟祺字德卿，宿州符离人。世以财雄乡里。父仁，业儒，有节行。壬辰，北渡，寓济州鱼台，州帅石天禄礼之，辟兼详议府事。

祺幼敏悟，善骑射，早知问学，侍父徙居东平。时严实修学校，招生徒，立考试法，祺就试，登上选，辟掌书记。廉希宪、宋子贞皆器遇之，以闻于朝，擢国史院编修官。迁从仕郎、应奉翰林文字，兼太常博士。一时典册，多出其手。至元七年，持节使高丽，还，称旨，授承事郎、山东东西道劝农副使。

十二年，丞相伯颜将兵伐宋。诏选宿望博学、可赞画大计者与俱行，遂授祺承直郎、行省谘议。久之，迁郎中，伯颜雅信任之。时军书填塞，祺酬应剖决，略无凝滞。师驻建康，伯颜以兵事诣阙，政无大小，祺与执政并裁决之。及战焦山，宋军下流。祺曰："不若乘势速进，以夺彼气。"如其言，遂大破之。伯颜闻之，喜曰："不意书生乃能知兵若是！"诸将利虏掠，争趋临安，伯颜问计，祺对曰："宋人之计，惟有审闽尔。若以兵迫之，彼必速逃，一旦盗起临安，三百年之积，焚荡无遗矣。莫若以计安之，令彼不惧，正如取果，稍待时日耳。"伯颜曰："汝言正合吾意。"乃草书，遣人至临安，以安慰之，宋乃不复议迁闽。

先是，宋降表称侄，称皇帝，屡拒不纳。祺自请为使，征降表。至则会宋相于三省。夜三鼓，议未决，祺正色曰："国势至此，夫复何待！"遂定议。书成，宋谢太后内批用宝，携之以出，复起谢太后于内殿，取国玺十二枚出。伯颜将亲封之，祺止之曰："管钥自有主者，非所宜亲，一有不谨，恐异时奸人妄相染污，终不可明。"遂止。

江南平，伯颜奏祺前后功多，且言祺可任重。有旨褒升，授少中大夫、嘉兴路总管，佩虎符。祺至，首以兴学为务，创立规制。在官未久，竟以疾解官，归东平。至元十八年，擢太中大夫、浙东海右道提刑按察使，疾不赴。卒，年五十一。赠宣忠安远功臣、中奉大夫、参知政事、护军、鲁郡公，谥文襄。子二人：遵、遹。

（《元史》卷一六〇）

# 李之绍

李之绍字伯宗，东平平阴人。自幼颖悟聪敏，从东平李谦学。家贫，教授乡里，学者咸集。至元三十一年，纂修《世祖实录》，征名儒充史职，以马绍、李谦荐，授将仕佐郎、翰林国史院编修官。直学士姚燧欲试其才，凡翰林应酬之文，积十余事，并以付之。之绍援笔立成，并以稿进。燧惊喜曰："可谓名下无虚士也。"

大德二年，闻祖母疾，辞归。复除编修官，升将仕郎。六年，升应奉翰林文字。七年，迁太常博士。九年，丁母忧，累起复，终不能夺，至大三年，仍授太常博士，阶承事郎。四年，升承直郎、翰林待制。皇庆元年，迁国子司业。延祐三年，升奉政大夫、国子祭酒。夙夜孳孳，惟以教育人材为心。四年十二月，升朝列大夫、同金太常礼仪院事。六年，改翰林直学士，复以疾还。七年，召为翰林直学士。至治二年，升翰林侍讲学士、知制诰同修国史。三年，告老而归。泰定三年八月卒，年七十三。

子勖，荫父职，同知诸暨州事。

之绍平日自以其性遇事优游少断，故号果斋以自励。有文集藏于家。

（《元史》卷一六四）

# 王　构

王构字肯堂，东平人。父公渊，遭金末之乱，其兄三人挈家南奔，公渊独誓死守坟墓，伏草莽中，诸兄呼之不出，号恸而去，卒得存其家，而三兄不知所终。

构少颖悟，风度凝厚。学问该博，文章典雅，弱冠以词赋中选，为东平行台掌书记。参政贾居贞一见器重，俾其子受学焉。

至元十一年，授翰林国史院编修官。时遣丞相伯颜伐宋，先下诏谕之，命构属草以进，世祖大悦。宋亡，构与李槃同被旨，至杭取三馆图籍、太常天章礼器仪仗，归于京师。凡所荐拔，皆时之名士。十三年秋，还，入觐，迁应奉翰林文字，升修撰。丞相和礼霍孙由翰林学士承旨拜司徒，辟构为司直。时丞相阿合马为盗击死，世祖亦悟其奸，复相和礼霍孙，更张庶务，构之谋画居多。历吏部、礼部郎中，审囚河南，多所平反。改太常少卿，定亲享太庙仪注。擢淮东提刑按察副使，召见便殿，亲授制书，赐上尊酒以遣之。寻以治书侍御史召。属桑哥为相，俾与平章卜忽木检核燕南钱谷，而督其逋负。以十一月晦行，期岁终复命。明年春还，宿卢沟驿，度逾期，祸且不测，谓卜忽木曰："设有罪，构当以身任之，不以累公也。"会桑哥死，乃免。有旨出铨选江西。入翰林，为侍讲学士。世祖崩，构撰谥册。

成宗立，由侍讲为学士，纂修实录，书成，参议中书省事。时南士有陈利便请搜括田赋者，执政欲从之。构与平章何荣祖共言其不可，辨之甚力，得不行。以疾归东平。久之，起为济南路总管。诸王从者怙势行州县，民莫敢忤视，构闻诸朝，徙之北境。学田为牧地所侵者，理而归之。官贷民粟，岁饥而责偿不已，构请输以明年。武宗即位，以纂修国史，趣召赴阙，拜翰林学士承旨，未几，以疾卒，年六十三。

构历事三朝，练习台阁典故，凡祖宗谥册册文皆所撰定，朝廷每有大议，必咨访焉。喜荐引寒士，前后省台、翰苑所辟，无虑数十人，后居清要，皆有名于时。

子士熙，仕至中书参政，卒官南台御史中丞；士点，淮西廉访司佥事，皆能以文学世其家。

（《元史》卷一六四）

# 翰林承旨王公请谥事状（延祐三年九月）

## 袁桷

公讳构，字肯堂，世居潍州。家谱云与中书令同系。八世祖某，宋世为司农卿，守郓，因家焉，故今为东平人。曾祖某，金进士，奉训大夫、沧州无棣令。祖某，以公贵，赠正奉大夫、太常大卿。考某，赠昭文馆大学士、资德大夫。公幼岁肄业郡学，试词赋入等，杜先生仁杰深器之。贾文正公居贞一见，馆以教其子，载与来京师。时太保刘文正公、王文康公、王文忠公持荐士权，即辟为权国史院编修官。丞相史公、耶律公在政府，听公上事言论，接以宾礼。耶律公复戒其子以兄礼事焉。至元二十一年，授将仕郎，命为真。于时集议时政，必使公预会裁酌之。十二年，丞相伯颜出师，谕江南，公实草诏。是岁渡江，世祖命翰林直学士李盘与公偕行，俾搜择儒艺之士。明年春，次杭州，公见董寿公某，曰："故宋图籍礼器具在，宜收其秘书省、天章阁、翰林、太常，考集目录，宋史异日必修纂。"遂悉辇归于朝。十四年，充应奉翰林文字，公辞曰："少尝受学于李先生谦，今先生犹教授东平，实不敢先。"遂以其官召李。明年，始受之。十六年，升修撰。凡制诰撰述，文康公必以命公。丞相齐鲁国公和礼霍孙领翰林，开司徒府，授府司直。世祖诏大臣议道藏可焚弃者，公与议，完救之。十九年，丞相阿合马败，齐公入相，议选举，更定法，皆公手定，遂授吏部郎中。未几，改礼部。后复吏部，而翰林制诰，犹逮公参详焉。二十二年，迁太常少卿。上方定宗庙，修礼乐，而公昔从故宋所辇还者，皆得补缺。二十四年，出为江北淮东道提刑按察副使。御史大夫率公陛辞，上赐酒慰遣。击奸惠民，淮民犹能言其事。二十七年，除治书侍御史。故相桑哥嫉公，命与故平章鲁公卜忽木检责燕南逋负。公先驰驿，会计簿领，迄无所迎合。谓鲁公曰："公近臣，某复在言路，相若苛责，当受罪，不以累公也。"未几，桑哥伏罪。二十八年，调选江西。二十九年，改翰林侍讲学士。三十一年，世祖升遐，成宗嗣位，分院上都，制诰多公次定。徽仁裕圣皇太后知之，特赐楮币七千五百，复命撰《世祖祔庙谥册》，摄司徒，以导礼。大德改元，纂修《世祖实录》，升翰林学士。二年，参议中书省事。右丞相引见于柳林，上问："昔从何人？"丞相奏："是和礼霍孙官属，真儒者，昔奉旨参用儒生，今故用之。"时上初即位，励精文治，年谷屡熟，海内熙洽。公从容二相间，以荐士安静为急务。后数年来，执政希合生事，将检括增羡，首以其策行东南。公卒不肯附，称疾纳禄几一年。七年，朝廷更政，独公无所累，归里。九年，授济南总管。礼法自持，严而不苛，凡为民害者，悉除去。丞相答剌罕，见公所申牍，咸从之。十一年，太师沈阳王等奏，俾乘驿造朝，拜翰林学士承旨，复修两朝实录。特命赠公二代，公言："臣本儒家，遭逢四朝，先世皆潜德里士，大国美谥，惧无以称。以臣所居官授之，诚以为过。今群臣封谥，下太常，必系翰林议官品。臣首逾越，将无以服众。"今上时为皇太子，尝询翰林老成，必首姚燧、王构，手以酒赐之。是岁尊谥祖宗，公撰《太祖、睿宗皇后谥册》，赐楮币万缗。正月，撰《皇后册文》，摄侍中读册。至大三年，以疾薨。公在朝廷逾四十年，凡累朝宪章损益，能悉举源委。翰林述作，自为编修时已预撰，先贤文懿，尊酒叙论，咸有据依。欲辑为台阁旧闻，而事莫遂。崇拔后进，虽未识面，汲汲称许不绝口。性刚直，有不善，必面责之。有文集三十卷，藏于家。子士熙，今为翰林待制。窃惟圣朝褒录臣下，见于令典。谨摭其居官行事，请于太史，上于太常。至若居家杂仪，治民遗事，悉弗敢次第。

延祐三年九月日，门生翰林待制、承务郎兼国史院编修官袁桷上。

（《清容居士集》卷三十二，四部丛刊本）

# 翰林学士承旨赠大司徒鲁国王文肃公墓志铭

袁桷

翰林承旨赠大司徒鲁国王文肃公，至大三年六十有六薨京师，假葬于城东隅。至治元年，其孤翰林待制士熙，始克奉枢，以某月某日葬东平祖茔弧山之原。士熙拜且泣曰："墓上碑，则父友翰林学士陈公俨属比铭之矣。今葬日薄，知吾先公莫若子，幸志其历官行事，纳诸幽堂。"楠不敢辞，为之辞曰：

公讳构，字肯堂。年弱冠，以词赋入乡校。贾文正公一见器伟之，礼载以归，俾教授其子，遂来京师。至元十一年，授翰林国史院编修官。由院中叙迁应奉、修撰，升侍讲，进翰林学士，迄承旨。佐丞相府为司直，历吏部、礼部二郎中，太常为少卿，于台外江北淮东道提刑按察使副，内治书侍御史，入省参议中书省事，复出守济南。公之在翰林也，辞命诏令，多所撰述。其最传于朝者，曰《世祖皇帝谥册》、《追谥太祖册》、《武宗皇后册》。于实录，预修世祖、成宗两皇帝。定武宗上尊号亲享太庙仪。在太常，考辑因革有叙。其佐丞相府，划刮蠹弊，更始选士，丞相齐鲁公信从之。为治书时，值桑葛擅中书政柄，嫉方直士，檄公偕翰林承旨鲁国文贞卜忽木公，核究燕南钱谷，约一月治办。公先事计画，不以累鲁公。会桑葛诛，乃得免。其按淮西，不切切近名，而吏亦不敢慢事。治吏、礼二部无缺缓，同列见公署事，不复视成牍以行。参议府六年，一时执政听南士陈利便，搜括田赋，时平章政事何公荣祖与公正色不少让，摧萌折贪，卒俾其谋以寝。始天兵平宋，诏征贤能李学士盘同受旨。公至杭，首言宋三馆图籍、太常、天章礼器舆仗仪注，当悉辇归于朝。董赵公文炳从其言。今宋实录、正史藏史院，由公以完。守济南，宽贫民官逋，修闵子祠，复学田，觞咏自娱，而讼益以简。承旨李公谦幼师之，迁应奉，卒推以先。始受命，勤敏通博，一时巨公，皆屈己期奖，后卒与相并。史馆辟署亡虑数十人，今相蹑清要，皆门下士。其为文闭合咏讽，落笔缛属不止，于王言为尤长。台阁故事，资公始能奉行。事兄户部侍郎桓如严父，惇姻睦宗。在中书，迄不肯私其亲，人益伏之。同里陈公俨，为孔颜孟教授，年几五十矣，入征拜监察御使，未几为翰林直学士，盖公昔尝荐之。王恺，年七十为编修官，公请于朝，以待制致其事。资历循叙，铨衡所宜守，文字官升擢，诏旨具在。后为继者，缄口不荐一士，视公诚可愧也。公之系由琅琊，居东平。自八世祖为宋司农卿守郓，因家焉。曾祖瑀，登金进士第，官奉训大夫、沧州无棣令。妣范氏。祖铎，以公官承旨赠正奉大夫、太常大卿。妣杜氏，临沂郡夫人。父公渊，赠昭文馆大学士、资德大夫。妣薛氏，琅琊郡夫人。昭文当金亡时，有兄三人，携妻孥南徙。昭文私自念：王氏大墓，尽族以行，孰与守？下车伏草莽，兄呼其名，第不复得，后骑迫，大恸以去。昭文备保自活，迄全其墓。厚德勃兴，于公见之矣。娶薛氏，鲁国夫人，是生士熙。再娶许氏。皆先卒。晚岁得二子：士点、士然。女一，嫁薛晋。士熙能文辞有声，将大用于世。推荐贤之功，王氏殆未艾也。铭曰：

德充智周，世莫与俦，士林之标。奖士无方，誉髦珪璋，孰阨其遭。文鸣盛世，金石杂比，厥声四昭。子也允文，战兢绍闻。呜呼乎，公之名，益以高。

（《清容居士集》卷二十九，四部丛刊本）

# 张孔孙

张孔孙字梦符，其先，出辽之乌若部，为金人所并，遂迁隆安。父之纯，为东平万户府参议，夜梦谒孔子庙，得赐嘉果，已而孔孙生，因丐名于衍圣公，遂名今名。既长，以文学名，辟万户府议事官，万户严忠范之兄为陕西行省平章政事，聘孔孙，以母老不应。

时汴梁既下，太常乐师流寓东平，旧章缺落，止存登歌一章而已。世祖居潜邸，尝召乐师至日月山观之，至是，徐世隆奏帝，宜增设宫县及文、武二舞，以备大典。因诏徐世隆为太常卿，而孔孙以奉礼郎为之副，以董乐师，肄成，献之京师。廉希宪居政府，辟为掾。及安童为相，尤礼重之，授户部员外郎，出为南京总管府判官。

时方议下襄樊，朝廷急用兵，孔孙谓："今以越境私贩坐罪者，动以千数，宜开自新之条，俾得效战赎死。"朝论采之。佥四川道提刑按察司事，寻升湖北道提刑按察副使。行部巴陵，有囚三百人，因怒龚乙建言兴银利，发其坟墓，而烧其家，烧死者三人，有司以真图财杀人坐之，孔孙原其情，减罪。迁浙西提刑按察副使，改同知保定路总管府事，俄拜侍御史，行御史台事。

　　至元二十二年，安童复入相，言于帝曰："阿合马颛政十年，亲故迎合者，往往骤进，据显位；独刘宣、张孔孙二人，恬守故常，终始如一。"乃除宣吏部尚书，孔孙礼部侍郎。寻升孔孙礼部尚书，擢燕南提刑按察使。二十八年，提刑按察司改肃政廉访司，仍为使，莅治于大名，一以所没赃籴粟五千斛，赈饥民。拜金河南江北行中书省事；亡何，除大名路总管，兼府尹，大兴学校。有献故河堤三百余里于太后者，即上章，谓宜悉还细民，从之。擢淮东道肃政廉访司使，因谳狱盐场，民尹执中兄弟诬伏为强盗，平反之。召还，拜集贤大学士、中奉大夫，商议中书省事。丞相完泽卒，孔孙与陈天祥上封事，荐和礼霍孙可为相。

　　会地震，诏问弭灾之道，孔孙条对八事，其略曰：蛮夷诸国，不可穷兵远讨；滥官放遣，不可复加任用；赏善罚恶，不可数赐赦宥；献鬻宝货，不可不为禁绝；供佛无益，不可虚费财用；上下豪侈，不可不从俭约；官冗吏繁，不可不为裁减；太庙神主，不可不备祭享。帝悉嘉纳之，赐钞五千贯。又累疏言："凡七十致仕者，宜加一官，丁忧服阕者，宜待起复；宿卫之冒滥者，必当革；州郡之职，必当遴选，久任达鲁花赤，宜量加迁转；又宜增给官吏俸禄；修建京师庙学，设国子生徒，给赐曲阜孔庙洒扫户，相位宜参用儒臣，不可专任文吏，故相安童、伯颜、和礼霍孙与廉希宪等，各宜赠谥。"久之，请老还家，拜翰林学士承旨、资善大夫，致仕，集贤大学士如故。大德十一年，卒，年七十有五。

　　孔孙素以文学名，且善琴，工画山水竹石，而骑射尤精。及其立朝，谠言嘉论，有可观者，士论服之。

（《元史》卷一百七十四）

# 杨　桓

　　杨桓字武子，兖州人。幼警悟，读《论语》至《宰予昼寝章》，慨然有立志，由是终身非疾病未尝昼寝。弱冠，为郡诸生，一时名公咸称誉之。中统四年，补济州教授，后由济宁路教授召为太史院校书郎，奉敕撰《仪表铭》《历日序》，文辞典雅，赐楮币千五百缗，辞不受。迁秘书监丞。

至元三十一年，拜监察御史。有得玉玺于木华黎曾孙硕德家者，桓辨识其文，曰"受天之命、既寿永昌"，乃顿首言曰："此历代传国玺也，亡之久矣。今宫车晏驾，皇太孙龙飞，而玺复出，天其彰瑞应于今日乎！"即为文述玺始末，奉上于徽仁裕圣皇后。

成宗即位，桓疏上时务二十一事：一曰郊祀天地；二曰亲享太庙，备四时之祭；三曰先定首相；四曰朝见群臣，访问时政得失；五曰诏儒臣以时侍讲；六曰设太学及府州儒学，教养生徒；七曰行诰命以褒善叙劳；八曰异章服以别贵贱；九曰正礼仪以肃宫庭；十曰定官制以省内外冗员；十一曰讲究钱谷以裕国用；十二曰访求晓习音律者以协太常雅乐；十三曰国子监不可隶集贤院，宜正其名；十四曰试补六部寺监及府州司县吏；十五曰增内外官吏俸禄；十六曰禁父子骨肉、奴婢相告讦者；十七曰定婚姻聘财；十八曰罢行用官钱营什一之利；十九曰复笞杖以别轻重之罪；二十曰郡县吏自中统前仕宦者，宜加优异；二十一曰为治之道宜各从本俗。疏奏，帝嘉纳之。

未几，升秘书少监，预修《大一统志》。秩满归兖州，以赀业悉让弟楷，乡里称焉。大德三年，以国子司业召，未赴，卒，年六十六。

桓为人宽厚，事亲笃孝，博览群籍，尤精篆籀之学。著《六书统》《六书溯源》《书学正韵》，大抵推明许慎之说，而意加深，皆行于世。

（《元史》卷一六四）

# 夹谷之奇

夹谷之奇字士常，其先出女真加古部，后讹为夹谷，由马纪领撒曷水徙家于滕州。之奇少孤，舅杜氏携之至东平，因受业于康晔。授济宁教授，辟中书省掾。大兵南伐宋，授行省左右司都事。时行省官与中书权臣有隙，特遣使核其财用，而之奇职文书，亦被按问。张弘范率其属诣使者言："夹谷都事素公清，若少有侵渔，弘范当与连坐。"会御史台立，擢之奇佥江南浙西道提刑按察司事，既而移佥江北淮东。

至元十九年，召为吏部郎中，立陟降澄汰之法，著为令式。岁大旱，有司议平谷价，以遏腾涌之患。之奇言："莫若省经费，辍土木之役，庶足召和气，弭灾变，而有丰稔之期。"

二十一年，迁左赞善大夫。时裕宗为皇太子，每进见，必赐坐，顾遇甚优。权臣有欲以均输法益国赋者，虑提刑按察司挠其事，请令与转运司并为一职，诏集群臣议之。之奇言："按察司者，控制诸路，发擿奸伏，责任非轻。若使理财，则心劳事冗，将弥缝自救之不暇，又安能绳纠他人哉！并之弗便。"事遂寝。又与谕德李谦，条具时政十事，上之皇太子：一曰正心，二曰睦亲，三曰崇俭，四曰几谏，五曰戢兵，六曰亲贤，〔七曰革弊〕，八曰尚（友）〔文〕，九曰定律，十曰正名。会皇太子薨，除翰林直学士，改吏部侍郎，遂拜侍御史。二十五年，丁母忧，以吏部尚书起复，屡请终制，不许。明年，卒。

之奇虑识精审，明于大体，而不忽细微，为政卓卓可称；虽老于吏学者，自以为不及。为文章尤简严有法，多传于世云。

（《元史》卷一七四）

## 张 昉

张昉字显卿，东平汶上人。父汝明，金大安元年经义进士，官至治书侍御史。

昉性缜密，遇事敢言，确然有守，以任子试补吏部令史。金亡，还乡里。严实行台东平，辟为掾。乡人有执左道惑众谋不轨者，事觉逮捕，诖误甚众，诸僚佐莫敢言，昉独别白出数百人，实才之，进幕职。时兵后，吏曹杂进，不习文法，东平辖郡邑五十四，民众事繁，簿书填委，漫无统纪。昉坐曹，躬阅案牍，左酬右答，咸得其当，事无留滞。初，有将校死事，以弟袭其职者，至是革去，昉辨明，复之，持金夜馈昉，昉却之，惭谢而去。同里张氏，以丝五万两寄昉家而他适，俄而昉家被火，家人惶骇走避，赀用悉焚，惟力完所寄丝，付张氏。

乙卯，权知东平府事，以疾辞，家居养母。中统四年，参知中书省事。商挺镇巴蜀，表为四川等处行枢密院参议。至元元年，入为中书省左右司郎中，甄别能否，公其黜陟，人无怨言。三年，迁制国用使司郎中。制司专职财赋，时宰领之，倚任集事，尤号烦重，昉竭诚赞画，出纳惟谨，赋不加敛，而国用以饶。

四年，丁内忧，哀毁逾制，寻诏起复，录囚东平，多所平反。七年，转尚书省左右司郎中。九年，改中书省左〔右〕司郎中。昉有识虑，损益古今，裁定典宪，时皆宜之，名为称职。十一年，拜兵刑部尚书，上疏乞骸骨，致其事，卒。赠中奉大夫、参知政事，追封东平郡公，谥庄宪。

子克通，平阴县尹。孙振，秘书著作郎；揆，中书省左司都事；拱，常德路蒙古学教授。

（《元史》卷一七〇）

# 马　绍

马绍字子卿，济州金乡人，从上党张播学。丞相安童入侍世祖，奏言宜得儒士讲论经史，以资见闻。平章政事张启元以绍应诏，授左右司都事，出知单州，民刻石颂德。至元十年，金山东东西道提刑按察司事。益都宁海饥，绍发粟赈之。十三年，移金河北河南道提刑按察司事。未行，属江淮甫定，选官抚治，迁同知和州路总管府事，民赖以安。

十九年，诏割隆兴为东宫分地，皇太子选署总管，召至京师，为刑部尚书。万亿库吏盗绒四两，时相欲置之重典，绍言："物情俱轻，宜从贷减。"乃决杖释之。河间李移住妄言惑众，谋为不轨，绍被檄按问，所全活几百人。二十年，参议中书省事。二十二年，改兵部尚书。逾年，复为刑部尚书。二十四年，分立尚书省，擢拜参知政事，赐中统钞五千缗。

时更印至元钞，前信州三务提举杜璠言："至元钞公私非便。"平章政事桑哥怒曰："杜璠何人，敢沮吾钞法耶！"欲当以重罪。绍从容言曰："国家导人使言，言可采，用之；不可采，亦不之罪。今重罪之，岂不与诏书违戾乎？"璠得免。拜尚书左丞。亲王戍边，其士卒有过支廪米者，有司以闻，帝欲究问加罪。绍言："方边庭用兵，罪之，惧失将士心。所支逾数者，当嗣年之数可也。"制可。

宗亲海都作乱，其民来归者七十余万，散居云、朔间。桑哥议徙之内地就食，绍持不可。桑哥怒曰："马左丞爱惜汉人，欲令馁死此辈耶？"绍徐曰："南土地燠，北人居之，虑生疾疫。若恐馁死，曷若计口给羊马之资，俾还本土，则未归者孰不欣慕。言有异同，丞相何以怒为？宜取圣裁。"乃如绍言以闻，帝曰："马秀才所言是也。"

桑哥集诸路总管三十人，导之入见，欲以趣办财赋之多寡为殿最。帝曰："财赋办集，非民力困竭必不能。然朕之府库，岂少此哉！"绍退至省，追录圣训，付太史书之。议增盐课，绍独力争山东课不可增。议增赋，绍曰："苟不节浮费，虽重敛数倍，亦不足也。"事遂寝。都城种苜蓿地，分给居民，权势因取为己有，以一区授绍，绍独不取。桑哥欲奏请赐绍，绍辞曰："绍以非才居政府，恒忧不能塞责，讵敢徼非分之福，以速罪戾！"桑哥败，迹其所尝行赂者，索其籍阅之，独无绍名。

桑哥既败，乃曰："使吾早信马左丞之言，必不至今日之祸。"帝曰："马左丞忠洁可尚，其复旧职。"尚书省罢，改中书左丞，居再岁，移疾还家。元贞元年，迁中书右丞，行江浙省事。大德三年，移河南省。明年卒。有诗文数百篇。

（《元史》卷一七三）

# 刘 赓

刘赓字熙载，洺水人。五世祖逸，以郡吏治狱，有阴德。祖肃，为（右）〔左〕三部尚书。赓幼有文名，师事翰林学士王磐。至元十三年，用荐者授国史院编修官。十六年，迁应奉翰林文字。辟为司徒府长史，仍兼应奉；补外，同知德州事，考满，擢太庙署丞、太常博士，拜监察御史。是时，御史中丞崔彧，好盛气待人，他御史拜谒，或平受之，独见赓，则待以上客。大德二年，升翰林直学士。六年，奉使宣抚陕西。由侍讲学士升学士。

至大二年，迁礼部尚书，仍兼翰林学士；寻拜侍御史；顷之，还翰林为学士承旨，兼国子祭酒。国学故事，伴读生以次出补吏，莫不争先出。时有一生，亲老且贫，同舍生有名在前者，因博士以告曰："我齿颇少，请让之先。"赜曰："让，德之恭也。"从其让，别为书荐其人，朝廷反先用之。自是六馆之士，皆知让之为美德也。

皇庆元年，迁集贤大学士，仍兼国子祭酒。延祐元年，复为承旨；六年，拜太子宾客；七年，复入集贤为大学士，寻又入翰林为承旨。泰定元年，加光禄大夫。会集议上尊号，赜独抗言其不可，事遂已。天历元年卒，年八十一。

赜久典文翰，当时大制作多出其手，以耆年宿德，为朝廷所推重云。

（《元史》卷一七四）

# 廉访使杨文宪公

公名奂，字焕然，乾州奉天人。国初，举进士中选，授河南路征收课税所长官，兼廉访使。岁壬子，参议京兆宣抚司事。乙卯，卒，年七十。

君母程尝梦东南日光射其身，旁一神人以笔授之，已而君生，父萧轩翁以为文明之象，就为制名。年十一，丁内艰，哀毁如成人，日蔬食，诵《孝经》为课，人以天至称焉。又五年，师乡先生吴荣叔。未几，赋业成，即有声场屋间，不三十，三赴庭试。兴定辛巳，以遗误下第，同舍卢长卿、李钦若惜君连蹇，劝试补台掾。台掾要津，仕子慕羡而不能得者，君答书曰："先夫人每以作掾为讳，仆无所似肖，不能显亲扬名，敢贻下泉之忧乎！"正大初，君草万言策，将诣阙上之，所亲谓其指陈时病，辞旨剀切，他人所不敢言，保为当国者所沮，忠信获罪，君何得焉！君知直道不容，即日出国门而西，教授乡里。（遗山元公撰《墓碑》）

癸巳，汴梁陷，微服北渡，羁孤流落，人所不能堪，君处之自若也。冠氏帅赵侯寿之延致君，待之师友。间会门生朱拯自京师辇书至，君得聚而读之。东平严公久闻君名，数以行藏为问，君终不一诣。或问之故，君曰："不招而往，礼欤？且业已主赵侯矣，将无以我为二三乎！"（《墓

碑》）

戊戌，天朝开举选，特诏宣德课税使刘公用之试诸道进士。君试东平，两中赋论第一。俄从监试官北上，谒中书耶律公，力奏荐之，宣授河南路征收课税所长官，兼廉访使。陛辞之日，言于中书公曰："仆不敏，误蒙不次之用，以书生而理财赋，已非所长。又河南兵荒之后，遗民无几，烹鲜之喻，正在今日，急而扰之，糜烂必矣。愿公假以岁月，使得拊摩创罢，以为朝廷爱养基本万一之助。"中书甚善之。君初莅政，招致名胜，如蒲阴杨正卿、武功张君美、华阴王元礼、下邽薛微之、渑池翟致忠、太原刘继先等，日与商略条画约束，一以简易为事。按行境内，亲问监务，月课如干，难易若何。有循习旧例以增额为言者，君诃之曰："剥下罔上，若欲我为之耶？"即减元额四之一，公私便之。官长所临率有馈饷，君一切拒绝。不逾月政成，官民以为前乎此，盖未有漕司惠吾属之如是也。在官十年，乃请老于燕之行台。（《墓碑》）（又公文集云："岁在己丑十有一月，中书耶律公以军国大计举近世转运司例，经理十路课税，易司为所，黜使称长，相丰歉，察息耗，以平岁入，奏可一听中书省总之。开创伊始，制度未遑，天下郡县，犹以财赋自瞻。不重其权，则无以划其弊，故官吏污滥，得廉纠之，刑赋舛错，得厘正之。至于风俗之疵美，盗贼之有无，楮货之低昂，得季奏之。凡佐吏许自辟以从，被选者以为荣。"）

壬子九月，王府驿召入关，寻被教参议京兆宣抚司事。累上书，乃得请。闲居乡郡，筑堂曰归来，为佚老之所，虽在病卧，犹召子弟秀民谕之曰："吾乡密迩丰、镐，民俗敦朴。汝辈皆当孝弟力田，以廉慎自保，毋习珥笔之陋，以玷伤风化。"病革，处置后事如平时，敕家人："吾且死，勿以二家斋醮，贻识者笑。"遂引觞大噱，怡然而逝。（《墓碑》）

君不治生产，不取非义，仕宦十年，而家无十金之业。然其周困急，恤孤遗，扶病疾，助葬祭，力虽不赡，犹强勉为之。与人言，每以名教为言，有片善，则委曲奖藉，惟恐其名之不著。或小过失，必以苦语劝止之，怨怒不计也。（《墓碑》）

初，泰和、大安间入仕者，惟举选为贵科，荣路所在，人争走之，程文之外，翰墨杂体，悉指为无用之技，尤讳作诗，谓其害赋律尤甚。

至于经为通儒，文为名家，不过翰苑六七公而已。君授学之后，其自望者不碌碌，举业既成，乃以余力作为诗文，下笔即有可观。性嗜读书，博览强记，务为无所不窥，真积力久，犹恐不及，寒暑饥渴，不以累其业也。作文划刮尘烂，创为裁制，以蹈袭剽窃为耻。礼部闲闲赵公、平章萧国侯公、内翰冯公、屏山李公，皆折行位与相问遗，河朔士夫旧熟君名，想闻风采所过求见者，应接不暇，其为世所重如此。暮年还秦中，秦中百年以来，号称多士，较其声问赫奕耸动一世，盖未有出其右者，前世关西夫子之目，今以归君矣。（《墓碑》）

君著述有《还山集》六十卷，始于古赋，次之以古律诗，又次之碑志、记说、铭赞、杂文。《概言》十卷，隐而天道性命之说，微而五经百氏之言，明圣贤之出处，辨理欲之消长，可谓极乎精义入神之妙矣。《天兴近鉴》三卷，自壬辰正月至甲午六月绝笔，其书法如古之史臣，其议论如胡氏之《春秋》也。《正统书》六十卷，自唐、虞至于五代，一年一月一日各有所书事，三代以上存而不议，秦、汉而后附之以论。其叙曰："正统之说，所以祸天下后世者，凡以不出于孔、孟之前故也。且夫汤、武之应天顺人，后世莫可企及，犹曰'予有惭德，武未尽善。'后世僻王乃复赖前哲，概以正统之传，非私言乎！今八例曰得、曰传、曰衰、曰复、曰与、曰陷、曰绝、曰归。始皇十年贬绝陷者何，惩任相之失也；太宗传之而曰得者何，志夺宗之恶也；责景帝者何，短通丧也；责明帝者何，启异端也；与明宗者何，有君人之言也；与周世宗者何，世宗而在礼乐可兴也。"如是八例，其说累数十万言，以谓不如是，则是非不白，治乱不分，劝戒不明，虽绵历百千万世，正统之为正统昭昭矣。

（《元朝名臣事略》卷十三）

# 伊川续传

## 1. 文献刘㒇庵先生肃

刘肃，字太卿，号㒇庵，洺州人。金兴定初，词赋进士。累官户部主事。金亡，依东平严实。元中统初，擢真定宣抚使。后商议中书省事，致仕。先生性舒缓，有执守。尝集诸家《易》说，曰《读易备忘》。后追封邢国公，谥文献。

参《姓谱》。

### 2. 判官张中庸先生特立

张特立，字文举，曹州东明人，初名永，避金卫绍王讳，易今名。登泰和三年进士第，授莱州节度判官，不赴，躬耕杞之韦城，谈经自乐。正大四年，以荐拜监察御史，屡劾权贵，左迁邳州军事判官。金亡，优游田里，日与门弟子讲学。世祖在潜邸，首传旨曰："特立养素丘园，易代如一。今年岁七十，研究圣经，诲人不倦，无过不及，学者宗之。宜锡嘉名，以光潜德，可赐号曰中庸先生。"既即位，复降玺书褒谕。卒，年七十五。素通《程氏易》，所著有《易集说》、《历年系事记》。从黄氏补本录入

### 3. 通判李蒙斋先生简

李简，字蒙斋，信都人。官泰安州通判。著《学易记》九卷。

（《宋元学案》卷十六《伊川学案》下）

# 孔元措

孔璠字文老，至圣文宣王四十九代孙，故宋朝奉郎袭封端友弟端操之子。齐阜昌三年补迪功郎，袭封衍圣公，主管祀事。天会十五年，齐国废。熙宗即位，兴制度礼乐，立孔子庙于上京。天眷三年，诏求孔子后，加璠承奉郎，袭封衍圣公，奉祀事。是时，熙宗颇读《论语》、《尚书》、《春秋左氏传》及诸史、《通历》、《唐律》，乙夜乃罢。皇统元年三月戊午，上谒奠孔子庙，北面再拜，顾谓侍臣曰："朕幼年游侠，不知志学，岁月逾迈，深以为悔。大凡为善，不可不勉，孔子虽无位，其道可尊，万世高仰如此。"皇统三年，璠卒。子拯袭封，加文林郎。

拯字元济。天德二年，定袭封衍圣公俸格，有加于常品。是岁立国子监，久之，加拯承直郎。大定元年，卒。弟总袭封，加文林郎。

总字元会。大定二十年，召总至京师，欲与之官。尚书省奏："总主先圣祀事，若加任使，守奉有阙。"上曰："然。"乃授曲阜县令。明昌元年，卒。子元措袭封，加文林郎。

元措字梦得。三年四月诏曰："衍圣公视四品，阶止八品，不称。可超迁中议大夫，永著于令。"四年八月丁未，章宗行释奠礼，北面再拜，亲王、百官、六学生员陪位。承安二年正月，诏元措兼曲阜县令，仍世袭。元措历事宣宗、哀宗，后归大元终焉。

四十八代端甫者，明昌初，学士党怀英荐其年德俱高，读书乐道，该通古学。召至京师，特赐王泽榜及第，除将仕郎、小学教授，以主簿半俸致仕。

（《金史》卷一〇五）

# 张　珝

张珝字达善，其先蜀之导江人。蜀亡，侨寓江左。金华王柏，得朱熹三传之学，尝讲道于台之上蔡书院，珝从而受业焉。自《六经》《语》《孟》传注，以及周、程、张氏之微言，朱子所尝论定者，靡不潜心玩索，究极根柢。用功既专，久而不懈，所学益弘深微密，南北之士，鲜能及之。

至元中，行台中丞吴曼庆闻其名，延致江宁学官，俾子弟受业，中州士大夫欲淑子弟以朱子《四书》者，皆遣从珝游，或辟私塾迎之。其在维扬，来学者尤众，远近翕然，尊为硕师，不敢字呼，而称曰导江先生。大臣荐诸朝，特命为孔、颜、孟三氏教授，邹、鲁之人，服诵遗训，久而不忘。

珝气宇端重，音吐洪亮，讲说特精详，子弟从之者，诜诜如也。其高第弟子知名者甚多，夹谷之奇、杨刚中尤显。珝无子。有《经说》及文集行世。吴澄序其书，以为议论正，援据博，贯穿纵横，俨然新安朱氏之尸祝也。至正中，真州守臣以玺及郝经、吴澄皆尝留仪真，作祠宇祀之，曰三贤祠。

（《元史》卷一八九）

# 参考文献

（明）宋濂等：《元史》，中华书局，1976。

（元）脱脱等：《金史》，中华书局，1975。

（元）脱脱等：《宋史》，中华书局，1985。

（宋）徐自明：《宋宰辅编年录校补》，中华书局，1986。

（元）马端临：《文献通考》。

（明）陈邦瞻：《元史纪事本末》，中华书局，1979。

王国维编注《蒙古史料四种》，正中书局，1962。

陈得芝、邱树森等辑点《元代奏议集录》，浙江古籍出版社，1998。

《庙学典礼》，四库全书本。

《佛祖历代通载》，四库全书本。

《史集》，商务印书馆，1986。

《元典章》，台北故宫博物院影印本，1972。

（宋）李心传：《建炎以来朝野杂记》，中华书局，2016。

《道藏》，文物出版社、上海书店、天津古籍出版社，1988。

（清）黄宗羲、全祖望：《宋元学案》，中华书局，1986。

（清）王梓材、冯云濠：《宋元学案补遗》，四明丛书本。

（元）苏天爵：《元朝名臣事略》，中华书局，1996。

（宋）朱熹：《五朝名臣言行录》，四部丛刊本。

（宋）朱熹：《晦庵先生朱文公文集》，四部丛刊本。

（清）张金吾：《金文最》，中华书局，1990。

（元）钟嗣成：《录鬼簿》，上海古籍出版社，1978。

（金）刘祁：《归潜志》，中华书局，1983。

（金）元好问：《遗山先生文集》，四部丛刊本。

（金）元好问：《中州集》，四库全书本。

（金）元好问：《元好问全集》，山西人民出版社，1990。

（金）元好问：《元好问文编年校注》，中华书局，2012。

（金）元好问：《元好问诗编年校注》，中华书局，2012。

（元）耶律楚材：《湛然居士集》，四部丛刊本。

（元）郝经：《陵川集》，四库全书本。

（元）胡祇遹：《紫山大全集》，四部丛刊本。

（元）王恽：《秋涧先生大全集》，四部丛刊本。

（元）苏天爵：《磁溪文稿》，中华书局，1997。

（金）李俊民：《庄靖集》，四库全书本。

（元）吴澄：《吴文正集》，四库全书本。

（元）袁桷：《清容居士集》，四部丛刊本。

（元）欧阳玄：《圭斋文集》，四部丛刊本。

（金）赵秉文：《闲闲老人滏水文集》，四部丛刊本。

（金）王若虚：《滹南遗老集》，四部丛刊本。

（元）刘因：《静修集》，四部丛刊本。

杨伯峻译注《孟子译注》，中华书局，1984。

（宋）张载：《张载集》，中华书局，1978。

（宋）黎靖德：《朱子语类》，中华书局，1988。

（宋）程颢、程颐：《二程集》，中华书局，1981。

《经学理窟》，中华书局，2006。

《嘉靖山东通志》，天一阁藏明代方志选刊。

《嘉靖淄川县志》，天一阁藏明代方志选刊。

《嘉靖莱芜县志》，天一阁藏明代方志选刊。

《嘉靖夏津县志》，天一阁藏明代方志选刊。

《嘉靖德州县志》，天一阁藏明代方志选刊。

《嘉靖章丘县志》，天一阁藏明代方志选刊。

《嘉靖武定县志》，天一阁藏明代方志选刊。

《嘉靖武城县志》，天一阁藏明代方志选刊。

《正德莘县志》，天一阁藏明代方志选刊。

《万历兖州府志》，天一阁藏明代方志选刊。

《濮州志》，《稀见中国地方志丛刊》，中国书店，1992。

《嘉庆重修一统志》，四部丛刊本。

《高唐州志》，清乾隆五十一年刊本。

《济南府志》，清道光二十年刊本。

（明）李贤等：《明一统志》，四库全书本。

（清）和坤等：《大清一统志》，四库全书本。

（元）于钦：《齐乘》，四库全书本。

（清）黄怀祖等：《平原县志》，乾隆十四年刊本。

（清）毛承霖纂修《续修历城县志》，民国十五年铅印本。

李起元等修，王连儒等纂《长清县志》，民国二十四年铅印本。

（明）任弘烈编辑《泰安州志》，民国二十五年铅印本。

袁绍昂等：《济宁县志》，民国十六年铅印本。

李经野：《曲阜县志》，民国二十三年铅印本。

（清）吴若灏修，钱枬纂《邹县续志》，清光绪十八年刊本。

（清）生克中编辑《滕县续志稿》，清宣统三年铅印本。

（清）梁永康等修，赵锡书等纂《冠县志》清光绪十年修，民国二十三年铅印本。

李树德修，董瑶林纂《德县志》，民国二十四年铅印本。

吕学元等修，严绥之等纂《德平县续志》，民国二十四年铅印本。

（清）汪鸿孙修，刘儒臣等纂《恩县志》，清宣统一年刊本。

张志熙等修，刘靖宇纂《东平县志》，民国二十五年铅印本。

（清）聂叙撰《泰山道里记》，清光绪四年刊本。

王嘉猷修，严绥之纂《莘县志》，民国二十六年重修铅印本。

（清）凌锡祺，李敬熙宗纂《德平县志》，清光绪十九年刊本。

栾钟垚修，赵仁山等纂《邹平县志》，民国三年修，民国二十二年重刊本。

（清）王延纶总裁，王丽铭纂《武城县志》，民国一年刊本。

梁中权修，于清泮纂《齐东县志》民国二十四年石印本。

（清）李贤书裁定，吴怡纂辑《东阿县志》，清道光九年刊本，民国二十三年铅印本。

周竹生修，靳维熙纂《东阿县志》，民国二十三年铅印本。

周竹生修，靳维熙纂《续修东阿县志》，民国二十三年铅印本。

（清）舒化民修，徐德成纂《长清县志》，清道光十五年刊本。

（清）喻春林修，朱续孜纂《平阴县志》，清嘉庆十三年刊本。

（清）李垒纂修《金乡县志》，清同治一年刊本。

（清）娄一均修，周翼等纂《邹县志》，清乾隆五十四年刊本。

《金石萃编未刻稿》。

《金石萃编》。

陈垣编《道家金石略》，文物出版社，1988。

《山左金石志》。

《济南金石志》。

《济州金石志》。

韩儒林主编《元朝史》，人民出版社。1986。

陈得芝主编《中国通史》第八卷，上海人民出版社，1997。

萧启庆：《内北国而外中国》，中华书局，2007。

谭其镶主编《中国历史地图集》，地图出版社，1987。

《中国历史大辞典》，上辞书出版社，1999。

李修生主编《金元文》第1—5册，江苏古籍出版社，1997。

李修生主编《金元文》第6—10册，江苏古籍出版社，1998。

李修生主编《金元文》第11—15册，江苏古籍出版社，1999。

李修生主编《金元文》第16—20册，江苏古籍出版社，2000。

隋树森编《全元散曲》，中华书局，1964。

徐梓：《元代书院研究》，社会科学文献出版社，2000。

毛礼锐，沈灌群主编《中国教育通史》（1—3卷），山东教育出版社，1986。

赵继颜主编《山东通史·宋元卷》，山东人民出版社。1997。

孔德懋主编《孔子家族全书》，辽海出版社，2000。

程方平：《辽金元教育史》，重庆出版社，1993。

王德毅、李荣树、潘柏澄编《元人传记资料索引》，中华书局，1987。

张鸣歧主编《辽金元教育论著选》，人民教育出版社，1991。

刘蔚华、赵宗正主编《中国儒家学术思想史》，山东教育出版社，1996。

李伯齐、车吉心主编《齐鲁闻人》，山东友谊书社，1990。

孙培青、李国钧主编《中国教育思想史》第一、二卷，华东师范大学出版社，1995。

王绍曾主编《山东文献书目》，齐鲁书社，1993。

陈得芝：《从"九儒十丐"看元代儒士的社会地位》，《光明日报》1986 年 6 月 18 日。

陈得芝：《论宋元之际江南士人的思想与政治动向》，《南京大学学报》1997 年第 2 期。

陈得芝：《从遗民诗看江南知识分子的民族气节》，《元史及北方民族史刊》第 6 辑。

陈高华：《大蒙古国时期的东平严氏》，《元史论丛》第 6 辑，中国社会科学出版社。

姚大力：《金末元初理学在北方的传播》，《元史论丛》第 2 辑。

陈高华：《元代的地方官学》，《元史论丛》第 5 辑。

姚大力：《元朝科举制度的行废及其社会背》，《元史及北方民族史研究集刊》第 7 辑

陈高华：《金元二代衍圣公》，《元史研究论稿》，中华书局，1991，12。

〔日〕安部健夫：《元代的知识分子和科举》，索介然译，载《日本学者研究中国史论著选集》第 5 卷，中华书局，1993。

《泰山学派传承考——关于十二、三世纪山东的学术》，载〔日〕高桥文治《东洋史研究》第 45 号第 1 卷，日本昭和 61 年 6 月。

胡务：《元代庙学的兴建和繁荣》，《元史论丛》第 6 辑。

丁健：《元世祖时代的学教育》（上），《华学月刊》第 136 期，1983 年 4 月。

丁健：《元世祖时代的学教育》（下），《华学月刊》第 137 期，1983 年 5 月。

桂栖鹏：《元代进士仕宦研究》，《元史论丛》第 6 辑。

〔日〕森田宪司：《李璮称乱以前》，《东洋史研究》第 47 卷第 3 号，昭和六十三年 12 月。

萧启庆：《元代科举与菁英流动——以元统元年进士为中心》，《汉学研究》第 5 卷第 1 期，1987 年 6 月。

图书在版编目（CIP）数据

金元之际儒学的传承及思想特点：以东平府学和东
平学派为中心／常大群著. -- 北京：社会科学文献出
版社，2019.12
国家社科基金后期资助项目
ISBN 978 - 7 - 5201 - 0939 - 0

Ⅰ.①金… Ⅱ.①常… Ⅲ.①儒学 - 思想史 - 研究 -
中国 - 辽金时代 Ⅳ.①B222.05

中国版本图书馆 CIP 数据核字（2017）第 136888 号

国家社科基金后期资助项目

金元之际儒学的传承及思想特点
——以东平府学和东平学派为中心

著　　者／常大群

出 版 人／谢寿光
组稿编辑／宋月华　袁卫华
责任编辑／卫　羚

出　　版／社会科学文献出版社·人文分社（010）5967215
　　　　　　地址：北京市北三环中路甲 29 号院华龙大厦　邮编：100029
　　　　　　网址：www. ssap. com. cn
发　　行／市场营销中心（010）59367081　59367083
印　　装／三河市龙林印务有限公司

规　　格／开　本：787mm × 1092mm　1/16
　　　　　　印　张：12.75　字　数：201 千字
版　　次／2019 年 12 月第 1 版　2019 年 12 月第 1 次印刷
书　　号／ISBN 978 - 7 - 5201 - 0939 - 0
定　　价／98.00 元